与信息时代同行，与创新精神共进

——北京信息科技大学信息与通信工程学院
2021年大学生创新实践与教学改革论文集

主　编　李学华　杨玮
编　委　王占刚　厉夫兵　张月霞
　　　　赵　凯　曹　林　焦瑞莉

北京邮电大学出版社
www.buptpress.com

内 容 简 介

本书收录了北京信息科技大学信息与通信工程学院自 2021 年以来开展大学生科技创新活动、与企业共同实施"实培计划"项目以及教师进行教学改革和实践方面的最新成果。体现了为培养德智体美劳全面发展，具有家国情怀、创新精神、国际视野，担当民族复兴大任的信息通信专业的高素质应用型人才，以项目驱动、以创新激励，与产业协同育人、与时俱进的理念与举措。

本书可供学校各教学单位参考以及其他同类院校交流使用。

图书在版编目（CIP）数据

与信息时代同行，与创新精神共进：北京信息科技大学信息与通信工程学院 2021 年大学生创新实践与教学改革论文集 / 李学华，杨玮主编. -- 北京：北京邮电大学出版社，2022.11
ISBN 978-7-5635-6759-1

Ⅰ. ①与… Ⅱ. ①李… ②杨… Ⅲ. ①信息技术-科技成果-汇编 ②通信工程-科技成果-汇编 ③信息技术-教学研究-高等学校-文集 ④通信工程-教学研究-高等学校-文集 Ⅳ. ①G202-4 ②TN91-4

中国版本图书馆 CIP 数据核字（2022）第 172131 号

策划编辑：刘纳新 姚 顺　　责任编辑：满志文　　责任校对：张会良　　封面设计：七星博纳

出版发行：北京邮电大学出版社
社　　址：北京市海淀区西土城路 10 号
邮政编码：100876
发 行 部：电话：010-62282185　传真：010-62283578
E-mail：publish@bupt.edu.cn
经　　销：各地新华书店
印　　刷：中煤（北京）印务有限公司
开　　本：787 mm×1 092 mm　1/16
印　　张：15.75
字　　数：390 千字
版　　次：2022 年 11 月第 1 版
印　　次：2022 年 11 月第 1 次印刷

ISBN 978-7-5635-6759-1　　定　价：56.00 元

· 如有印装质量问题，请与北京邮电大学出版社发行部联系 ·

前　言

北京信息科技大学由原机械部所属北京机械工业学院和原电子部所属北京信息工程学院合并组建，是一所以工科为主，工、管、理、经、文、法多学科协调发展，北京市重点支持建设的高校。当前，学校顺应信息时代发展趋势，朝着建设信息特色鲜明的高水平大学大步迈进。现有全日制本科生10 569人，研究生2 426人，留学生130人。现有44个本科专业，其中国家级一流专业建设点11个、国家级特色专业建设点4个；北京市级一流专业建设点7个、北京市特色专业建设点9个，北京高校"重点建设一流专业"3个，3个专业入选教育部"卓越工程师教育培养计划"，7个专业通过工程教育专业认证，2个专业获批教育部"地方高校本科专业综合改革试点专业"。拥有国家级实验教学示范中心2个、国家级大学生校外实践教育基地1个、国家级工程实践教育中心建设单位1个，北京市实验教学示范中心5个、北京市校外人才培养基地5个。获得国家级教育教学成果二等奖1项，入选首批北京市深化创新创业教育改革示范高校。毕业生就业竞争力强、起薪高，受到用人单位的广泛好评。

信息与通信工程学院是北京信息科技大学突出信息特色的学院，设有通信工程、电子信息工程和物联网工程三个本科专业（系），现有国家级一流本科课程1门，北京高校"优质本科课程"2门，北京高校"优质本科教材课件"1套。其中，通信工程专业突出"智能融合通信"的特色，入选教育部"卓越工程师教育培养计划"，并于2017年通过国际工程教育专业认证，2019年入选北京高校"重点建设一流专业"，2020年入选北京高校优秀本科育人团队和国家级一流专业建设点；电子信息工程专业突出"智慧网络与信息处理"特色，是国家级特色专业和北京市特色专业，于2021年通过国际工程教育专业认证，专业教学团队是北京市优秀教学团队，2020年入选为北京市一流专业建设点；物联网工程专业突出"智慧网联"的特色，是新一代信息技术新兴专业。学院以国际工程教育专业认证为引领，立足北京，辐射全国，以北京十大高精尖产业为牵引，助力北京全国科技创新中心建设，重点培养适应新一代信息技术、人工智能、高速宽带通信产业发展以及智慧城市建设需求的，具有扎实的专业基础、良好的学习沟通能力和宽广国际视野的高素质专门人才，努力打造"就业有优势、深造有基础、发展有信念"的高质量成才模式。

学院是全国地方高校中首个推行新生工程认知教育改革的单位，新生导论课入选教育部"双创示范校"的"专创融合特色示范课"。"系好大学第一粒扣子"的新生创客大赛等系列改革举措被中国教育报、中国教育电视台多次报道，已成功举办四届。从创客大赛中走出来的徐云岫同学，在抗击新冠肺炎疫情防控期间制作发布的科学小视频《为什么现在不能开学？》，利用数码动画和软件模型形象展示了校园疫情的模拟传播效果，在全网获得超过1亿次的播放量，并被人民日报、新闻联播、人民教育等多家媒体和多所大学官方账号争相转载，是学生专业优势、创新能力和社会责任感的综合体现。

学院长期与行业企业密切合作，协同育人。拥有中兴通讯国家级工程教育实践基地1个，市级校外人才培养基地2个；设有通信技术、电子信息技术和物联网工程等教学实验室，教学科研仪器设备总值5000余万元。学院开发的《5G物联网通信》在线虚拟仿真实验，以电子竞技的形式让学生组成战队开展实验，寓教于乐，与时俱进，特色鲜明，被中国网、现代教育报、学习强国等多个平台关注报道，大学生杂志还对学生进行了专访。

学院学生在国家和省部级各类学科竞赛中屡创佳绩，近三年获省部级以上奖项140余项，每年有近200名学生获得华为、中兴、工信部、中国移动颁发的职业工程师认证证书。学院累计九年获得"华北五省及港澳台大学生计算机应用大赛"优秀组织奖。获得国家级教学成果奖和北京市教学成果奖等多项奖励。

为了系统总结学生实践创新和工程应用方面的成果，促进成果应用推广，学院自2016年起，定期将相关成果汇编成册，至今已出版了2016年到2020年共计5期的大学生创新实践与教学改革论文集，反响良好。

本书收录了2021年以来的以学生为主要作者的论文以及部分教师教学改革实践类论文，分为：教学实践类、科技创新类、实培计划——毕设科研类、实培计划——大创深化类，体现了学院学生在创新创业、工程实践方面的成果和教师开展教学改革探索的最新进展。本书可作为同类院校大学生创新创业能力培养的借鉴与参考。

本书的出版受到了北京市财政专项"促进高校内涵发展——大学生活科研训练项目、教学改革项目、实培计划——大学生科研训练计划深化项目、实培计划——毕业设计（科研类）"的资助。

由于时间和水平有限，书中难免出现错误和纰漏，恳请广大读者批评指正。

编　者
2022年2月

目　录

教学实践类

研究生电磁场类主干课程案例教学初步实践 …………………………………………… 3
工程教育认证与课程思政相结合的教学改革 …………………………………………… 9
"数字图像处理综合实践"教学研究与实践 …………………………………………… 15
基于微案例的电磁场与电磁波多媒体教学方法改革与实践 …………………………… 20

科技创新类

智能跟随购物车的设计与实现 …………………………………………………………… 27
基于树莓派系统和微信小程序的多功能智能药箱 ……………………………………… 35
冬奥智能服务小车 ………………………………………………………………………… 46
基于 AI 技术的居家型智能小车设计与实现 …………………………………………… 52
基于 Arduino 的图书馆智能图书整理机器人 …………………………………………… 62
基于 Arduino 和树莓派的智能行李助手的设计与制作 ………………………………… 71
基于 Arduino 即刻安全通信装置 ………………………………………………………… 82
基于 Kinect 和图像视觉的智能健身系统 ………………………………………………… 88
基于 Microbit 和 mCookie 模块的清洁小车设计与实现 ………………………………… 96
基于 mCookie 模块的智能停车系统设计与实现 ………………………………………… 102
基于北斗卫星定位系统的智能物流海关锁设计与实现 ………………………………… 108
水下巡检机器人 …………………………………………………………………………… 115
医疗数据文本编码与检索匹配系统的设计与开发 ……………………………………… 125
智能控制农田作业 ………………………………………………………………………… 133

实培计划——毕设科研类

基于 LabVIEW 的雨滴谱仪数据处理软件设计 ·· 145
基于高分辨率云粒子成像仪的过冷液滴识别 ·· 153

实培计划——大创深化类

基于卷积神经网络的图像复原系统的设计与实现 ·· 167
高速移动场景下 5G 无线通信网络设计与实现 ·· 175
基于 Python 的 SDN 控制器的设计与实现 ·· 191
校园 5G 网络组网方案设计与超密集组网的部分应用 ·· 201
基于 Arduino 的家庭防盗系统 ·· 214
基于 Arduino 的可对话电子时钟的设计和实现 ·· 221
基于 Arduino 的可探测智能车的设计与实现 ·· 230

教学实践类

本营皇史宬

研究生电磁场类主干课程案例教学初步实践①

缪旻 李振松

(北京信息科技大学信息与通信工程学院,北京,100101)

摘 要：高等工程电磁场类课程在信息与通信工程、电子科学与技术等信息特色学科研究生课程体系中占有重要地位,是培养研究生"场与路"知识的重要支点,但学生往往有畏难情绪甚至回避选课,其课程建设长期以来虽受到高度重视,但教学效果的提升和受益面扩展方面始终存在一定的瓶颈。本文提出以案例教学为教学副中心的改革思路,结合作者近期亲身实践及国内外人才培养模式的变革动向,对上述瓶颈难点成因进行了梳理,对案例教学的影响进行了多维度分析,论证了网络化时代案例教学的有效性,揭示了其对教学效果提升的支撑点位,反思了案例教学实践中尚存在不足,探讨了进一步提升教学效果的对策。

关键词：课程建设；教学法改革；案例化教学；研究生培养模式

Preliminary practice of the case study based teaching in engineering electromagnetics course for postgraduates

Miao Min Li Zhensong

Abstract: Engineering-oriented advanced electromagnetics courses are among the major requisite courses in postgraduate education systems engaged in both the discipline of Information and Communication Engineering and that of Electronics Science and Technology. Although these courses have long been highly valued and widely accepted as the "field and circuitry" knowledge base for postgraduates, fear of the difficulties and even the avoidance of the course can usually be seen among the postgraduates; furthermore, bottlenecks in the teaching effect enhancement and benefited scope expansion do exist. The authors have been lecturing such course for over 10 years, and hereby propose the reform of teaching by adopting the case study method as the subsidiary-center in the architecture of the course. Combining their personal teaching practice and the trends analysis of talent cultivation mode reform at home and abroad, root causes of the bottlenecks are sorted out by the authors, and a multi-dimensional analysis is made to reveal the impact of case study, so that the effectiveness of case study in the internet era is demonstrated together with the supporting points it offers for the teaching effect enhancement. In addition, the defects that still exist in the practice of case study are self-examined and measures for further enhancement of teaching effects are discussed.

Key words: course construction; teaching methodology reform; case study based teaching; talent training mode for postgraduates

---

① 项目来源类别：北京信息科技大学研究生课程建设项目(2020YKJ13)资助。

一、引言

高等工程电磁场类课程在信息与通信工程、电子科学与技术等信息特色学科研究生课程体系中占有重要地位,是培养研究生"场与路"知识的重要支点,但学生往往有畏难情绪甚至回避选课,其课程建设长期以来虽受到相关学科的高度重视,但教学效果的提升及受益面的扩展始终存在一定的瓶颈。作者讲授该类课程长达10个轮次,与开设同类课程的多所高校同行进行过深入、多角度交流,长期观察分析当前网络化时代研究生学习习惯及本课程对其学位工作的长期影响,对信息与通信工程学科研究生培养模式改革以及高等工程电磁场类课程在培养体系与模式改革中的核心地位有了深刻思考,最终提出以案例教学为教学副中心的改革思路。经过2个轮次的实践,验证了改革思路的有效性,明确了下一步课程建设的发展方向。

二、信息与通信工程学科人才培养模式改革对高等工程电磁场类课程建设的需求

1. 信息与通信工程学科研究生培养模式改革动向

通过对建立了信息与通信学科/电子与通信硕士学位授权点的各知名高校(包括美国和我国台湾地区的部分高校)的走访调研以及对近10年发表的相关代表性文献进行分析,并结合我校实际,梳理出如下重要的培养模式改革动向。

(1)以卓越工程师和新工科教育培养理念为导向,实现本科-研究生贯通培养,例如清华大学、北京邮电大学的一站式培养模式,其年限都在10年以上,有利于高质量的人才的成长。

(2)在课程设置的深度和广度上,体现当前行业应用的新发展、新动向,既加强理论基础的培养,也强调综合科研素质培养和工程工作能力的提升[1]。

(3)在培养效率的提升方面,在加强综合素质培养、全方位充实教学内容的同时,精简优化课程教学内容,将专业理论、实践课程、科研选题及学生评价体系进行协同、动态规划;鉴于电子/信息/通信类专业前沿的扩展和技术演进速度的加快,技术知识体系发展日新月异,对其进行动态调整是必要而迫切的。这方面的范例是哈尔滨工业大学电子与信息工程学院基于CDIO理念的信息与通信工程专业研究生培养模式的实践[2]。

(4)建立校企紧密配合与贯通培养的全新、高水平联合培养模式。首先建立稳定长效的校企合作关系并建设基地化培养机制,健全运行机制和厘清各自的权责,合理划分培养阶段,形成紧密的衔接关系和科学、全覆盖的质量监控体系[3];其次是发挥好学校教学环境、企业实践培养的各自优势,围绕企业需求以工程实践能力培养为重心来规划ICT(信息与通信技术)研究生培养体系[4];再次是围绕科技产业革命趋势建立高水平的高校交叉学科—企业技术演进协同发展模式机制并相应更新人才培养体系[5]。

(5)强化学术能力培养,注重科研能力提升。在鼓励、引导、保障学生参与工程实践的同时,注意以学术报告等形式帮助学生了解科研前沿、动向,拓宽其专业视野,养成大工程观和深刻领悟本领域发展趋势,提升思维的深度和格局,最终增强其发现和解决实际问题的水平。这方面的一些代表性的探索实践可见文献[1]、文献[6]。

（6）以行业和地方特色的强化来突破地方高校、普通行业高校在高水平人才培养方面的瓶颈局限。研究生的培养是多要素协同的，除了在课程设置上要体现理论深度和思辨能力养成外，还要注重论文阶段的复杂工程问题训练和科研攻关对学生综合素质、能力的提升，地方和普通行业高校在科研资源上的不足可以通过与地方产业发展及行业企业的密切协助来缓解，甚至可能由此而产生新的发展机遇[7]。

（7）探索国际化研究生培养模式。我国的ICT技术、产业领域与国内外行业实现了高度衔接，同时深度参与全球竞争，在新形势下基于国内环境在本土培养具有全球视野和竞争力的研究生势在必行。文献[8]介绍了哈尔滨工程大学通过建设国际化师资队伍、课程体系以及定期国际交流来建立本土国际化培养模式机制的一些创新思路，具有重要的参考价值。

2. 信息与通信工程学科研究生培养模式改革对高等工程电磁场类课程建设的需求

工程认证中的OBE理念是指导人才培养模式建设与改革的核心思想，相应地，课程的规划、建设离不开对培养对象及其培养定位的分析，并需结合各具体学科的培养方案来具体制定。将上述动向分析与我校信息与通信工程学科、电子与通信硕士学位授权点的研究生培养体系建设与定位相结合，可以看出如下三点启示与需求。

（1）课程教学内容及培养要求应保持与国际的产业和技术前沿信息的紧密衔接，教学内容需要不断迭代，且更新速度应进一步提高，以弥补课程学习与工程实践、论文科研间的差距。

（2）理论性强的研究生主干课在学时有限的情况下仍需要有力支撑对研究生多重培养目标的达成。

（3）校企合作、贯通培养的思路必然导致研究生学术和工程实践能力培养环节向基础课的延伸与前置。

从新工科培养模式的建立这一改革大背景着眼，建立协同一体、逻辑清晰、学研交织的课程体系与培养体系，并将课程内容的优化与教学实践放在人才培养模式改革的大系统、大环境中来规划与实施，就显得势在必行。

三、关于研究生阶段高等工程电磁场类课程案例化教学必要性和可行性的思考

从上述调研分析出发，研究生阶段理论性强的工程电磁场开展案例化教学的必要性和可行性可从如下方面进行论证。

（1）案例化教学是高等工程电磁场课程内容优化的必然选择。研究生各门课程和科研、工程实践培养阶段的融合、衔接与协同日益成为电子通信类专业人才培养的必由之路。ICT行业的战略性、摩尔定律驱动下快速迭代的发展特点，对人才培养模式及其内涵的动态改革与调整优化提出了极高的要求；要避免就业面狭窄以及毕业生高不成、低不就的弊病，就必须将工程前沿问题作为案例引入教的环节，同时在学的环节中以案例分析为载体推动研究生尽早接触和关注产业与工程技术前沿的信息。

（2）案例化教学是快速提升研究生科研能力的有效途径。当前绝大部分信通学科的研究生入学前缺少ICT工程一线的工作经验，本科阶段和研究生阶段的培养定位与模式存在极大差异。宽口径、厚基础、重实践、复合型的研究生又是高一级培养单位和用人单位对硕

士研究生的共同要求。为此,在培养体系的各个环节,甚至在理论课环节,通过案例化教学尽早推动科研思维的培养和养成,可以促使学生在学习中克服困难、建立坚实的"场与路"的知识体系,弥补课程到论文研究阶段间的差距,提高整体培养效率。

(3)案例化教学可以有效激发研究生的学习激情,促进学习模式的自我优化,并实现差异化培养及因材施教。从本团队多年的实践来看,研究生入学时即存在很大的个体差异,而且在本科阶段的教学通常偏基础、偏经典物理,以课堂讲授为主,很多学生把"研一"当作"大五",主动学习的能力和动力不足,思维方式也偏于简单、线性。因此从提升其辩证思维能力、激发学习热情,形成主动式、研究式学习的角度出发,可以将作者前期在本科生"电磁场与电磁波"课程的案例化教学方法引入研究生对应课程的教学中。在研究生阶段,学生应对自己的未来有更清晰的规划,有意愿结合未来的论文科研和就业需求采取研究式学习方法,此时导入案例化教学,就能在辩证思维培养、学习模式优化、研究能力培养与动力的养成等方面达到良好的效果。

综上所述,以案例教学为教学副中心的改革思路是必要而可行的。

四、研究生阶段工程电磁场类课程案例教学的初步实践

1. 案例化教学思路

课程建设初期,作者基于以往的8个授课教学轮次与指导研究生的亲身实践经验,结合国内外相关发展动向的调研,提出贴近科研、工程实践的案例教学和训练思路,具体来说,包括如下两个方面。

(1)教学中的案例分析。案例库的建设在作者前期完成的本科生"电磁场与电磁波"主干课案例库的基础上升级、扩展而成。根据"高等工程电磁场"课程的大纲和培养要求,调研了真空电子器件、电气工程、移动通信、高能物理、波动光学、宇航及行星科学等领域具有重大工程价值或科学影响的研究前沿案例,经过提炼和改写,形成了可供教学和学生自学的案例库。其目标是:一方面揭示宏观、经典电磁学以及电动力学与相对论的内核,剖析场论及其等效求解方法、格林函数与边界条件求解方法的理论基础和内核,建立导波系统、辐射问题和相对论电动力学的求解分析思路与框架;另一方面帮助学生在计算能力方面掌握以矢量微积分为核心、微分/积分方程及等效求解方法并重的解析建模与分析方法体系,最终深化学生对工程实践中关键电磁学问题的理解和分析能力,增强其用基本理论来解决实际问题的信心。

(2)研究生的案例分析练习:在学校研究生课程建设项目资助下,以提升研究生科研能力及培养效率为主线,要求研究生围绕未来的研究方向选取案例,在导师的指导下,完成文献调研,以未来论文课题的相关研究工作为具体选题,力求对新的机制与现象开展分析或者针对已有瓶颈问题提出创新性的分析方法,并通过物理/数学建模、仿真等,为背景课题提供具有参考价值的分析结果和解决方案。

2. 案例教学的初步实践情况及其亮点

根据上述的思路,从 OBE 培养理念出发,围绕所承担的我校研究生课程建设项目研究目标,作者在 2020 级和 2021 级一年级研究生中开展了教学实践。学生入学时已经分配了导师并已经明确了研究方向,各轮次选课人数分别为 14 人和 7 人。

在第一次上课时即讲清案例分析的目标并以大作业形式布置。针对他们对职业发展和前沿科技有浓厚兴趣,辩证思维已经基本建立的特点,在课程组织上以交叉推进、研究型学习为主的方式展开。在课堂教学中,在严谨的理论推导与讲解的同时,注意在关键节点导入教学案例库中的案例,在调整学生注意力的同时,以更贴近实际和亲身体验的内容载体,提升教学效果,帮助学生突破本科阶段学习的电磁学基本知识框架,充分掌握场、波的规范表示、场/波与物质的互作用、新时空观(相对论)、新的能量/动量观念、量子电动力学的基本概念等。最终帮助他们深刻理解波源与辐射/接收/传播的基本规律和理论,掌握导行电磁波的波形、爱因斯坦时空观等核心内容的基本内涵,形成电子信息通信领域电磁收发、传送与处理相关工程问题的基本思路和知识框架,把握科技发展前沿对电磁理论的需求牵引。

案例分析作为大作业在课后开展,由学生独立完成;在课程完成80%进度时进行验收答辩。在课堂教学中还注重辅导学生,分析其个体差异,以一对一启发方式帮助其明确选题,引导其形成求解基本思路和选定分析工具,明确评价标准。

对比以往的教学实践和这两轮案例教学实践,可归纳出如下亮点:①总体上大大减少了学生面对高起点的、以工程电动力学为主体的课程知识体系时容易产生的畏难情绪,无论是面对习题还是案例分析,学生的主动性大大增强;②课堂教学效果得到了大幅改善,由于在适当时机导入鲜活的工程案例教学素材,学生的注意力集中期得以延长,低头看平板手机的频次大幅下降,回答问题也更为积极;③学生在导师帮助下,选定了导师科研课题中的关键问题,学生的分析结果在不同程度上对导师的项目推进起到了支撑作用,效果普遍得到导师好评;④两位选课学生在案例分析作业的基础上,在一年级下学期完成了第一作者的论文撰写,并在IEEE学会主办、EI收录的行业知名学术会议上发表;7位同学则作为共同作者参与了科研论文的发表;⑤作者团队开展的这些实践成果成为电磁场类本科-研究生课程建设系列成果的一部分,该系列成果被学院推荐为2020年度校级教学成果奖;⑥案例库教学成果被作者应用于为北京大学等单位开设的集成电路封装与电路板设计研究生课程2轮次教学以及面向全国同行的ICEPT会议电磁完整性职业发展课等相关课程的教学中,得到了校方、课程组织者和听众的一致好评,预期明年还会得到更多邀请。

3. 实施的效果分析、辐射面情况和下一步的举措

从上述实践情况的分析总结不难看出以下三方面内容。

(1) 从实施效果看:在研究生阶段重新梳理麦克斯韦方程组为核心的传统电磁学知识体系,建立其规范形式,可引导学生思考其局限性和努力建立规范的电动力学知识体系,但过于抽象的理论知识往往抬高了课程的起点,容易造成学生的畏难情绪。在注重引导学生以辩证的、整体的观念来看待新的知识的同时,以工程或者科学研究案例中的建模分析为抓手,可以让研究生的学习平滑过渡,建立清晰的理论和建模与分析方法框架,完成知识体系的升华;若以学生的反馈、案例分析作业和期末成绩的提升等为参考,则可以看出学生的学习主动性、学习的总体收获有了大幅提升。

(2) 从成果的辐射面来看:这些案例化教学的思路具有可操作性和可移植性,已经在北京大学微纳电子学院等单位得到了进一步验证,其他3家高校和中科院大学等单位也已经向作者团队索要了相关教学素材,试用于本科生和研究生教学中。

(3) 从下一步举措看:作者将发动所负责的科研团队全体十位博士教师和同学及兴趣爱好相同的5名青年教学骨干们一起参与精品课程建设团队,深度开展课程改革探索,优化

教学内容，编写具有全球视野的研究生教辅材料和网络化课件，完善案例教学库和习题库，优化考核矩阵，同时加强推广和扩展其辐射面。

五、总结和展望

本文简要论述了在理论性强的高等工程电磁场类研究生主干课中开展案例教学的必要性和可行性，提出了实施路径，介绍了初步实践情况及其亮点，展示了受益面和下一步的举措。实践表明，案例教学对于信息与通信学科研究生学习效果的提升有着重要意义，其实施具有可操作性和可移植性，最终将对研究生培养模式改革起到重要支撑作用。

下一步作者还将针对当前案例教学实践存在的不足和培养模式改革需求，组建梯队科学合理的课程建设团队，群策群力，提升课程建设目标，扩展视野，从为国育人的高度和国际化的视野格局来优化相关措施，进一步提升其实施效果，支撑我校的信息与通信学科的高质量、可持续发展。

参考文献

[1] 杨平,张达敏,刘国敏.电子与通信工程领域专业学位研究生培养模式探讨[J].软件导刊(教育技术),2016,15(4):34-35.DOI:10.16735/j.cnki.jet.2016.4.14.

[2] 贾敏,郭庆,赵洪林,等.基于CDIO理念的信息与通信工程专业研究生培养模式探究[C]·深化教学改革·提升高等教育质量(上册),2015:128-133.

[3] 沈谅平,曹卫国,吴志松.面向电子与通信工程专业硕士研究生的校企协同培养模式研究[J].教育教学论坛,2017(29):32-34.

[4] 王海建,刘一清,马红梅.研究生卓越ICT工程师培养模式研究[J].高等教育研究学报,2021,44(3):21-27.

[5] 李岩山.面向工业4.0信息与通信工程交叉学科研究生培养模式研究[J].科教文汇(下旬刊),2017(2):43-46.DOI:10.16871/j.cnki.kjwhc.2017.2.18.

[6] 李英祥,杨燕,余乐韬.专业学位研究生创新能力培养模式探索——以通信工程学院专业学位研究生为例[J].教育教学论坛,2018(3):132-134.

[7] 曹阳.多要素协同的地方高校创新型研究生培养模式探索[J].教育教学论坛,2019(5):124-125.

[8] 穆琳琳,李一兵,鲁文晓.研究生国际化的培养模式初探——以信息与通信工程学院为例[J].教育教学论坛,2014(14):208-209.

作者简介

缪旻，男，教授，北京信息科技大学信息与通信工程学院教师，学校智能芯片与网络研究中心负责人，长期从事电磁场类课程本科及研究生教学以及集成电路与光-电高速互连及信号传输方向的科研。

李振松，男，高级实验师，北京信息科技大学信息与通信工程学院教师，长期从事通信专业课程实践教学以及集成电路与高速信号传输方向的科研。

工程教育认证与课程思政相结合的教学改革
——以《电磁场与电磁波》为例①

陈 硕

(北京信息科技大学信息与通信工程学院,北京,100101)

摘 要:"电磁场与电磁波"作为电子信息类专业的一门核心课程,是高频电子线路、微波技术和通信原理等课程的重要理论基础,也是从事无线通信领域的专业技术人员必须掌握的基础课程。但是,由于物理概念和数学公式推导复杂,导致学生在学习过程中缺乏自主性与积极性。针对"电磁场与电磁波"课程在教学中存在的问题,本文创新性地以立德树人为根本目标,以工程认证为导向,立足电子信息类专业的特点,把课程思政融入和贯穿到"电磁场与电磁波"课程教学当中,将理论学习和工程应用联系起来,实现知识传授与价值引领的有机结合,为推进工程认证和课程思政相结合的教学改革提供思路和方法上的借鉴。

关键词:电磁场与电磁波;工程教育认证;课程思政;电子信息类

Educational Reform Based on Engineering Education Accreditation and Ideological and Political Education: Take Electromagnetic Field and Electromagnetic Wave as An Example

Chen Shuo

Abstract: As a professional core course for electronic information majors, electromagnetic field and electromagnetic wave is an important theoretical basis for courses such as fundamentals of microwave technology, high-frequency electronic circuits and communication principles. It is also a basic course that professional technicians engaged in the field of wireless communication must master. However, due to the complex derivation of physical concepts and mathematical formulas, students lack autonomy and enthusiasm in the process of learning. In view of the problems existing in the teaching process of electromagnetic field and electromagnetic wave, this paper creatively takes establishing morality and cultivating people as the fundamental goal, and takes engineering education accreditation as the guidance based on the characteristics of electronic information specialty. It integrates ideological and political education into the teaching of electromagnetic field and electromagnetic wave, and connects theoretical learning with engineering application to realize the organic combination of knowledge transfer and value guidance. It provides ideas and methods for promoting the educational reform of the combination of engineering education accreditation and ideological and political education.

---

① 项目来源类别:北京信息科技大学教学改革项目《信息通信类专业工程教育认证与课程思政相结合的教学改革与实践》

Key words: electromagnetic field and electromagnetic wave; engineering education accreditation; ideological and political education; electronic information major

一、引言

习近平总书记在全国高校思想政治工作会议上强调,做好高校思想政治工作"要用好课堂教学这个主渠道,思想政治理论课要坚持在改进中加强,提升思想政治教育亲和力和针对性,满足学生成长发展需求和期待,其他各门课都要守好一段渠、种好责任田,使各类课程与思想政治理论课同向同行,形成协同效应[1]。通过在课程教育中有机融入家国情怀、法治意识、社会责任、人文精神等思政元素,课程思政的实施在加深学生对理论知识的理解和掌握的同时,有助于培养学生的创新思维和合作精神,增加专业认同感,实现思想引领,激发其为国家学习、为民族学习的热情和动力[2]。"

长期以来,电子信息类专业的课程思政教育与专业教育并不能做到"零过度"和"无缝对接"。究其主要原因,是课程思政教育没有和专业教育的课程定位及教学内容结合起来。如何立足电子信息类专业的特点,把课程思政融入和贯穿到专业课程体系当中,是值得深入研究的问题。

工程教育是实现课程思政与专业教育相融合的有效手段。贯彻工程认证理念,改革课程体系和教学内容,是引领专业持续改进,不断提高人才培养质量的重要方向[3]。以思政教育进课堂为目标,结合工程教育认证中对身心素质、职业规范、团队协作等要求,为开展课程思政的改革提供了具体的教学载体[4]。当前,我国工程教育专业认证体系实现国际实质等效,基于工程教育专业认证的教学改革与实践已见成效[5]。

然而,面向新时代高校的宏观发展需求与当前最新的技术资源,现有的电子信息类课程尚存在学生无法快速融入、工科专业思政教育与专业教育不够深入融合,相关体制机制还需进一步健全的问题。以"电磁场与电磁波"课程为例,本课程是电子信息类专业本科生必修的核心课程,课程的授课对象为电子信息类专业的大三学生[6]。由于物理概念的数学描述烦琐,学生只对如何做题,如何考试感兴趣,忽略了为什么要学习这门课,学好这门课对自己未来的职业生涯有什么影响,以及如何为我国的电子信息类行业做出自己的贡献[7,8]。而这些问题才是激发学生原动力的根本问题。

本文针对"电磁场与电磁波"课程在教学中存在的问题,以工程认证为导向,把课程思政融入和贯穿到"电磁场与电磁波"课程教学当中,通过成果导向教育(Outcome Based Education, OBE)理念与课程思政相融合的教学目标改革,建立课程思政素材资源库,利用探究式教学手段,把理论学习和工程应用联系起来,培育新时代大学生的社会主义核心价值观,为推进工程认证和课程思政相结合的教学改革提供思路和方法上的借鉴。

二、OBE 理念与课程思政相融合的教学目标改革

成果导向教育以学生为本,以能力、目标或需求为导向,是工程教育专业认证的重要理念。OBE 教学的第一步是确立教学目标,是设计一切教学活动的核心,关系到教学环节的设计和教学评价。本文将 OBE 理念与课程思政相融合,改革课程教学目标。

一方面，通过采用问卷调查和访谈的方式对学生的学习特征进行调查和分析，以便更加深入地了解学生的思想状况和学习需求。通过调查得知，学生存在数理基础薄弱，公式推导和分析能力弱的问题。因此，本课程应强调对基本概念、技能和基本数学工具的掌握，突出对基本物理概念、规律及其实质的理解，避免陷入烦琐的数学推导。本课程讲授内容抽象，应该尽量采用现代电磁场可视化的成果增强形象性，同时注意深入浅出地讲解工程实例，来加深学生的理解。

另一方面，结合我校电子信息类专业培养目标和专业特色，深入挖掘专业课程的德育内涵和元素，明确课程思政教学目标，基于工程认证标准对应 OBE 指标点，将德育目标写入教学大纲的教学目标中。在教学目标改革中，首先，着重培养学生抽象思维能力和综合分析解决问题的能力；其次，把社会主义核心价值观与中华优秀传统文化教育内容融入教学目标中。通过立足专业知识和课程思政要求，并满足学生、用人单位的需求，建立 OBE 理念与课程思政相融合的教学目标。

本文以"电偶极子的辐射"的课程为例，通过表 1 说明在日常教学中，是如何将 OBE 理念与课程思政相融合设置课程教学目标的。

表 1　基于 OBE 理念与课程思政相融合的课程教学目标设计

【教学目标】	
知识传授	(1) 理解电磁辐射和电偶极子辐射的基本原理； (2) 根据位函数的解析表达式，分别计算电偶极子近区场和远区场的场分布
能力培养	(1) 应用数学、自然科学和工程科学的基本原理，对 5G 基站的辐射问题进行识别、抽象和分析，通过学习辐射计算模型、讨论热点问题，培养学生理论联系实际的能力； (2) 基于工程相关背景知识进行合理分析，理解和正确评价 5G 基站规划设计对环境、社会可持续发展的影响
价值塑造	(1) 通过 5G 基站辐射的建模和计算，使学生深入理解工程师对公共安全的道德和职业责任，自觉遵守工程规范； (2) 提高学生的人文社会科学素养，履行道德责任，践行"和谐社会"价值观； (3) 通过讲授赫兹用实验证明电磁波存在的故事，培养学生坚定的理想信念、锲而不舍的科学精神

三、以学生为中心的课程思政素材库建设

"电磁场与电磁波"课程蕴含丰富的思想政治教育元素，包括经典电磁理论的时代背景、代表性科学家的生平、我国科学家及华裔科学家在电磁学领域中做出的杰出贡献、与交叉学科的生长点和新兴边缘学科的发展关系等。通过深入挖掘课程思政元素，构建课程思政素材资源库，把课程思政素材加入教学体系，从而明确课程思政素材资源库的思政元素融入点。

在专业知识体系中，本文挖掘"电磁场与电磁波"课程蕴含丰富的思政元素，建立课程思政素材资源库，并作为教学计划和课堂讲授的重要内容，用学生喜闻乐见的方式，将知识教育同价值观教育结合起来。例如，在绪论课中，除了讲授常规的内容（如本课程的性质、学习目的、学习内容、学时数等）以外，还应该讲授电磁场理论的发展过程、理论框架、重要的科技成果以及典型的代表人物；尽管经典电磁理论体系由欧洲科学家建立，但需强调我国科学家

及华裔科学家在现代电磁学领域中做出了杰出贡献,取得众多科技成果,指明当代大学生应有的使命,激发学生们的爱国热情。本课程挖掘的部分课程思政素材如表2所示。

表 2 部分课程思政素材

序号	教学内容或知识点	思政元素	过程设计与具体实施
1	第1章 绪论	尽管经典电磁理论体系由欧洲科学家建立,但需强调我国科学家及华裔科学家在现代电磁学领域中做出了杰出贡献,取得众多科技成果,指明当代大学生应有的使命,激发学生们的爱国热情	在绪论课中,除了讲授常规的内容(如本课程的性质、学习目的、学习内容、学时数等)以外,还应该讲授电磁场理论的发展过程、理论框架、重要的科技成果以及典型的代表人物,合理融入思政元素
2	第2章 电磁场的基本规律 √麦克斯韦方程组	通过介绍麦克斯韦方程组的建立过程,向学生展示一个新的物理理论的建立不是一朝一夕的,是很多科学家长期积累,厚积薄发的结果。以此帮助学生树立正确的科学观,鼓励学生积极加入科学事业,为祖国的科技发展做出贡献	解释麦克斯韦方程组的建立过程,以及相关科学家所做出的贡献,向学生展示麦克斯韦建立电磁学理论的曲折过程,纠正部分学生的一些错位观念
3	第3章 时变电磁场 √电磁能量守恒定律	结合哲学思想,讲解哲学中的物质概念,使学生树立辩证唯物主义世界观,培养科学思维	结合能量守恒和动量守恒定律分析,帮助学生理解电磁场的物质性
4	第4章 均匀平面波在无界空间中的传播 √电磁波的极化	在讲授电磁波的极化部分内容时,以北斗卫星导航系统作为实例,增强学生的民族自信心和自豪感,激发青年学生的爱国热情,培养立志献身祖国的远大理想,坚定"四个自信"、牢树"四个意识"	采用案例教学法,通过对比收音机、基站、雷达和卫星的天线差异,分析不同形态天线产生不同极化状态的电磁波,理论联系实际,说明极化的概念和应用
5	第5章 均匀平面波在无界空间中的传播 √电磁波的传播	讲解电磁波的应用研究热点,以这些科技成果为教学素材,引导学生热爱专业,促进学生创新精神和综合能力的培养	向学生介绍雷达技术、光通信以及5G、6G通信中所涉及的电磁波传播特性,使学生理解通信与基本电磁波理论的关系
6	第6章 均匀平面波的发射与透射 √均匀平面波对理想导体平面的斜入射	通过介绍我国在电磁场与电磁波领域取得的成就,提升学生的专业认同感和民族自信,鼓励学生勇担使命,坚持自主创新之路	举例中科院国家天文台主持建设的500米口径球面射电望远镜,说明中国天眼是如何利用电磁波的斜入射实现探索太空世界的
7	第7章 导行电磁波 √矩形波导	面向国家重大工程进展,将波导技术应用到地球资源探测为案例,帮助学生形成正确的世界观、人生观、价值观,增强了学生的社会使命感和主人翁意识	结合波导技术最新研究进展,说明电磁波如何以横磁波单一方式通过地-电离层波导传播,实现探测到10公里的地质或穿透数百米的海水,向学生们讲述所学知识和航天与国防应用之间的联系

四、基于逆向教学设计的课程思政教学方法设计

逆向教学设计是工程教育专业认证的主要教学方法,主要解决如何帮助学生有效地获得学习成果的问题。"电磁场与电磁波"课程的教学不仅需培养学生的专业技能,还应强调以学生为中心的综合能力培养、坚韧不拔的品格塑造和正能量传播。

在"电磁场与电磁波"课程的教学中,教师基于课程教学目标,采用探究式教学进行逆向教学设计。首先,教师紧密联系新一代信息技术的发展背景,结合专业知识的工程应用,提出考虑社会、法律、环境、安全、伦理等非技术层面的开放性探究式问题。其次,学生在课后通过查阅资料,讨论等形式,以小组为单位,对教师提出的探究式问题进行分析与解释,培养学生分析和解决复杂工程问题的能力,类比、联系的科学思维以及合作精神。再次,在课堂上,学生以小组为单位阐述自己的理解和看法,体现以学生为重,以输出为导向,持续改进的国际工程教育认证理念,并在专业教育中,有机融入家国情怀、法治意识、社会责任、人文精神等思政元素。

本文以"电偶极子的辐射"课程为例,说明在日常教学中,如何开展基于逆向教学设计的课程思政教学。首先,教师在课初导入社会热点问题"5G基站选址纠纷"作为教学案例,引出本节课的学习重点——电偶极子辐射的基本原理,培养学生学习兴趣。其次,从工程到理论,在技术层面讲解电偶极子是什么以及学习电偶极子辐射的重要性,并通过物理意义分析使学生理解电偶极子辐射的基本原理。进而分析电磁辐射的计算方法,使学生掌握电磁辐射相关知识点的同时,建立教学案例和理论知识之间的联系。再次,从理论到实践,利用本节课所学知识分析5G基站辐射是否超标,提高学生应用知识解决问题的能力。图1所示为"电偶极子的辐射"课程的教学方法。

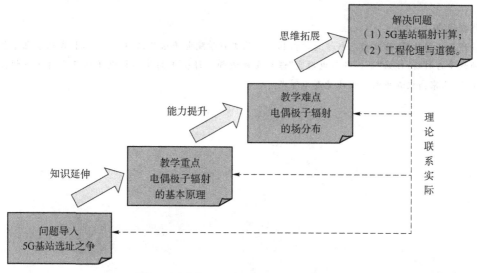

图1 "电偶极子的辐射"课程的教学方法

五、总结

本文创新性地将工程认证理念和课程思政相结合,打造信息特色鲜明的教学方法,对"电磁场与电磁波"课程的教学目标、教学设计和教学实践的改革策略进行研究。与现有的课程思政改革相比,本文摒弃了在课堂上以教师为主体进行思政教育的方式,而是基于工程教育专业认证的思想,以学生为主体,以学生工程能力和综合素养提高为出发点进行教学改革与实践。本文将OBE理念与课程思政相融合设置课程教学目标,采用探究式教学进行逆向教学设计,本文的研究有助于推动"价值塑造、能力培养、知识传授"三位一体的课程教学建设,培育新时代大学生的社会主义核心价值观,培养适应移动互联网、高速宽带通信产业发展以及智慧城市建设需求的高素质应用型人才和优秀的社会主义接班人。

参考文献

[1] 杨连生,蒲彧.我国高等工程教育专业认证问题研究综述[J].宁波大学学报(教育科学版),2009(12).

[2] 高德毅,宗爱东.从思政课程到课程思政:从战略高度构建高校思想政治教育课程体系[J].中国高等教育,2017.

[3] 姜波.OBE:以结果为基础的教育[J].外国教育研究,2013(3):37-39.

[4] 张媛.当前我国高等职业教育校企合作培养模式[J].教育与职业,2014(35):30-31.

[5] 何强,宋博文.基于校企合作模式下大学生思想政治教育初探[J].内江科技,2016,37(6):14-15.

[6] 董建峰,徐键."电磁场与电磁波"课程的教改实践[J].中国电力教育,2010(3):127-129.

[7] 丁兰,陆建隆.精品课程建设与《电磁场与电磁波》教学改革[J].内蒙古师范大学学报:教育科学版,2006,19(7):119-121.

[8] 陈宇,白雪梅,蔡立娟,等.电磁场与电磁波、微波技术和移动通信课程群实践环节教学改革[J].科教导刊,2016(4):118-119.

作者简介

陈硕,女,副教授,北京信息科技大学信息与通信工程学院电子信息工程系教师,长期从事电子信息类专业的教学与科研,作为"电磁场与电磁波"课程主讲教师获评全国高等学校电子信息类青年教师授课竞赛二等奖、北京高校青年教师授课竞赛二等奖。

"数字图像处理综合实践"教学研究与实践

潘建军　顾奕　冷俊敏

（北京信息科技大学信息与通信工程学院,北京,100101）

摘　要：数字图像处理是当今信息处理技术中发展很快且应用面很广的新兴学科。数字图像处理的理论性和实践性都很强,数字图像处理的教学必然离不开实践教学。本文从数字图像处理的特点和培养学生解决复杂工程问题能力出发,探讨了本科"数字图像处理综合实践"课程独立实践环节教学改革的研究策略、技术路线、教学实践方法和结论以及展望。

关键词：数字图像处理；综合实践；实践教学；复杂工程问题

Teaching research and practice of "comprehensive practice of digital image processing"

Pan Jianjun　Gu yi　Leng Junmin

Abstract：Digital image processing is a new subject with rapid development and wide application in information processing technology. The theory and practice of digital image processing are very strong. The teaching of digital image processing must be inseparable from practical teaching. Starting from the characteristics of digital image processing and cultivating students' ability to solve complex engineering problems, this paper discusses the research strategy, technical route, teaching practice method, conclusion and prospect of the teaching reform of the independent practice link of undergraduate "comprehensive practice of digital image processing".

Key words：digital image processing；comprehensive practice；practical teaching；complex engineering problems

　　数字图像处理是当今信息处理技术中发展很快且应用面很广的新兴学科。"数字图像处理"是我校电子信息工程专业的一门专业核心课,"数字图像处理综合实践"课程是为了配合"数字图像处理"教学而开设的选修独立实践环节。"数字图像处理"课程起点高、难度大,理论性和实践性均很强,数字图像处理算法最终要在计算机或其他处理器上编程实现。数字图像处理的教学必然离不开实践教学。"数字图像处理"课程的主要内容是理论和算法的讲授,"数字图像处理综合实践"课程的主要内容则是深入运用所学知识编程实现一个较为复杂的数字图像处理工程问题,撰写课程设计报告,并参加答辩。通过"数字图像处理综合实践"课程培养学生深入运用所学知识解决复杂工程问题的能力,使学生在专业基本技能和动手编程能力方面得到训练。

---

① 项目来源类别：2019年北京信息科技大学教改项目——《数字图像处理综合实践》教学研究（项目编号：2019JGYB13）

中国工程教育专业认证通用标准解读第 3 章毕业要求中强调学生必须具备解决复杂工程问题的能力,我校电子信息工程专业已有 20 多年的历史,培养了一大批优秀的学生。2021 年我校电子信息工程专业获得 6 年有效期中国工程教育认证证书:从 2021 年 1 月至 2026 年 12 月。本文是我校本科"数字图像处理综合实践"课程教学团队近年来的教学改革研究与实践的小结,探讨了旨在培养学生解决复杂工程问题能力的教学改革的研究策略、技术路线、教学实践方法。

一、研究策略、技术路线

我校电子信息工程专业"数字图像处理"课程的先修课程为"高等数学""线性代数""复变函数与积分变换""概率论与数理统计""数字信号处理""信息论与编码"。学习数字图像处理要有数字分析、积分、微分、矩阵、概率等方面的数学基础和信号、信息方面的知识。"数字图像处理"课程起点高、难度大。数字图像处理有很多复杂的工程问题。2016 年我校电子信息工程专业本科培养方案新开 3 周的专业教育选修独立实践环节"数字图像处理综合实践",旨在加强复杂工程问题能力培养。学生深入运用通识教育中"数学""信息论与编码""数字图像处理"等课程学到的理论知识和"面向对象程序设计基础"课程学到的编程知识,通过实践把抽象的概念形象化,实现理论与实践的紧密结合,选择编程语言和编程环境,解决数字图像处理中的复杂工程问题。本次"数字图像处理综合实践"教学改革具有如下研究策略、技术路线。

(1)总结和研究较为典型的数字图像处理复杂工程问题,推荐 4 个综合实践题目,并均经实验验证可行。通过典型应用,结合数字图像处理系统,让学生在掌握数字图像处理的基本理论上,还知道学到的这些理论要用到什么地方,怎么用。编写了 4 个推荐题目的指导书和任务书。

(2)推荐题目根据工程问题选择目前两种最主要编程语言:MATLAB 和 VC++。MALAB 具有易学易用的特点,MATLAB 数字图像处理基础编程要求每位学生都能掌握。VC++编程相对来说难度较大,两种编程语言满足不同学生的兴趣和不同层次学生的需求。

(3)学生和教师双向选择,学生完成相应的任务。同时推荐题目的设计内容又具有一定的灵活性。本课程采用推荐内容与学生自选内容相结合的方法,对于创新设计可以不受推荐内容的限制,经老师审核同意并在条件允许的情况下,学生可以自行命题。这将有利于培养学生的独立分析解决问题能力,对创新能力的培养也很有帮助。这种实践教学改革方式也体现了工程教育认证"以学生为中心"的教学理念。

(4)将"数字图像处理""数字图像处理综合实践"、毕业设计、科研紧密结合起来。这样由低到高,一层层的理论与实践紧密结合,形成数字图像处理的教学体系,提高学生解决复杂工程问题的能力,为以后从事这方面的研究和开发工作打下坚实的基础。

二、教学实践方法

本次"数字图像处理综合实践"教学研究,实验验证"数字图像处理综合实践"推荐 4 题目的可行性。编写"数字图像处理综合实践"指导书和任务书,并制作了课件和录制了宣讲视频。2019—2021年完成了电信16～电信18级"数字图像处理综合实践"的学生指导书预习、课程宣讲、学生的自主选题、指导和答辩等环节。具体来说,教学实践方法如下。

(1)课程开始前,教师通知学生预习指导书和任务书。

(2)宣讲环节指导教师介绍课程教学目标及要求,推荐题目的相关数字图像处理算法、编程工具。

(3)宣讲结束后学生和教师双向选择推荐题目或协商确定自选题目。

(4)学生理解指导书和任务书,明确设计内容,查阅文献。

(5)学生按时跟各自的指导老师开展课程设计。学生在老师的指导下,设计针对复杂工程问题的解决方案并编程实现。选做同一题目的学生组成一个团队,依据彼此的优势,自行组成1～2人小组,并独立承担自己在小组中的任务。即使选做同一题目,也鼓励学生在实践过程中选用不同的编程语言、编程环境,采用不同的方法。

(6)学生撰写课程设计报告。报告要求学生能基于相关科学原理和数学模型方法正确表达复杂工程问题,给出复杂工程问题的解决方案和描述实现过程。报告后还需附程序源代码及注释。

(7)指导教师开展了现场检查和答辩,要求学生介绍自己的结果,并随机提问。主要是针对解决方案和程序代码进行提问,检查学生是否熟悉解决方案的流程和代码的功能;也问了一些原理方面的知识,了解学生对理论基础掌握是否牢固。

(8)考核方法以平时考勤、现场检查与答辩为主,以设计报告为辅,综合评定课程设计成绩。总评成绩:课程设计过程表现占40%,课程设计完成情况占30%,课程设计报告占30%。指导教师对课程设计报告进行了较为详细地审查,综合评定出课程设计成绩。

在"数字图像处理综合实践"指导过程中,指导教师注重锻炼学生的编程能力和解决复杂工程问题的能力,对学生的阶段性的成果给予了及时地表扬与肯定,使学生获得成就感,增强自信心。我们同时发现不少学生的编程基础比较薄弱,通过鼓励编程能力强的同学讲解编程和调试方法,相互讨论,培养了同学的团结协作精神。指导学生编写程序要求逻辑严密,要求精益求精。无论是人机界面的友好性,还是程序本身的容错性,这些都体现了工匠精神——把事情做到极致。编程有一个量变到质变的过程,平时需要勤学苦练,面试官经常问的一个问题就是:"你写过多少行代码"。一分耕耘,一分收获。无论是国内还是国外,对于程序员的缺口都在百万以上的规模,告诉学生编程能够带来就业机会。图像处理编程渗透于各个行业,就业前景非常广泛。

2020年年初,突如其来的新冠疫情,学生不能返回学校、实验室,指导教师和学生克服困难,采取用MATLAB+腾讯会议客户端的形式线上指导完成了综合实践。课程开始前统计学生是否有计算机,动员没有计算机的学生去借,指导学生安装编程软件MATLAB和腾讯会议客户端,建立微信群,通知学生预习,指导老师对课程进行了宣讲,学生选题,在指导过程中指导老师对题目原理和实现注意事项采用腾讯会议的方式给学生做了讲解。然后老师分批指导,阶段性验收环节学生依次共享屏幕,讲解自己的解决方案和编程思路,运行本人编写的程序,老师做点评。腾讯会议综合实践指导截图如图1所示。本人感觉这种方式调动了学生的积极性,取得了很好的效果。

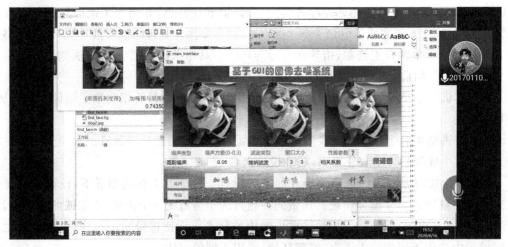

图 1　腾讯会议综合实践指导截图

将"数字图像处理""数字图像处理课综合实践"、毕业设计、科研紧密结合起来。这样由低到高，一层层的理论与实践紧密结合，形成数字图像处理的教学体系。"数字图像处理"课程理论学习和课内实验为"数字图像处理综合实践"课程打下了坚实基础。在"数字图像处理综合实践"的课程设计报告要求学生按毕业设计的格式来书写，为学生大四的毕业设计论文的撰写打下了基础。"数字图像处理综合实践"课程教学团队教师指导多名同学完成有关数字图像处理的毕业设计，例如潘建军老师指导的电信 1702 班王寅恺同学的有关生成式对抗神经网络的无监督多视角图像生成的毕业设计被评为"2021 年校级优秀毕业设计"。"数字图像处理综合实践"课程也与老师们的科研结合起来。例如电信 1602 班刘岱轩同学实践自选题目——云粒子图像裁剪与特征尺度测量来自老师的科研项目，表 1 所示为云粒子的形态特征参数。电信 1604 班徐云岫同学自选题目的综合实践成果随后发表在 EI 期刊上。

表 1　云粒子的形态特征参数

粒子原图	粒子裁剪图	周长	面积	圆形度
		274	4 851	0.812 0
		87	419	0.695 6
		370	6 271	0.575 6

在"数字图像处理综合实践"课程的指导过程中,利用了学校提供的线上资源,在课堂派中创建课程,学生将设计报告交到课堂派中,老师从课程派中将报告批量导出。通过课堂派来收取设计报告减少了老师通过电子邮件收取设计报告的工作量,同时减少了由学生干部代收课程报告的中间环节以及学生干部的工作量。课堂派还具有设计报告之间的查重功能。

三、结论及展望

从学生们课程设计过程以及最终提交的课程设计报告和程序源代码来看,学生的编程能力和实际动手能力得到了较好的锻炼。通过同一个班的学生分做多个综合实践题目和把好课程设计的质量关,大大地减少了相互复制现象。通过"数字图像处理综合实践"课程,学生巩固和加深了数字图像处理的理论知识,培养了解决复杂工程问题的能力,提高了动手编程能力,为以后从事这方面的研究和开发工作打下坚实的基础。通过课程设计学生深深体会到了进行数字图像处理编程和调试的不易,也体会到了调试通过后的喜悦。综合实践过程中大部分学生的积极性较高,学生对本课程的满意度较高,两年来学生对本课程的评教均在96分以上。

数字图像处理理论和实践技术发展得很快,中国工程教育认证一个非常重要的理念就是持续改进,指导教师要不断学习新知识、新技术;努力开展相关科研,以科研促进实践教学;改进现有推荐题目,设计更多题目;在疫情防控常态化的形势下,将现代线上教学模式融入教学之中。在实践教学实施过程中,注重锻炼学生的编程能力,强化素质教育,调用多种手段,培养学生的科学素养、自主学习能力、创新思维能力,分析问题的能力和解决复杂工程问题的能力。

参考文献

[1] 阮秋琦.数字图像处理学[M].3版.北京:电子工业出版社,2013.
[2] Rafael C.Gonzalez,RichardE.Woods.数字图像处理[M].3版.阮秋琦,阮宇智,等译.北京:电子工业出版社,2011.6.
[3] Rafael C.Gonzalez,RichardE.Woods.Digital Image Processing,Third Edition(英文版)[M].北京:电子工业出版社,2010.
[4] Rafael C.Gonzalez,RichardE.Woods,Steven L.Eddins.数字图像处理(MATLAB版)[M].2版.阮秋琦,译.北京:电子工业出版社,2014.
[5] 中国工程教育专业认证协会秘书处.工程教育认证通用标准解读及使用指南(2020版).2020.

作者简介

潘建军,女,副教授,北京信息科技大学信息与通信工程学院电子信息工程系教师,主讲"数字图像处理""MATLAB及其应用""DSP原理与应用"和"信息论基础"四门课程,多次负责和指导"数字图像处理综合实践"和"DSP原理与应用课程设计"两门独立实践环节。主要科研领域为数字图像处理、深度学习、人工智能。

顾奕,女,讲师,北京信息科技大学信息与通信工程学院电子信息工程系教师,从事信号处理教学与科研。

冷俊敏,女,副教授,北京信息科技大学信息与通信工程学院电子信息工程系教师,从事信号处理教学与科研。

基于微案例的电磁场与电磁波多媒体教学方法改革与实践

赵凯 赵钰迪 缪旻

(北京信息科技大学信息与通信工程学院,北京,100101)

摘　要:本文基于成果导向教育理念,针对"电磁场与电磁波"课程理论性强而课时相对不足,无法兼顾工程应用的问题,结合工程认证的要求,提出了一种以学生为中心的微案例式教学新范式。在该范式中,与课程理论高度相关的工程案例被提炼成为简短的微案例作为课堂辅助案例,并有大量案例作为课后作业留给学生,学生的学习和思考结果通过短视频和短视频互评等学生喜爱的方式呈现,从而一方面调动学生的积极性和参与度,另一方面形成课程和微案例反馈,从而支持课程的持续改进。从学生的反馈效果来看,这种以新媒体形式呈现的,参与感更强的教学方式受到了学生的广泛好评和喜爱。

关键词:成果导向教育;学生中心;微案例;工程问题

一、引言

作为通信工程专业重要的一门专业基础课[1],电磁场与电磁波是包括通信原理、微波技术、天线理论等很多专业课的理论基础,却也是对学生而言最难学的课程之一。传统的教学方式是从矢量分析和场论出发,通过实验定律和数学推导得到麦克斯韦方程组等较难记忆的公式[2,3],导致部分学生容易在课程中段失去兴趣,并不能做到对后半部分电磁波相关知识点的透彻理解。对于应用型大学而言,对学生的培养目标是需要能够利用所学知识解决复杂工程问题,以课上理论推导、课后作业加深印象的教学方式已经不能符合当下的成果导向教育(OBE)理念,需要结合学生将来的工程应用来重新梳理授课内容、改进教学方法,以更加侧重学生解决复杂工程问题的能力。

在当前本科教学课时压缩的大背景下,高等数学、普通物理这两门先修课程的非核心内容也被相应的压缩,这就导致本课程伊始需要补充讲解矢量分析、场论以及静电场相关的内容,这就进一步限制了电磁波部分的课时分配,对授课方法和内容改革提出了更高的要求。

与此同时,2020年全球遭遇严重的新冠肺炎疫情,网络授课作为一种替代手段,迅速地被高校和学生接受,网络上的课程资源也愈加丰富,利用好网络上的慕课资源并开展混合课堂[4]教学是最好的选择。在此背景下,通过将线上直播与慕课的形式相结合,将复杂的数学推导过程留给慕课,借助引入一些简短的微案例来激发学生的兴趣,展示电磁场与电磁波在复杂工程问题中的应用或者是其背后的理论依据,来增强学生对于物理概念和物理"图像"的理解,从而取得更好的教学效果。

二、电磁场与电磁波面临的问题与改革目标

电磁场与电磁波这门课程的信息量大,内容涉及面广,抽象概念和理论多,对先修课程的要求高,以及电磁场的实际工程问题都比较复杂而且与本课程的覆盖范围缺乏有效衔接,这些都是学生容易对本课程失去兴趣和信心的原因。

首先,这门课程的先修课程比较多,包含高等数学、大学物理(电磁学)、特殊函数、矢量分析、数学物理方程等。在当前各大高校都压缩课时,把时间还给学生的背景下,其先修课程的授课范围也相应地被压缩。以矢量的旋度和斯托克斯定理为例,在高等数学的课时压缩之后,这部分的内容已经不在考试要求的范围内,使得本课程的开始阶段需要补充这部分内容。针对这个问题,可以通过"课堂派"等线上教学平台进行实时问卷调查或者投票来对学生的情况进行摸底,并根据结果来补充一些必要的背景知识。

其次,本课程的内容较多、信息量很大,同时也是微波技术、天线理论、通信原理等很多专业课的先修课程,具有重要的承上启下作用,授课内容无法压缩。这就与目前课时的压缩形成了矛盾。

再次,本课程的概念抽象,公式推导很多。这对于没有接触过"场"和"波"概念的学生有一定的难度。而且公理化的数学推导以及利用特殊函数求解场方程的内容比较多,按照传统授课方法学生在学习这部分的时候会觉得非常难。考虑到以后学生在遇到实际工程问题的时候往往利用 ANSYS HFSS™ 等有限元软件进行求解实际工程问题,所以要对相应的公式推导部分进行简化处理,而更加侧重对于抽象概念的理解。

最后,目前的新冠肺炎疫情给授课带来的全新的挑战。以往在教室里小班授课,教师可以密切关注每个学生的情况,而现在只能通过网络授课平台去不定时的通过调查问卷或者网络提问的方式来了解,这就给实时掌握学生的动态产生了一定的困难。

为了解决以上问题,确定的改革目标有如下四个。

(1)减少课堂上公式推导的讲解,强化学生对于概念理解和应用的能力。围绕培养"高水平应用型人才"这一目标,通过简短而精彩的微案例来增加学生对公式物理意义的理解,从而辅助对公式的记忆,并且能够灵活运用在包括射频电路、天线技术甚至天文等领域,增强学生解决复杂工程问题的能力。

(2)增加课堂上与学生的参与互动程度。通过在课堂上适时地增加微案例,利用线上投票或分组讨论提出解决方案等方式来增加学生的线上课堂参与程度,调动学生的积极性和兴趣,从而实现线上的混合课堂,让学生在上课或每次直播期间都能有适当时长的互动参与。

(3)改革课后作业内容与提交方式。以往的课后作业通常是教材的课后习题,通过做题来巩固课堂讲授的知识。然而通过多年的教学经验来看,这种方式对于培养"高水平应用型人才"这一目标来说并非最佳方式,课后作业存在着一定的抄袭现象。为了让每位同学都能达到布置作业预期的效果,本课程改革了提交习题本这一传统方式,而改为线上提交短视频作业的方式。

(4)改革期末考核方式,全面考察学生的掌握情况和目标达成情况,以便持续改进。以往本课程的考核方式为闭卷期末考试占60%,平时出勤和作业各占20%。这种方式的弊端

是跟学生的交互以及对学生学习情况的了解主要局限于作业和试卷,评价不够立体。为了解决这个问题,本课程将期末考试的比例降到了40%,增加了一个以宿舍为单位、针对课堂"微案例"的课后讨论作业,提交方式为讨论录音。这种方式教师可以通过讨论内容更立体、更全面的判断学生们的学习情况,以便对后续教学做出改进。

本课程的学时较短而内容很多,所以采用翻转课堂的形式难以保证课程进度,较复杂的工程案例也并不能满足要求。这就对案例的选取提出了较高的要求,需要具备难度适中、讲解时间简短、能够与课程内容充分互补、能够灵活穿插到课程讲解过程中、有典型工程应用指导性等特点。微案例库的建设和根据课堂实际情况选取微案例来保证课堂互动,是提高线上教学成果的核心。

三、基于 OBE 理念的微案例库建设

与案例式教学[5]不同,微案例的设计讲究简短且重点突出,每个微案例的讲解长度宜控制在三分钟以内,以更好地服务课程主干内容。

在静态电磁场部分,本课程已经建立的微案例库包括:首次测量电子电荷量的密里根油滴实验、卢瑟福散射实验、阴极射线管显示器、汤姆逊电子荷质比实验、触摸式显示屏原理、矿物分选原理、回旋加速器、静电复印机、喷墨打印机、静电除尘、PM2.5 口罩过滤、静电电压表、回旋加速器、霍尔效应、磁透镜、质谱仪、电磁动能武器、微机电能量回收装置与纳米发电机、静电发电机、磁流体发电机、直流电动机、磁悬浮列车、雷电及其防护、地磁场与黑洞磁场原理、等离子体的磁约束、金属导线中的等离子激元散射、汽车的电磁悬挂等。

在电磁波部分,已经建立的"微案例"库包括:193 nm 浸没式光刻机与老牌光刻机厂商的没落、光速不变性的内涵与引力波、量子力学世界中的磁矢势与磁感应强度、电磁场的相对论变换简介、蚂蚁依靠偏振光导航、蜜蜂利用电场采蜜、天文照片的拍摄与 FAST 射电望远镜、RFID 无源标签的工作原理、适马公司的 X3 图像传感器、三维集成电路中的电磁串扰问题、射频电路中的电容与电感、铁电与磁存储器、偶极振子与复杂电磁环境建模、太阳对人体的光压与光压宇宙飞船、隐身飞机进气道设计、反隐身雷达、反辐射导弹等。

以上微案例虽然简短,但需要满足两个条件:①内容满足课堂讲解要求,跟课堂教学内容联系紧密,能够引发学生的学习兴趣;②内容适合课后学生之间讨论,有一定的复杂性和启发性,课后学生之间可形成讨论。以密里根油滴实验为例,这个实验的核心是调节电场力使其与油滴的重力平衡,不仅原理很简单,可以作为静电力例证,而且可以通过这个经典的近代物理学实验让同学们感受到这个实验设计的精巧之处,起到开拓思维、培养解决实际工程问题的能力。

这些微案例可以分为三类:第一类是运用所学电磁理论相关的复杂工程问题,培养学生的工程师思维。比如三维集成电路中的电磁串扰问题、偶极振子与复杂电磁环境建模、隐身飞机的进气道设计,这类案例也是学生在今后工作中可能会遇到的问题。第二类电磁理论在工程创新中的实例,可以引导学生复现当年工程师发明、创新的思路,培养学生的创新能力。例如 193 nm 浸没式光刻机、适马公司的 X3 图像传感器都是非常简单的电磁理论在产品开发中的应用,对于学生们在工作岗位上的进行创新有一定的启发作用。第三类是兴趣激发类的小专题,此类专题更适合课堂讲解。比如光速不变与其物理内涵的讲解可以激发

学生的兴趣,带着问题去学习波动方程;太阳对人体的光压计算,可以让学生对一些物理常数的大小和意义有更直观的认识。

四、以学生为中心的微案例讨论

无论是在线上或线下的课堂上讲解微案例,还是留作课后讨论作业,都不再是课程的中心,学生才是微案例中的"主角"。以学生为中心,才能让学生在微案例的讲解或讨论中更有参与感、更能体会到工程发明或创新的思考过程和解决问题的思路[6,7]。本课程有限的学时不允许在课堂上过多的讲解微案例,所以更多的微案例应当以课后作业的形式让学生在讨论和查阅资料的过程中完成。

在教学实践过程中,为了实现以学生为中心,案例库中的微案例的使用主要分为以下两种形式。

(1) 将微案例按章节分类,每章授课结束后布置案例讲解作业,以宿舍为单位进行查阅资料和讨论,并共同完成一个针对该微案例的科普视频或含有讲解录音的PPT,供其他同学下载、观看和评分。此外,每个宿舍需要针对该微案例的研讨过程进行录音。用录音文件取代文字报告的好处是减少学生的不必要的负担,让学生将注意力集中到微案例背后的电磁学知识上。

(2) 每个同学认领一个微案例作为期末大作业,独立完成该微案例的视频制作或包含讲解语音的PPT制作,共享给其他所有同学,并为其他同学的讲解进行评分和添加评语。

表1 总成绩评分依据

平时出勤	课后习题作业	章节微案例作业			期末微案例作业		期末闭卷考试
		视频制作	视频互评	讨论录音/分工说明	视频制作	视频互评	
5%	10%	15%	10%	贡献分配	10%	10%	40%

通过以学生为中心的微案例讲解分工和互评,可以有效利用学生的课外时间,用更有趣的微案例讲解部分取代传统的课后作业题,通过每个宿舍或每人分配不同的微案例来保证每个同学的参与度,从而有效防止了作业抄袭现象的发生。表1是本课程改革之后的成绩评分依据,可以看出期末考试和平时出勤的占比下降,而微案例作业的总比例占到了45%,甚至超过了期末考试的40%。这样改革的优点包括以下三点。

(1) 体现出了以学生为中心的改革理念,将学生从以往繁重的课后习题作业中解放出来,大幅提升了学生的课程参与程度。虽然每个同学分配到的微案例背后的电磁学知识点有限,但通过微案例讲解视频的观看和互评,可以有效覆盖到整个课程内容。在推行这样改革之后,学生跟教师的互动也明显增多,在网络教学平台上或者线下,参加答疑的学生人次有了大幅增加。

(2) 作业改为以短视频或PPT讲解为载体,更符合当下年轻人的喜好,调动了学生的参与热情,锻炼了学生的口头表达能力和PPT的制作能力。在整个课程过程中,章节微案例作业通常为3次左右,可以明显看出学生们期末考试PPT与第一次微案例作业相比有长足的进步,无论是PPT的排版方面还是口头表述能力方面,这说明课程改革取得了良好的效果。

(3) 培养了学生们解决复杂工程问题的能力。大部分的微案例都具有一定的工程应用背景,学生们在自己调研资料、互相讨论和独立思考等过程中,解决工程问题的能力会不知不觉地得到一定的提高。

五、结语

秉承成果导向教育的工程认证理念,通过建立微案例库,并辅以考核方式和授课方式的改革,实现了以学生为中心的电磁场与电磁波教学新范式。在微案例教学过程中,学生通过制作微案例的讲解视频,体验了从收集文献资料、整理资料,到梳理思路并最终以报告的形式呈现这一解决工程问题的全套流程,并在此过程中夯实了电磁场与电磁波的理论基础,做到了学以致用,培养了解决实际工程问题的能力。在进行两轮微案例教学之后,通过学生的互评和调查问卷可获得所有微案例内容以及教学改革的效果反馈,在此基础上不断对微案例库进行了迭代更新,以便进行持续改进。从学生的反馈情况来看,这种用微案例代替习题作业,以短视频代替纸质作业的形式在学生评教中反应较好,受到了绝大多数学生的欢迎。

致谢

本文获得了北京信息科技大学2020年度教学改革立项资助。

参考文献

[1] 刘建霞,乔学工,李鸿鹰,等.电子信息类专业电磁场类课程群建设与教学实践改革[J].教育现代化,2019,6(27):95-96.

[2] 吴柯娜,赵文春,刘胜道,等.关于《工程电磁场》课程实战化教学改革的思考[J].课程教育研究,2019,(7):238-239.

[3] 谢处方,饶克谨.电磁场与电磁波[M].北京:高等教育出版社,2006.

[4] 权印,迁移传统教学内容引入混合课堂教学的信息化探析[J].现代企业教育,2013(18):155-156.

[5] 蒋贵文,王学仁,周伟.案例式教学在大学专业课中的应用[J].教育教学论坛,2016(33):197-198.

[6] 李婕,巩朋成,贺章擎.以学生为中心的"电磁场"教学方法探讨[J].教育教学论坛,2016(21):212-213.

[7] 吕云鹏,吕文俊."以学生为中心"的《电磁场与电磁波理论》教学模式探索[J].科技视界,2019(19):69-71.

作者简介

赵凯,1981年出生,男,博士,副教授,主要研究方向为三维堆叠图像传感器技术与图像识别。

科技创新类

不朽的文藝

智能跟随购物车的设计与实现

苏珺 马鑫怡

(北京信息科技大学信息与通信工程学院,北京,100101)

摘 要:本文基于树莓派平台设计开发了一款智能跟随购物车,实现利用激光雷达和摄像头实现了购物车的自动跟随。通过编程,小车可自主行进,完成自主跟随,自主避障等功能。该设计通过激光与视觉协同工作的方式,提高了系统的稳定性,也可以单独工作,以保证在特殊情况下,系统可以运行。

关键词:树莓派;STM32;Python

Intelligent follow shopping cart Beijing Information Science and Technology University

Su Jun Ma Xinyi

Abstract: Based on the raspberry pie platform, this paper designs and develops an intelligent following shopping cart, which realizes the automatic following of shopping cart by using lidar and camera. Through programming, the car can travel independently and complete the functions of autonomous following, autonomous obstacle avoidance and so on. The design improves the stability of the system through the cooperative work of laser and vision. It can also work alone to ensure that the system can run under special circumstances.

Keywords: Raspberry Pi; STM32; Python

随着当今时代科技的进一步发展,大型超市成为人们经常光顾的地点。现如今人们多用手推购物车。而在当今信息时代的背景下,随着人们对于解放双手的期盼日益增加,如果在购物时不再需要双手推购物车进行购物,那么就可以做到在提高购买效率的同时,节约消费者的体力和时间。

本组将把智能追踪功能、避障功能以及跟丢找回功能融合在一起以实现智能追随购物车,做到最大可能实现降低人力成本和最大可能为消费者提供便利。

沃尔玛应该是最早涉及智能跟随购物车的企业,在2016年提交了一项包含了购物车的自动驾驶和自动跟随的专利申请,之后沃尔玛与第五元素机器人公司合作,发布了智能跟随机器人Budgee,Budgee被第五元素公司开发出来最初是专门针对老年人和残疾人的轻量级助力机器人,沃尔玛想用其替代传统购物车,不过至今未见将其投入使用。另外韩国的新世界百货以及中国的永辉超市都进行了此项研究。

但是大多数产品的体积过大过于笨重,无法面对人流量大的时段,智能跟随机器人往往会卡在那不动,即便前面的道路已经足够其通行,但在它的判断中,仍是需要停止,对于这种情景的发生,智能跟随购物车反而会成为顾客的累赘。

未来需要做到的是可以减少体积使其轻便,另外使它适用于更狭小的空间,以方便顾客的使用。而且具有自主跟随能力,能让顾客解放双手,方便了顾客,提高其购物体验感。

一、硬件设计

硬件部分主要包括车体、摄像头、雷达、树莓派主板四个部分,各部分组成关系如图1所示。

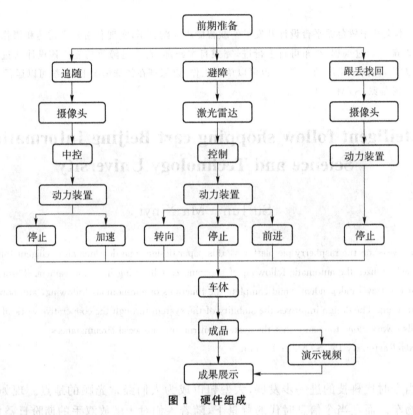

图 1　硬件组成

1. 车体部分

车体部分包含以下模块。

(1) 采用 STM32 作为电动机驱动板,主频 72 MHz,64PIN 封装,运动传感器 MPU9250,三轴陀螺仪,三轴加速度,三轴电子罗盘。

(2) 搭配电动机带 390 线霍尔编码器,转速为 330 转每分钟。输出扭矩大、转速快、动力充足。电动机接口:TB6612 驱动,2 路直流电动机接口,驱动电压=电源电压,编码器电压 3.3 V 兼容 5 V。

(3) 制作变速装置,让购物车可以高速运动和低速运动。一个方案是通过改变电动机转速而改变车速,低速 50 转以下,高速 50 到 300 转。另一个方案为使用变速箱。

(4) 串口:UART1、UART2,可用于扩展蓝牙、WiFi 等功能,可用于遥控接收装置。

桥接树莓派与 STM32F103RCT6,使后者作为电动机的驱动板,并且遵循树莓派的统一调度。

STM32F103RCT6 的控制模块，其特点如下：LQFP64 封装，内部集成 256 KB 的 Flash 和 48 KB 的 RAM，8 个定时器，16 路 12 位 ADC，51 个 I/O 口，5 个串口，1 个 USB 接口，3 个 SPI，1 个 CAN 接口。其中内部集成足够多的 Flash 和 RAM，使得开发板不需要外扩 Flash 和 RAM[1]。

为了增大摩擦力，更好地适应室内环境，本车采用履带式设计。两侧电动机均安装在驱动轮上，配合承重轮和履带为小车提供动力。车体部分实物图如图 2 所示。

图 2　车体部分实物图

2. 摄像头部分

(1) 参数

工作距离：0.6～4 m。

延时：30～45 ms。

RGB：1080 P。

数据传输接口：USB 2.0。

(2) 功能

利用三角测量原理获得场景的深度信息，重建周围的三维形状和位置，类似于人眼的体视功能，计算出前方目标的距离。

(3) 工作流程

摄像头部分主要采用的是双目摄像头测距，先通过对两个摄像机进行标定，得到两个相机的内外参数，根据标定的结果对原始图像进行矫正，矫正后的两张图像位于同一平面且互相平行，消除畸变，对矫正后的两张图片进行像素点匹配，根据深度结果计算每个像素的深度从而获得深度图。

(4) 原理

双目测距主要是利用了目标点在左右两幅视图上成像的横向坐标直接存在的差异（即视差）与目标点到成像平面的距离存在着反比例的关系。

3. 激光雷达部分

（1）参数

测距范围：0.15～12 m。

角度分辨率：1度。

测量频率：4 000 Hz。

扫描频率：5.5 Hz。

测距分辨率：0.5 mm。

扫描角度：0～360°。

（2）功能

通过发射激光束来检测目标位置，在进行各种处理后获得目标信息，能够快速准确地获取目标的三维信息，并具有良好的指向性、抗干扰性。

（3）原理

激光雷达测距的基本原理是通过测量激光发射信号和激光回波信号的往返时间来计算目标的距离。

激光雷达发射激光束，该激光束击中目标后被反射回来并被激光接收系统接收和处理，以知道激光器发射和反射以及接收的时间，即飞行激光的时间。根据飞行时间，可以计算障碍物的距离。

二、软件设计

1. 核心平台简介

主板采用树莓派 4b 主板

2. Raspberry Pi 4b 的主要配置参数

①核心：CPU 为 Broadcom BCM2711，1.5 GHz，64 bit，4 核心，ARM Cortex-A72 架构，1 MB shared L2 cache。RAM 为 1、2、4 GB LPDDR4-3200 RAM（shared with GPU）。

②网络：以太网为 10/100/1000 Mbit/s。无线网为 b/g/n/ac 双频 2.4/5 GHz。蓝牙为 5.0。

③多媒体：GPU 为 Broadcom VideoCore VI @ 500 MHz。HDMI 为 micro-HDMI。DSI 为板。载排线外围设备为 17×GPIO plus the same specific functions，HAT，and an additional 4×UART，4×SPI，4×I2C connectors。电源为 5 V USB-C 输入或 GPIO 端口输入待机600 mA(3W)，满负荷 1.25 A(6.25 W)。

3. 操作系统

Linux NetBSD OpenBSD Plan 9 RISC OS Windows 10 ARM64 Windows 10 IoT Core NixOS 核心功能性代码。核心代码流程图如图 3 所示，主要功能代码位于 follower.py 中。

（1）follower.py

主函数，调用其他函数进行各部分的初始化。本项目程序的总入口，程序从这里开始执行。

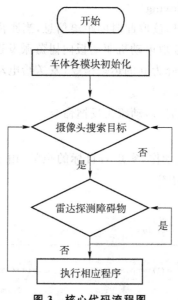

图 3 核心代码流程图

代码目录如下：

```python
import rospy
import thread, threading
import time
import numpy as np
from sensor_msgs.msg import Joy, LaserScan
from geometry_msgs.msg import Twist, Vector3
from riki_lidar_follower.msg import position as PositionMsg
from std_msgs.msg import String as StringMsg

class Follower:


class simplePID:


if __name__ == '__main__':
    print('starting')
    rospy.init_node('follower')
    follower = Follower()
    try:
        rospy.spin()
    except rospy.ROSInterruptException:
        print('exception')
```

（2）调用部分

打开雷达、摄像头，并初始化，获取信息输入主程序，程序验证信息，自主进行调试，并试捕获目标。

（3）跟踪器信息回调（Tracker Info Callback）

将摄像头和激光雷达采集的画面输入系统，通过像素块测距算法和三角测距法计算，将距离信息反馈给系统。

（4）位置更新回调（Position Update Callback）

读取上一步的距离信息，通过 self.cmdVelPublisher.publish 函数，将距离信息转换为相对位置信息（三轴坐标系），回传给系统。系统做出反应（对 stm32 即电动机驱动板发出运动命令），以维持相对位置。

（5）停止运动命令（stopMoving）

在任意时刻，确定位置信息，读取此时的距离信息，当距离信息与预设要求（0.8 m）一致时，运行 stopMoving 命令，即读取电动机驱动板向树莓派发送的运动信息，树莓派通过 PID 算法反馈出能让车体速度迅速降为 0 的运动指令，发送给电动机驱动板。

（6）跟丢反馈（controllerLoss）

当系统捕获不到距离信息时，启动跟丢反馈命令。

（7）PID 算法

利用 PID 算法驱动电动机动作，实现对目标的跟随，由于反复比较小车与跟随目标的距离，准确地确定了目标的位置[2]。

```python
class simplePID:
    '''very simple discrete PID controller'''
    def __init__(self, target, P, I, D):
        '''Create a discrete PID controller'''
        # check if parameter shapes are compatabile.
        if(not(np.size(P)==np.size(I)==np.size(D)) or ((np.size(target)==1) and np.size(P)!=1) or
            raise TypeError('input parameters shape is not compatable')
        rospy.loginfo('PID initialised with P:{}, I:{}, D:{}'.format(P,I,D))
        self.Kp         =np.array(P)
        self.Ki         =np.array(I)
        self.Kd         =np.array(D)
        self.setPoint   =np.array(target)
        
        self.last_error=0
        self.integrator = 0
        self.integrator_max = float('inf')
        self.timeOfLastCall = None
        
    def update(self, current_value):
        '''Updates the PID controller.'''
        current_value=np.array(current_value)
        if(np.size(current_value) != np.size(self.setPoint)):
            raise TypeError('current_value and target do not have the same shape')
        if(self.timeOfLastCall is None):
            # the PID was called for the first time. we don't know the deltaT yet
            # no controll signal is applied
            self.timeOfLastCall = time.clock()
            return np.zeros(np.size(current_value))
        
        
        error = self.setPoint - current_value
        P = error
        
        currentTime = time.clock()
        deltaT      = (currentTime-self.timeOfLastCall)
        
        # integral of the error is current error * time since last update
        self.integrator = self.integrator + (error*deltaT)
        I = self.integrator
        
        # derivative is difference in error / time since last update
        D = (error-self.last_error)/deltaT
        
        self.last_error = error
        self.timeOfLastCall = currentTime
        
        # return controll signal
        return self.Kp*P + self.Ki*I + self.Kd*D
```

驱动模块程序设计：该模块通过控制 PWM 脉冲来调节电动机运转速率。方法为运用算法让主控器输出调节车速的 PWM 信号，继而把这个经过处理的信号传递给 L298N，使其控制电动机完成启动/停止、调速、正转和反转等功能。将电动机两端的输入信号设置为一侧为高电平，另一侧为低电平，使电动机能够正常运行[3]。

三、使用效果

在使用过程中,原定功能基本实现,如小车跟随目标前进并控制在合适的距离。并且能够保证跟随固定的目标前进、左转、右转、刹车等。当有人在周围行走时,小车不会改变原定目标,能够继续跟着原定目标前进。当目标加速时,小车也能够逐渐加速,跟随流畅,不会出现明显的停顿感,并和目标保持固定距离,无明显噪声。由于摄像头水平视野小等存在一些难点,当跟踪目标行走过快或急转弯时会走出视野,从而导致跟踪失败,当小车出现了跟丢这一情况时,会将信息反馈给系统。当重新捕获目标时,可继续进行工作。几种拍摄场景效果图如图 4 所示。

图 4　几种拍摄场景效果图

四、结论

随着传感器、电动机、微处理器等技术的不断发展和突破,为使人们的生活更加高效便捷,智能电子产品作为必不可少的关键链条,在日常生活中发挥着越来越重要的作用。我们的设计正是基于这样的理念,通过摄像头和激光雷达来观测目标距离为基础,并通过单片机的作用来实现精准控制自动跟随的小车。除此之外小车还用了履带式设计,能够增大摩擦力,更好地适应室内环境。自动跟随购物车主要解决以下几个方面的问题:一是解决顾客购买物品较多时推车不方便的弊端;二是实现更大程度的自动化,提高顾客的用户体验满意度;三是顺应时代发展的潮流。该购物车的研制和使用大大减轻了顾客的负担,克服了原有购物车必须依靠人力的缺点,降低了顾客的推车烦恼,又符合新形势下的人工智能的要求,同时提高了超市的购买效率,有助于服务业的发展。尽管目前有很多可以实现自动跟随的物体,但是实用性不高,用户接触较少,不能使广大民众感受到智能带给人们生活上的方便。

参考文献

[1] 陈渭力,李伟,储萍,等.Cortex-M3实验教学板的设计与分析[J].工业控制计算机,2019,32(1)140-141.

[2] 聂宪波.邵泽箭.巩文文,等.基于单片机自动跟随小车的设计与制作[J].山东工业技术,2015(4).

[3] 曹冲振,梁世友,王凤芹,等.基于STM32的可遥控智能小车控制系统设计[J].智能计算机与应用,2020,10(3)256-259+262.

作者简介

苏珺,男,本科生,就读于北京信息科技大学信息与通信工程学院电信1902班。

马鑫怡,女,本科生,就读于北京信息科技大学信息与通信工程学院电信1902班。

基于树莓派系统和微信小程序的
多功能智能药箱

陈洋迪　曾德明　张照钰　岳熙研　丁航
宋沛然　讲师

(北京信息科技大学信息与通信工程学院,北京,100101)

摘　要:随着人民健康意识的不断提高,现代家庭对于家庭药箱的需求逐步扩大。融合了物联网、智能芯片和手机 App 等科技元素的智能药箱逐渐进入公众视野。本项目基于树莓派开发板和微信小程序设计了一款集药品存放、语音交互、服药提醒等功能为一体的可移动智能药箱,试图解决居家慢性病人忘记按时按量服药的问题,以及行动不便人群特别是老年人寻药服药困难的问题。

关键词:树莓派开发板;微信小程序;语音交互;可遥控移动;智能药箱

Multifunctional intelligent medicine box based on Raspberry Pi system and WeChat applet

Chen Yangdi　Zeng Deming　Zhang Zhaoyu
Yue Xiyan　Ding Hang　Song Peiran

Abstract: With the continuous improvement of people's health awareness, the demand for home medicine cabinets in modern families is gradually expanding. Smart medicine boxes that integrate technological elements such as the Internet of Things, smart chips and mobile APPs have entered the public's field of vision gradually. Based on the Raspberry Pi development board and WeChat applet, this paper designs a mobile smart medicine box that integrates functions such as medicine storage, voice interaction, and medicine reminders. It tries to solve the problem that chronic patients at home forgetting to take medicine on time and dosage, as well as the difficulty of finding and taking medicine for people with limited mobility, especially the elderly.

Key words: Raspberry Pi development board; WeChat applet; voice interaction; remote control movement; smart medicine box

一、引言

随着人们健康意识的不断提升,外加生活节奏提速、人口老龄化程度加深等因素的夹持,现代家庭对于家庭药箱的需求正在逐步扩大。据报道,中国居民心脑血管病、癌症、糖尿病等非传染性疾病导致的死亡人数占总人数的 88%,32% 的患者不会完全按时按量服药[4]。不按照医嘱服药不仅会使病情恶化,而且严重时甚至会影响生命安全,所以如何让患者遵守医嘱按时服药已然成了现代医疗需要解决的一个大问题。除此之外,药物储存管理不当也会对患者的服药造成影响。基于这种社会现状,在家庭中有一个能帮助人们解决药品管理和按时按量服药的药箱是十分重要的。

随着互联网、物联网、单片机、手机 APP 等科技的迅猛发展,市场上的许多企业也在传统家庭药箱中融入了这些科技,迅速设计研发出了智能药箱、智能药箱系统。以壹健康自主研发的小熊智能药箱为例,用户可以通过手机移动端与药箱绑定,在手机端设置服药时间和用量,时间一到,药箱和手机端都会提醒用户服药。当药品储存不足或者即将过期时,也会有消息提醒用户,达到智能提醒的功能。但是,现阶段市场上的智能药箱/药盒基本都是静止不动的,针对家中有需要长期服药又行动不方便的老年人,当药箱不在身边时,需要寻药和服药存在一定困难。针对上述情况,本文基于树莓派系统和微信小程序设计一种具有智能提醒、药品管理、亲情关护、一键呼叫功能的智能药箱,解决现有药箱存在的问题,可有效避免药品误食、未按时服用和行动不方便老年人寻找药箱难等问题。

本药箱由可移动车体、分类放置药品的箱体和微信小程序端三大部分组成。可移动车体通过连接红外传感模块和电动机模块,控制橡胶轮四向运动进行送药服务,解决老年人行动不便寻药困难的问题;箱体内设树莓派开发板,接舵机模块、实现药箱抽屉的智能弹出;利用微信小程序平台记录药品使用情况,服药计时,提醒用户按时服药,同时小程序设置紧急联系人呼叫功能,联系人可以通过小程序平台查看老人服药情况,为用户提供智能服务,安全管理用户吃药问题。

二、系统组成设计

(一)系统总体设计

整个系统由储存药品的箱体和可移动车体、微信小程序、控制可移动装置的 Web 网页控制端组成,如图 1 所示。药箱箱体遵循传统药箱结构,设置一个箱体,内设可推拉抽屉,用来放置对应的药品。箱体底部安装可移动小车,实现药箱的移动,解决行动不方便的用户寻找不在身边的药箱的困难。由于微信是中国即时聊天的热门软件,大部分人都使用微信,因此本项目将微信小程序作为软件端,不需要用户再到应用商店中下载软件,容易上手,操作简单。同时,如果用户需要使用手动遥控智能药箱,由于微信小程序可快速跳转 Web 网页,本项目选择用 Web 网页作为用户界面的控制端,操作方便。

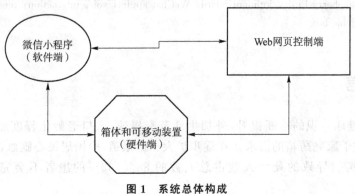

图 1 系统总体构成

（二）硬件组成

1. 主控制器

主控制器是智能药箱的核心，本项目采用的是树莓派 Raspberry Pi 4，基于 ARM 的微型计算机主板，以 SD/Micro SD 卡为内存硬盘，卡片主板周围有 1、2、4 个 USB 接口和一个 10/100 以太网接口，可连接键盘、鼠标和网线，同时拥有视频模拟信号的电视输出接口和 HDMI 高清视频输出接口，可满足设本项目设计需求，实物图如图 2 所示。

图 2　树莓派开发板近景图

相比传统的 STM32 和 51 单片机芯片，本系统选择树莓派开发板作为主控制器的原因有许多。首先，传统单片机芯片开发前需要进行比较复杂的底层逻辑设计和程序烧录，难度系数高的程序编写比较困难，相比之下，树莓派开发板只需要使用 Win32diskimager 烧录工具将 Raspberry 镜像系统烧录到事先准备好的 SD 卡中，烧录后将 SD 卡插入树莓派 SD 卡插口，连接鼠标键盘和显示器上电后即可进入开发页面（若所购买的树莓派没有相关的显示器，也可以通过查看树莓派 IP 地址，下载远程控制软件 VNC、File Zilla，远程登录开发环境），开发环境中配备了许多编程软件 Python、MU 等开发工具，为开发者进行程序修改节省时间，如图 3 所示即为树莓派系统页面。其次，树莓派从性能上考虑属于 MPU，STM32 等单片机属于 MCU，MPU 需要外挂 RAM 和 ROM，可以完成一些比较复杂的程序运算，比如图像采集、处理、深度学习与识别等。

2. 舵机模块

本项目采用 SG90 舵机，如图 4 所示。选取该类型舵机驱动药箱抽屉运动的原因有以下两点，首先考虑经济成本，SG90 舵机在市场中比较便宜，功能实现比较简单；其次，SG90 舵机比较适合初学者进行硬件开发。该类舵机分别有红、棕、橙三个颜色的三根连接线，红色线连接树莓派开发板 VCC，棕色线连接 GND，橙色线连接 GPIO 口，作为信号线。将舵机线连接好在开发板上，舵机安装在各个药箱抽屉之后，收到 PWM 信号后，舵机旋转可旋转 180°推动抽屉弹出。

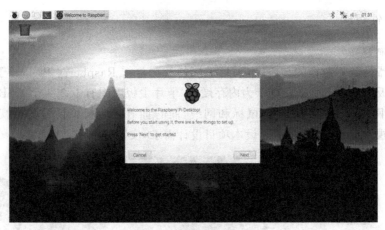

图 3 树莓派系统页面

图 4 SG90 舵机

3. 电动机模块

电动机模块是底盘可移动装置的重要组成部分,如图 5 所示为电动机模块的电路图,1 口接 5 V 电压,2 口接 GND,3、4 口可接 GPIO 信号口。底座放置一块金属板,在板上安装四个电动机模块,在电动机末端安装四个橡胶轮胎。通过编程可实现 4 个轮子的不同转向,将左前轮、右前轮、左后轮、右后轮分别编号为 1、2、3、4。小车前进,1、2、3、4 同时正向运动;小车后退,1、2、3、4 同时后向运动;左转,1、3 停止,2、4 正向运动;右转 2、4 停止,1、3 正向,以上即可实现车体不同方向的移动。

4. 红外传感模块

项目中使用的红外传感循迹模块实物图 6 所示,该传感器模块对环境光线适应能力很强,其具有一对红外线发射与接收管(图 7 中 1、2 为发射管,3、4 为接收管)。发射管发射出红外线,当检测方向遇到障碍物(反射面)时,红外线反射回来被接收管接收,经过比较器电路处理之后,绿色指示灯(图 7 的 D2)会亮起,同时信号输出接口输出数字信号(一个低电平信号),可通过电位器旋钮调节检测距离,有效距离范围 2～30 cm,工作电压为 3.3～5 V。

红外循迹模块连接在底座小车的下方,共放置 3 个。通过红外线的发射与接收工作,对事先铺设好的黑线进行循迹传输数据到树莓派,树莓派处理数据后控制电动机运动,达到控制小车。如图 7 所示为红外循迹模块的电路图。

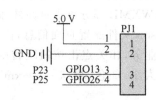

图 5　电动机模块电路图

图 6　红外循迹传感模块实物图

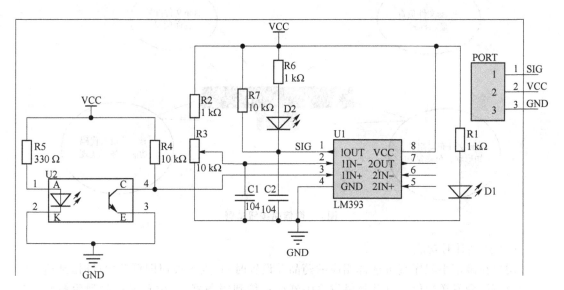

图 7　红外循迹模块的电路图

5. WiFi 通信模块

市场中的智能药箱既有使用 WiFi 进行通信的,也有使用蓝牙通信的。基于对老年人在家中或者未来在养老院使用药箱时距离跨度大的情况,无线服务器所要求的范围相对较大。本项目中使用无线 WiFi 作为硬件开发板的通信模块,可实现远距离传输和大数据传输树莓派。Raspberry Pi 4 开发板中自身搭载 WiFi 模块,无须另外安装,相关的 WiFi 信息配置只需要在操作系统中的文件系统中完成即可实现无线通信。本项目中树莓派设置的 IP 地址为 192.168.1.1(树莓派使用前应该进入终端查看其 IP 地址),同时树莓派也具有连接附近热点和 WiFi 的功能,在树莓派系统编程搭建一个小服务器,软件端可将数据传输到设置好的服务器中,树莓派从服务器中获取数据,即可实现无线传输数据的功能。

（三）软件设计

1. 微信小程序

微信作为中国广泛使用的社交软件，各年龄段的人群都有使用的习惯。微信小程序作为依附在微信中的小软件，无须像其他 App 一样到应用商店下载，用户只需在微信中查找后关注即可使用，对于一些老年人更容易上手使用。

（1）小程序平台应用层的设计

微信小程序的基本编程语言是 Java，每个页面功能都分为四个文件，JS 文件进行程序逻辑的编写，对微信小程序进行全局配置，决定页面文件的路径、窗口表现、设置网络超时时间、设置多 tab 等；JSON 文件进行页面信息的配置，WXML 部分负责页面外饰结构，WXSS 负责实现外饰的显示样式。如图 8 按钮页面所示，.json 文件配置页面信息，比如页面标题、页面背景颜色等；.js 文件是页面的逻辑功能的底层业务，相关点击按钮跳转函数的编写与之有关；.wxss 文件是对按钮细节的样式进行修饰，大小、颜色、形状等；.wxml 文件与页面布局有关，和 Web 网页开发的 HTML 相似。

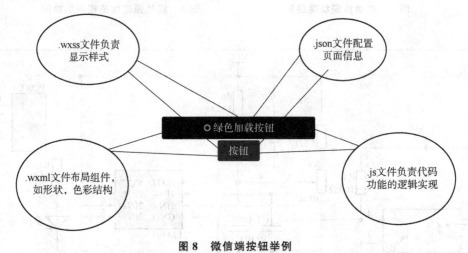

图 8　微信端按钮举例

（2）药品计时功能

用户在微信小程序端可选择相应的药品并设置时间，点击按钮即可开始计时，到达预定时间微信端会发送微信消息并将触发蜂鸣器信息传到服务器中，树莓派接收到后触发控制蜂鸣器工作，提醒用药。如图 9、图 10 即为计时页面。

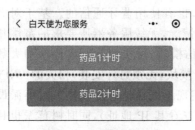

图 9　计时页面（一）

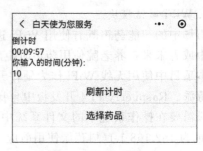

图 10　计时页面（二）

2. Web 控制

用户在小程序平台点击小车控制按钮即可进入到 IP 地址输入页面,如图 11 所示。按要求输入树莓派对应的 IP 地址,即可进入到 Web 网页控制端,如图 12 所示。网页端通过 HTML 编程产生对应的按钮,点击对应的按钮(上、下、左、右),对应按钮的数据流上传到 IP 服务器,树莓派接收后处理并驱动相应电动机转动,即可实现移动端对药箱的运动控制。如图 13 为小车底座的实物图。

图 11　小车控制 IP 地址输入页面

图 12　可遥控页面

图 13　小车底座的实物图

3. 语音识别

本项目中设计使用的语音识别模块,需要能正确接收用户的语音输入并转化为文字,最终转化为机器指令。为了节约成本,我们将目光锁定在调用云端进行语音识别。因为百度 AI 语音平台目前所提供的服务能够基本满足本项目智能药箱数据云端处理的需要,所提供的语音模块功能较为丰富且完善,所以我们选择百度云作为语音识别模块的 API 接口。

小程序通过 Java 编程,接收用户的语音输入形成.wav 文件,同时调用百度云 AI 语音平台 API 接口(需要提前到网站上注册语音识别号,获取 apikey 和 secretKey),将.wav 文件上传百度云端解析,云端反馈文字到微信数据库后端,提取关键词(关键词需要提前录入并储存在数据库中)并转化为机器指令,转化为控制信号,通过 WiFi 传输到树莓派中,树莓派处理指令进行对应的运动。如果用户语音输入了标准控制库以外的语句时,出现不能识别的情况,微信端会调用消息提醒功能,提醒用户输入语音未识别,并传输能识别的关键字表给用户,让用户能根据关键字表快速满足自身需求。用户输入语音识别过程和控制过程如图 14 所示。

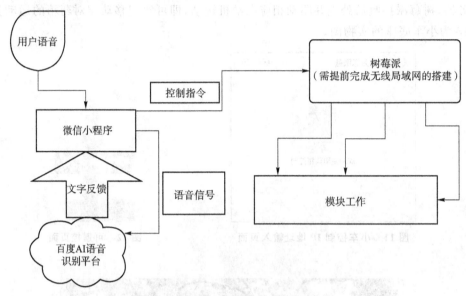

图 14 语音识别和控制过程

三、操作应用与实际效果

(一)操作应用

1.应用场景:居家

本项目智能药箱在日常居家生活中主要应用智能服药提醒、一键呼叫、亲情联系功能。针对长期需要服用药物的慢性病用户,应用智能服药提醒功能需要提前将服用的药物剂量、生产日期等信息提前录入到小程序中,并在小程序中设置用药次数与用药时间间隔,将日常用药放入药箱对应的抽屉。当用户需要用药的时间已到,微信端以消息的形式提醒用户服药,药箱上的蜂鸣器会自动响起并弹出对应药品的抽屉,方便用户取药,减少对其他药物的污染。

针对家庭中有行动不方便的老人,需要服药时如果药箱离自己距离较远,用户可在手机微信端点击一键呼叫按钮,智能药箱收到指令后,会自动循迹到达老人身边(此情况需要家中提前铺设好灰线),如果家中并无意愿铺设灰线,用户也可以在微信端点击手动控制按钮,进入 Web 控制端手动遥控药箱到达身边。

智能药箱以抽屉的正常推回作为用户服药完成的一个信号,如果用户服药后抽屉没有正常推回,药箱会再次让蜂鸣器工作,提醒用户推回抽屉。如果抽屉长时间没有推回,微信端会向微信端的紧急联系人发送警报信息,确认用户是否按时按量完成药物的服用。

2.应用场景:养老院

在人口老龄化加快的社会形势下,养老服务业不断发展,养老院服务在未来会成为一个需要重点关注的问题。本项目的设计可应用到养老院中,解决可能因老人数量过多而服务人员短缺带来的提醒用药难和送药难的问题。针对养老院中能生活基本自理但需要每天按时按量服用慢性病药物的老人,可在养老院中的这些房间合理设置药箱的运动区域,铺设灰线。在服务总台的工作人员只需将老人需服用的药物提前放入药箱中,用药时间到,药箱即可通过灰线自动送到对应用药者的床前,让老人能按时按量服药。养老院应用场景图如图15所示。

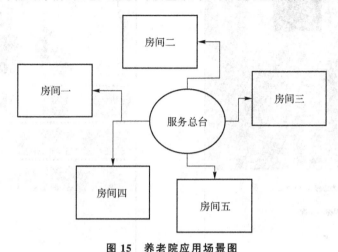

图 15　养老院应用场景图

(二) 实际效果

1. 测试场景:宿舍

本项目将测试地点选为宿舍,主要场景如图16所示。需要在宿舍提前铺设好灰线,药箱放置在灰线中心点。以1号床为例,用户需要达到按时按量服用药物的目的,首先在"白天使为您服务"小程序中登录个人中心,如图17所示,小程序后台数据库会自动关联使用前录入药品用量,用药间隔时间等相关信息。用户界面分为首页、药品、个人中心3个选窗,首页中设置了语音识别、服药计时、小车控制三个按钮,如图18所示。点击服药计时按钮,即可进入设置页面如图19所示,若服药时间已到药箱蜂鸣器会自动响起并向用户手机微信端发送提示信息,对应药物的药箱抽屉会自动弹开。此时用户可点击语音识别按钮,输入语音,药箱会自动沿着灰线到达1号床。与此同时,用户也可以点击小车控制按钮,进入 Web 控制网页,点击对应的方向按钮手动控制药箱运动,如图20所示。

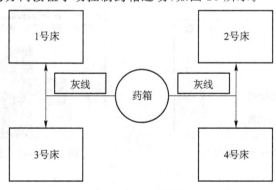

图 16　测试场景图

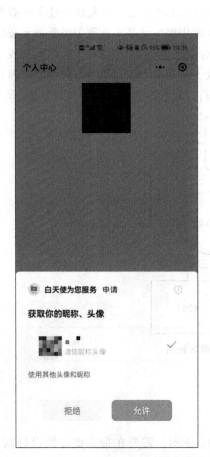

图 17 个人中心登录

图 18 软件端首页

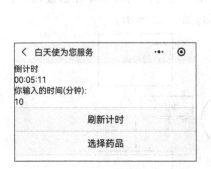

图 19 服药计时设置页面

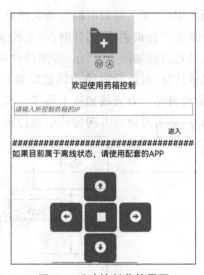

图 20 手动控制药箱界面

2. 实际效果评价

在测试过程中，用户登录个人中心，微信端会收集用户的信息，提前设置服药时间一到，药箱的蜂鸣器自动响起，用户手机微信端收到服药提醒信息；在手机微信端语音输入"需要服药、需要药箱"，药箱收到指令后底部小车沿着灰线开始运动，在灰线终点处停下。针对手动遥控功能，用户进入Web网页控制端，点击"前""后""左""右"按钮药箱会按对应的方向移动，当按下"停止"按钮时，药箱能正确接收指令并停止运动。

由于新冠疫情的原因，本项目实验测试只在简单的环境下进行了测试，无法完成大空间远距离的测试。与此同时，目前药箱的智能性还不够成熟，在软件端进行语音控制时只能识别对应控制命令简单的关键词。当用户语音输入了标准控制库以外的语句时，出现不能识别的情况，微信端会收到语音识别指令未识别的通知消息，点击进入页面会附带药箱能正常识别的关键字表，用户可以按关键字表进行输入，实现相关的功能。在设置紧急联系人功能方面，由于相关的微信端共享数据库还没有搭建完成，测试环节中没有测试到紧急联系人查看用户用药情况的这块功能，在后期开发中，我们仍会继续攻克这一难关。

四、总结和展望

本项目设计的智能药箱可实现智能提醒用药、智能语音控制等多种功能，为需要长期服药的慢性病患者或行动不方便的人群取药服药提供了很大的便利。项目中的一些技术还不够成熟，只能完成简单的控制动作；语音识别的数据库方面的知识还较欠缺，还不能很好地实现语音转文字后对药箱精准的控制；项目中的WiFi通信传输技术还有一定的局限性。在未来我们还需要继续努力，完善相应的功能，使药箱所预期的技术更加成熟，更加智能。该项目在技术的成熟期也可考虑在养老院、医疗护理场所中应用和普及，为祖国的医疗事业做出一定的贡献，为人民的生活提供便利。

参考文献

[1] 沈信希,陈伟,庄梓升.智能共享药箱发展现状分析研究[J].营销界,2019(4):141～142.
[2] 陈豹,孙梦凡.一种具有分类提醒功能的智能药箱设计[J].中国高新科技,2019(1):98～100.
[3] 席润润,陶炎炎,张慧.智能药箱在社区老年人护理中的应用探究[J].科技风,2021(1):15～16.
[4] 邢榕珊,匡芳君.微信小程序设计[J].计算机时代,2018(8):50～55.

作者简介

陈洋迪,男,本科生,就读于北京信息科技大学信息与通信工程学院电信1902班。
曾德明,男,本科生,就读于北京信息科技大学信息与通信工程学院通信1902班。
张熙钰,男,本科生,就读于北京信息科技大学信息与通信工程学院电信1902班。
岳熙研,男,本科生,就读于北京信息科技大学信息与通信工程学院电信1902班。
丁航,男,本科生,就读于北京信息科技大学信息与通信工程学院电信2005班。
宋沛然,女,讲师,任教于北京信息科技大学信息与通信工程学院。

冬奥智能服务小车

袁有朝　佘斌杰　刘兴　游博文　杨国富

(北京信息科技大学信息与通信工程学院,北京,100101)

摘　要:冬季奥运会将于不久后在中国如约举行,在全球抗疫的大背景下,为了助力冬奥会顺利举行,我组设计并做出了智能服务小车,在物资运送、防疫宣传、体温测量等工作中有很多的应用,在经过测试之后能实现其功能,从而在冬奥会上起到防疫、方便众人的目的。

关键词:防疫;冬奥;智慧助手

Winter Olympics Smart Assistant

Yuan Youchao　She Binjie　Liu Xing　You Bowen　Yang Guofu

Abstract: The Winter Olympics will be held in China in the near future. Against the background of the global anti-epidemic, in order to ensure the smooth holding of the Winter Olympics, our team has designed and implemented intelligent robots, which play an important role in material delivery, epidemic prevention publicity, temperature measurement and other work. It can realize its functions after testing, so as to prevent epidemics and facilitate everyone at the Winter Olympics.

Key words: Epidemic Prevention; Winter Olympics; Smart Assistant

一、引言

截至目前,新冠肺炎疫情依然在全球范围肆虐,累计确诊人数超过百万,数万患者离世。可以肯定地说,本次疫情是"二战"结束以来,人类社会面临的最大挑战,对全世界造成了双重的打击,一方面对世界政治格局可能会产生极其深远的影响,另一方面造成了全球金融动荡(或者说危机)以及不断显现的经济衰退(甚至是危机)。疫情影响极其重大,且还在继续,期待人类能早日战胜疫情,尽快摆脱病痛走出恐慌[1]。北京冬奥会举办在即,届时无数人将涌向中国,这是在抗疫大背景下的一次巨大挑战。因而我组想到,在冬奥会期间肯定有人会忘记戴口罩,所以我组设计智能服务小车以实现移动提供口罩。还有就是参加冬奥会的人员众多,人们想扔垃圾而找不到垃圾桶也将会成为一个很大的问题,故而我组也想来通过设置移动智能服务小车来解决这个问题。

就目前的情况来说,人们一般认为提供口罩是一个简单的事,只是把口罩放在一个固定的地方,进行人工分发,可这达不到人人都有口罩戴的要求,而且耗费人力物力。对于冬奥会而言,人员密度大,传统的定点垃圾桶也无法满足所有需求。

针对以上问题,我组研究设计了智能服务小车,以解决这些问题。

二、硬件设计与设置

我们的冬奥会智能服务小车运用了多种电路组合,通过光线传感器和湿度传感器相结合,进行垃圾干湿分类,并控制机械铲子回收垃圾;同时具有语音交互功能,便于参会人员问路和信息咨询,从而缓解因志愿者不足和调配难度大的现象。智能服务小车的硬件用到了mcookie的电子元件和电子器件,运用了C++的编程语言进行编程,多种逻辑组合,固定器件有红外识别传感器、LED灯、舵机等部件。小型电子元件有:mbetery、mmusic、Hub、OLED等。通过电池供电以及上面的触头接触core+程序芯片执行我们的C++编码以实现我们的各种操作。

(1) 循迹:用红外线在不同颜色的物体表面具有不同的反射性质的特点。在小车行驶过程中不断地向地面发射红外光,当红外光遇到白色纸质地板时发生漫反射,反射光被装在小车上的接收管接收;如果遇到黑线则红外光被吸收,小车上的接收管接收不到红外光。单片机以是否收到反射回来的红外光为依据来确定黑线的位置和小车的行走路线。

(2) 避障:超声波在距离检测方面的较准确定位。所以采用超声波传感器作为探测装置,由于超声波遇到障碍物时发生像光一样的反射和散射,在经过多次发射之后再回到超声波检测端口会产生较严重的路程差,从而影响对距离的检测进而影响对障碍物的较准确定位。通过软件内部校准优化消除外部物理条件造成的误差从而达到对障碍物的较准确定位。

(3) 提示语显示:编码通过 mcookie 上传并运行我们的程序使得所需内容呈现在 OLED 屏幕上。

(4) 广播的播出:也是通过 mcookie 作为媒介执行我们的编程语言。

(5) 体温的测量:将温度测量装置读取的温度信息上传至 mcookie,编程语言再次通过 mcookie 上传至 OLED 屏幕上。

小车部件的实物图如图 1~图 5 所示。

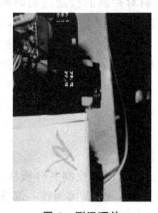
图 1 测温硬件

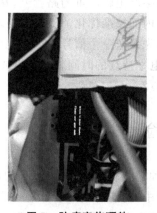
图 2 防疫宣传硬件

图 3 红外光接收管硬件

图 4　搭配图 3 的 LED 灯　　　　　图 5　舵机

三、软件设计与实现

循迹功能主要由红外识别传感器、LED 灯和舵机等组成，其原理是利用红外线在不同颜色的物体表面具有不同的反射性质的特点。小车在行驶过程中不断地向地面发射红外光，当红外光遇到白色纸质地板时发生漫反射，反射光被装在小车上的接收管接收；如果遇到黑线则红外光被吸收，小车上的接收管接收不到红外光。单片机以是否收到反射回来的红外光为依据来确定黑线的位置和小车的行走路线。对于其算法设计，通过定义左右循迹红外传感器为输入，进行小车前进后退、转弯的实现，特别是对于转弯是通过调节左右舵机的速度控制其进行转弯。同时当其检测到黑色路线时，输出高电频，并点亮 LED 灯。对于避障功能，我们采用超声避障和红外避障两种方法，这里探测装置必不可少，采用红外线避障，利用单片机产生 38 kHz 的信号对红外线发射管进行调制发射，发射出去的红外线遇到避障物的时候反射回来，红外线接收管对反射回来信号进行解调，输出 TTL 电平。外界对红外信号的干扰比较小，而且易于实现。超声波在距离检测方面的较准定位，采用超声波传感器作为探测装置，由于超声波遇到障碍物时会出现像光一样的反射和散射，在经过多次发射之后再回到超声波检测端口会产生较严重的路程差，从而影响对距离的检测进而影响对障碍物的较准定位。通过软件内部校准优化消除外部物理条件造成的误差从而达到对障碍物的较准定位。超声波传感器先发送一个信号，信号遇到障碍物后就会被反弹回来再被超声波传感器接收，接收到的高电平持续的时间就是超声波从发射到接收到的时间，所以测试的距离＝(高电平时间×声速)/2。

四、系统集成与实验

我组通过电路集成，将各种功能实现，得到了可行的产品。控制板块控制各分板块，以实现相应的功能。在集成过程中，功能的相互组合集成是特别需要注意的，因为这一部分的实现较为困难，因而需要掌握较为牢固的编程知识。集成控制电路板如图 6 所示。

设计实验检验小车的功能是否实现。

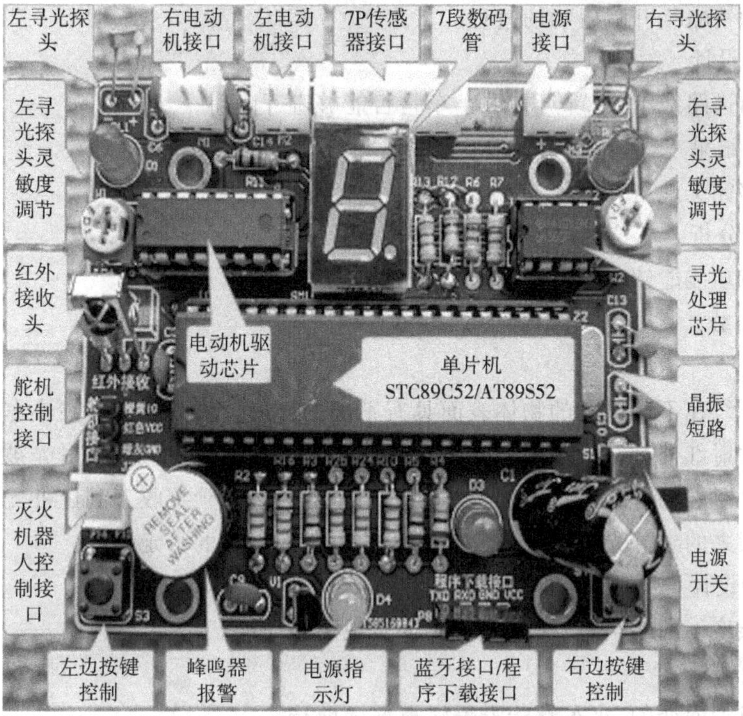

图 6　集成控制电路板

1. 测温实验

（1）原理

红外测温仪由光学系统、光电探测器、信号放大器及信号处理、显示输出等部分组成。光学系统汇聚其视场内的目标红外辐射能量,视场的大小由测温仪的光学零件及其位置确定。红外能量聚焦在光电探测器上并转变为相应的电信号。该信号经过放大器和信号处理电路,并按照仪器内的算法和目标发射率校正后转变为被测目标的温度值。

（2）实验设计

分别在不同的环境下对多人进行多次体温测量,以确保测量数据准确而且不会受到环境的影响。测量结果如表 1 所示。

表 1　不同环境体温测量

被测量人	阴天 5 ℃	阴天 10 ℃	晴天 5 ℃	晴天 10 ℃	雨天 5 ℃	雨天 10 ℃
甲	36.1 ℃	36.2 ℃	36.3 ℃	36.2 ℃	36.4 ℃	36.1 ℃
乙	36.4 ℃	36.3 ℃	36.3 ℃	36.5 ℃	36.1 ℃	36.2 ℃
丙	36.5 ℃	36.4 ℃	36.4 ℃	36.2 ℃	36.3 ℃	36.1 ℃

（3）实验分析

实验数据说明,小车能够实现正常测量体温的功能。

2. 避障实验

（1）原理

通过测量超声波从发出到接收的时间差,根据声速(340 m/s)计算出物体的距离,移动时通过一定的策略绕开障碍物的过程。

（2）实验设计

在小车前进路线上放置障碍，看小车是否能够避开障碍。

（3）实验结果

小车能够完美地避开障碍。

（4）实验分析

小车避障功能能够实现。

3. 循迹实验

（1）原理

利用红外线在不同颜色的物体表面具有不同的反射性质的特点。在小车行驶过程中不断地向地面发射红外光，当红外光遇到白色纸质地板时发生漫反射，反射光被装在小车上的接收管接收；如果遇到黑线则红外光被吸收，小车上的接收管接收不到红外光。单片机以是否收到反射回来的红外光为依据来确定黑线的位置和小车的行走路线。

（2）实验设计

设计复杂度不同的轨道，检验小车能否实现循迹功能。

（3）实验结果

无论轨道如何变幻，小车都能沿着轨道准确前行。

（4）实验分析

循迹功能能够完美实现。

4. 遥控实验

（1）原理

通过发送不同频率的电磁波，被小车接收后，在电路中产生不同的电流和电压。从而控制各个电动机的开关和转向，实现目标的。

（2）实验设计

在干扰程度不同的环境下进行实验，保证小车仍然能够被遥控。

（3）实验结果

不受环境干扰程度的影响，小车遥控功能能够实现。

（4）实验分析

遥控功能能够实现。

通过以上实验，我组小车的各项功能能够实现，希望在冬奥会上能够有所作为。

五、总结和展望

我们的冬奥智能服务小车用途广泛，第一可以实现测温功能，对场馆内的参会者进行实时的测温，第二就是通过语音功能提醒参会者佩戴口罩并且还可以为没戴口罩的参会者提供免费的口罩，第三我们的小车还可以完成一些小物件的运输功能，节省人力。

此外我们所研发的冬奥智能服务小车还有诸多优点，一方面是节省了人力，尽可能地减少志愿者的工作量,其次疫情防控期间,减少了人与人的直接接触,减少了疫情传播的风险,同时完成了对参会者发放口罩和测温的工作,一举多得。同时也解决了人工的局限性,例如在人流量大的时候很难及时对工作人员下达指令,我们就可以通过小车上的遥控系统实时对其进行操控,更及时地完成相关的任务。

  此次大创比赛,同行的队友们都耗费大量的时间和精力,在研发的过程中也遇到了大量的问题,其中最大的困难莫过于在研发进行到中期阶段由于我们的代码上传过于频繁,导致主板损坏,这就意味着我们的所有工作基本上就要从头再来,我们最后总结了经验,减少了单日上传的次数,在确保程序正确的情况下再进行上传,虽然耗费了时间,但是这也为我们日后再参加比赛积累了经验,避免再犯同样的错误。

  这次比赛不管再困难,组员们都积极配合,利用课余时间完成好分配的任务,所以不管最终的结果如何,在这次比赛中我们收获了许多,这对我们日后的学习乃至未来的工作都有相当大借鉴意义,总之非常感激这次比赛让我们明白了实践的重要意义,不能仅仅把知识停留在书本上,实践才是检验真理的唯一标准,这也正是我们参加大创比赛的重要目标,就是把理论知识与实践结合起来。

参考文献

[1] 历次重大疫情对历史发展、社会及经济的影响-知乎(zhihu.com)

作者简介

袁有朝,男,本科生,就读于北京信息科技大学信息与通信工程学院电信2006班。
佘斌杰,男,本科生,就读于北京信息科技大学信息与通信工程学院电信2007班。
刘兴,男,本科生,就读于北京信息科技大学信息与通信工程学院电信2007班。
游博文,男,本科生,就读于北京信息科技大学信息与通信工程学院电信2007班。
杨国富,男,本科生,就读于北京信息科技大学信息与通信工程学院电信2007班。

基于 AI 技术的居家型智能小车设计与实现

邱焦焦 李振华

(北京信息科技大学信息与通信工程学院,北京,100101)

摘 要:本项目基于 AI 技术设计一种居家型智能小车,应用 slam 导航技术及 gmapping 算法实现三维地图绘制,并与激光雷达结合实现自动避障功能;构建人脸信息数据库并结合双目深度相机,通过 opencv 人脸识别技术确定访客身份;利用 opencv 技术与 mean shift 算法,实现人体追踪功能及实时定位。

关键词:slam 算法;opencv 技术;深度相机;图像识别;检测跟随

Design and implementation of multifunctional trolley based on AI

Qiu Jiaojiao Li Zhenhua

Abstract: In this paper, a household machine trolley is designed based on AI technology. Slam navigation technology and gmapping algorithm are used to realize three-dimensional map drawing, and combined with lidar to realize automatic obstacle avoidance function; Build a face information database and combine the binocular depth camera to determine the identity of visitors through opencv face recognition technology; Using OpenCV technology and mean shift algorithm, the human body tracking function and real-time positioning are realized.

Key words: SLAM algorithm; Opencv technology; Depth camera; Image recognition; Detection following

一、引言

近年来,越来越多的智能家电产品涌进了千家万户,从智能冰箱、智能空调、智能烤箱到智能插座、智能门窗,再到扫地机器人、智能音箱等。生活方式的变化总是与科技发展息息相关,这些智能产品大大方便且充实了我们的生活,提升了家居生活的幸福感,也为外出工作的家人提供了便利。为了方便人们居家生活及看管老人、小孩,需要实时监测房间内以及人体状态、访客人脸识别等安全保障,也要实现打扫房间的日常任务。本项目设计了一种家用智能小车,通过构建三维建图及动态避障实现家中行走和简单的户外行动。利用双目摄像头实现视频监控室内外动态,Opencv 人脸检测自主确定访客的身份。通过功能拓展实现扫地或擦地等打扫工作,节省主人打扫房间的精力和体力,提高舒适感。基于雷达实现定位及人体跟随,帮助外出上班的家人实时观察老人、小孩的状态,方便人们居家生活及人员看护。

二、智能小车的方案设计

该智能小车主要应用于家庭,代替人工进行访客身份认证,打扫房间,人体跟随等功能,监测室内及人体状态。因此,根据智能小车实现的功能,方案设计如下。

(1)通过 slam 导航算法,opencv 图像识别,小车双目深度相机,激光雷达对屋内环境进行三维地图绘制。

(2)与 gmapping 算法相结合,使小车能够实现动态、静态避障的功能,从而使得小车在屋内能够有自由行动的能力,并且在小车上安装好如拖把之类的工具,小车即可顺着轨迹自动导航,从而实现屋内打扫及其他功能。

(3)小车自身带有深度相机与摄像头,可事先在数据库中导入部分人脸信息,当有访客来临时,小车通过 opencv 人脸识别技术辨认摄像头中所出现的人脸,并将其与数据库中的人脸一一比对,从而确定访客的身份,并随之采取下一步行动。

(4)通过 mean shift 算法对指定目标进行识别检测,在计算机端导入指定物体,小车根据人体识别在摄像头中寻找目标并进行跟随,再通过自身的雷达实时在计算机端显示自身的位置,同时摄像头能实时传输拍摄图像,帮助家人远程确定老人、孩子的状态与位置。智能小车系统组成框图如图 1 所示。

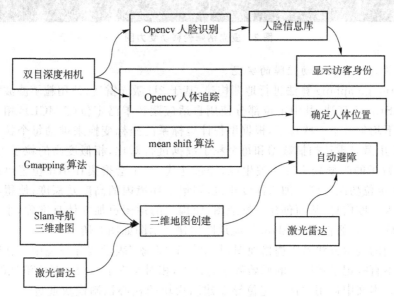

图 1　智能小车系统组成框图

三、智能小车的设计与实现

1. 驱动功能的实现

采用直流电动机驱动模块实现小车的驱动功能,电动机双向转动,可以方便地控制直流电动机的速度和方向,保证小车移动的灵活性。本文采用的直流电动机驱动模块输入电压范围为 12～30 VDC 且输出效率接近 100%,其可用电压范围较广,运行效果较好,能够确保小车能够平稳行驶。最大输出电流 20 A 且最大输出功率 200 W,为小车的动力性能提供较好保证,节省电源,同时减少了驱动电路的发热。输入输出延时较小,缩短启动时间[1]。

2. 行进功能的实现

小车采用直流电动机驱动麦克纳姆轮实现行进功能。采用的麦克纳姆轮具有万向性,保证小车能够向各个方向移动：前进、后退、顺逆时针旋转、平移、斜向移动、S 形行进等,并能够在狭小的空间里对小车进行快速定位,减少小车的劳动力,节约时间,保证小车的灵活性。同时其独特的制作工艺保证了轮毂成形后没有内应力,使全向轮在保证较好性能的同时减轻重量,小车更加轻便;从动轮硬度及耐磨性相比普通轮子较好,延长其使用寿命,在平稳性、静音性、可靠性、全向性上都有较好表现,能够适应室内任何场合,达到全向行进的同时保证噪声小,更好面向各个年龄段的小孩、学生及中老年人,普及性高[2]。麦克纳姆轮移动受力图如图 2 所示。

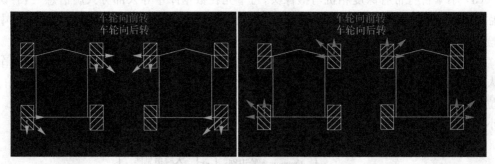

图 2　麦克纳姆轮移动受力图

3. 地图构建功能及自动避障的实现

基于 slam_gmapping 算法进行地图构建,基于 2D 激光雷达,使用粒子滤波完成二维栅格地图构建 SLAM 算法,其中定位部分使用自适应蒙特卡洛定位(AMCL),相当于在所在地图坐标系下均匀撒上一些粒子,根据里程计坐标系的坐标变换来推动每个粒子进行坐标变换,同时使用激光雷达扫描数据和每个粒子数据进行对比,相似度高的粒子得分高,在下次重新生成粒子的时候较为容易被生成,经过迭代,粒子会聚集在小车位置可能性高的地方,就实现了定位功能。同时加入深度相机,测量出环境内的高度及深度,使得在二维地图的层面中加入深度信息,从而创建三维地图,使构建的地图更加立体且准确,小车避障功能实现更加准确[3,4]。智能小车 Slam 导航地图构建展示图如图 3 所示。

建立地图的表示方法采用栅格地图,其中每个"像素"表示实际环境中存在障碍物的概率分布。其不直接记录传感器的原始数据的特点,相对实现了空间和时间消耗的最优,节省空间和时间。本文中运用的自主定位导航建图模块的核心控制模块通过 LBUS 总线控制和读取激光雷达(RPLIDAR)的实时平面图,实时计算自己的位置坐标,之后通过 CBUS(串口)和 HBUS(以太网)输出导航信息[5]。自主导航内部结构示意图如图 4 所示。

同时,采用的激光雷达通过向目标发射探测信号,然后将接收到的从目标反射回来的信号与发射信号进行比较,作适当处理后,获得目标的有关信息,从而对人体、墙壁、障碍物等目标进行探测和识别。激光雷达以激光作为信号源,由激光器发射出的脉冲激光,打到人体及房间内的障碍物上,引起散射,一部分光波会反射到激光雷达的接收器上,根据激光测距原理计算,就得到从激光雷达到人体、墙壁、障碍物的距离,从而实现自动躲避障碍物的功能,从而使智能小车更具灵活性及家用可靠性[6]。

图 3 智能小车 slam 导航地图构建展示图

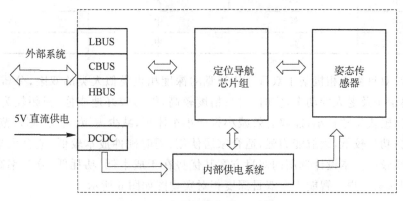

图 4 自主导航内部结构示意图

根据激光雷达的性能,通过对参数的合理配置,智能小车的雷达对环境的感知比较精准,所建立的地图与环境较为相符,所实现的自动避障功能较为完全。智能激光雷达实物图如图 5 所示。

图 5 智能小车激光雷达实物图

4. 深度相机双目测量功能实现

深度相机可通过软件算法间接测量出深度,也可通过物理方法直接测量出深度。依据其工作原理可以分为三类:双目方案、结构光方案以及 TOF 方案。通过分析三种方案的检测范围、检测精度、检测角度、帧率、模块大小及功耗,三种方案的优缺点对比如表 1 所示。

表 1 各方案深度相机性能对比统计表

参数	方案名称		
	双目视觉	结构光技术	TOF 技术
分辨率	中高	中	低
精度	毫米级	微米级	毫米级
速度	慢	中	快
抗光照	高	低	中
测量范围	2 m	10 m	0～0.5 m
功耗	低	中	高
模块大小	小	大	大
硬件成本	低	中	高
算法开发难度	高	中	低

经分析,双目视觉相机基于双目立体视觉的深度相机类似人类的双眼,分辨率较高,适合居家采集孩子及老人的动态,实时监控;精度较高,能够较好地成像,视频较为清楚;抗光照性能较好;模块尺寸较小,能够有效减小智能小车体积,减少占用空间。测量范围适中,适合家庭使用;功耗较低,续航能力强,适合家居使用;同时硬件成本较低,适合大规模生产和使用,普及性较高。本设计选用的双目方案其优势在于成本低、功耗低、分辨率高、帧率高,适合普及到家家户户。智能小车双目深度相对实物图如图 6 所示。

图 6 智能小车双目深度相机实物图

先对双目相机进行标定,得到两个相机的内外参数、单应矩阵,根据标定结果对原始图像校正,校正后的两张图像位于同一平面且互相平行。对校正后的两张图像进行像素点匹配。根据匹配结果计算每个像素的深度,从而获得深度图[7]。双目相机成像模型原理图如图 7 所示。

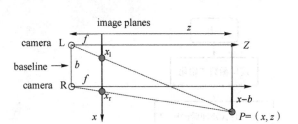

图 7　双目相机成像模型原理图

5. Opencv 人脸识别功能的实现

利用双目深度相机所采集的图像结合 Opencv 技术进行人脸识别,对比人脸信息库对图像进行识别等操作。软件设计采用多线程控制的双程序,人脸拍照程序对过往行人进行拍照,保留下符合容忍度的面部照片,再交给人脸比对程序进行处理,人脸比对程序对人脸拍照程序所拍下的照片,与人脸库进行特征值比对,得出检测结果。

程序设计框图如图 8 所示。人脸拍照程序实现拍照,再对所拍照片进行筛选,舍弃低于人脸识别功能所需最大容忍度的照片,最后将符合条件的照片记录信息并储存,供给人脸比对程序使用[8]。

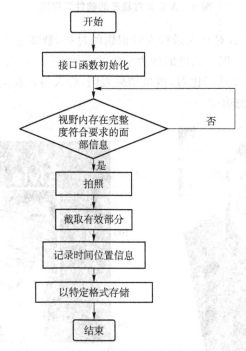

图 8　人脸拍照程序的软件流程图

人脸比对程序从指定位置得到人脸拍照程序处理后的拍照图像,与事先建立好的面部特征库中的人脸信息进行依次比对,如果匹配成功,输出信息,如果匹配失败,则输出错误信息。如此一轮比对结束,再次提取图像进行下一轮比对,直至完成,如图 9 所示。人脸拍照、比对两程序同时执行,提高了智能小车对过往行人进行人脸识别的效率[9]。

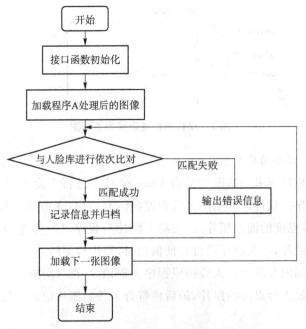

图 9　人脸比对程序的软件流程图

图 10 是程序 A、程序 B 对真人进行人脸识别的过程,智能小车对一名经过的行人进行拍照,程序 A 提取符合人脸识别条件的较为清晰的人脸,进行有效部位截取,然后交予程序 B 与原本录入的人脸信息库进行比对,得出结果表明,行人与人脸信息库中的人员信息相匹配,较好地实现了人脸识别功能。

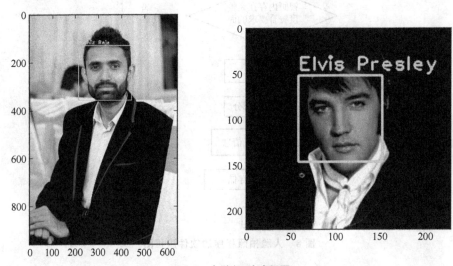

图 10　人脸识别过程图

6. Opencv 人体追踪功能的实现

小车 Opencv 模块在深度相机摄像头监控界限内有活动的目标时,采用图像分割,将背景图像中目标的运动区域提取出来并以移动目标的检测,以目标区域的像素点为基础来进行处理。本项目所采用的技术对运动目标检测的结果较为准确,视觉监控系统的整体性能较好。小车在双目深度相机所记录的图像中对感兴趣的目标进行定位并且使用可视化的方式进行标记,并通过数学的方式,对目标的信息加以表示,再在整个图像中找到与建立的数学表达最为相似的待选区域具体位置实现人体追踪的功能,并基于图像边缘,图像轮廓、形状、区域等多个常用的目标特征表达元素,提高跟踪的可靠性。

本设计运用 mean shift 算法进行运动图像多目标中的单目标跟踪。mean shift 目标跟踪算法来源之一是均值漂移法,通过对正在实施跟踪的目标区域与目标即将移动到的区域进行它们之间像素值特征的分析,以数据模型的形式建立一个实时跟踪检测区域与待测区域的联系框架,利用初始帧值与当下帧值相似函数的数量特征,搭建帧与帧之间的数据模型,目标模型的向量是可以借助相似函数的数据模型关系计算得到,这个向量就是目标正确的移动方向向量,均值漂移算法的快速收敛性导致目标模型的 mean shift 向量算法要想通过收敛计算得到目标的真实位置就要不断地使用迭代的方法来求取 mean shift 向量,达到跟踪的目的[10,11]。mean shift 追踪算法软件流程图如图 11 所示。

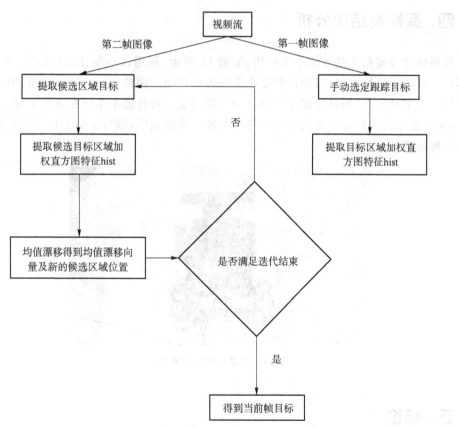

图 11　mean shift 追踪算法软件流程图

本项目采用的追踪算法计算量不大,计算速度快,在目标区域已知的情况下可以做到实时跟踪;且对目标变形和遮挡有一定的鲁棒性,能够较好地完成智能小车人体追踪功能,如图 12 所示。

图 12　智能小车人体追踪过程图

四、实验及结果分析

按照设计方案制作的智能小车样机,如图 13 所示,利用该小车样机在教室、实验室、家庭等模拟环境下进行实验,以验证智能小车的各项功能。用椅子、计算机、桌角、架子等模拟家庭环境中多种家具,测试智能小车的自动避障功能。将智能小车放在地板上,经过多次实验,小车均能以较快的速度进行行走并自动避障。实验表明,该智能小车具有良好的建图及自动避障功能。

图 13　智能小车样机实物图

五、结论

本项目设计了一种居家型智能小车,用它来代替人工进行访客身份认证,人体跟随等功能,监测室内及人体状态。本项目小车通过 slam 导航算法,gmapping 算法及激光雷达实现了对屋内环境进行三维地图的绘制,同时与激光雷达相结合,使小车能够实现动态、静态避障的功能,从而使得小车在屋内能够有自由行动的能力。深度相机与人脸信息数据库,通过

Opencv 人脸识别技术,从而完成了访客身份的确定。Opencv 人体跟随技术及 mean shift 算法实现了对指定目标进行识别检测并跟随,帮助父母远程确定孩子的状态与位置。

经过多次实验及针对实验结果的分析,进行多次智能小车功能的完善与修改,智能小车实现功能情况如表 2 所示。

表 2　智能小车实现功能情况统计表

小车预期功能	功能是否实现
三维建图	√
人脸识别	√
人体追踪	√
自动避障	√

该智能小车样机实现了所有预期功能。该智能小车适用于家庭,能够进行远程看护、室内安全监控等。该小车还具有可扩展性,譬如增加毛刷可完成扫地机器人功能。应用前景较好,且具有较好的实际应用价值,适合规模化生产。

参考文献

[1] 高庆华,商云晶,崔承毅,等.适于层次化教学的直流电机控制系统设计与应用[J].实验科学与技术,2020,18(3):75-78+83.
[2] 尹杰,朱雪明,严正阳,等.基于麦克纳姆轮的万向式可卧升降轮椅设计研究[J].中国设备工程,2021(18):72-73.
[3] 周治国,曹江微,邸顺帆.3D 激光雷达 SLAM 算法综述[J].仪器仪表学报,2021,42(9):13-27.DOI:10.19650.
[4] 耿志文,邱慧丽,姜飞.SLAM 中 Gammping 算法的优化[J].计算机与网络,2021,47(12):48-49.
[5] 马靖煊,王红雨,曹彦,等.面向嵌入式平台的单目 ORB-SLAM 稠密化建图实现[J/OL].计算机工程与应用,2021,11:1-6.
[6] 齐继超,何丽,袁亮,等.基于单目与激光雷达融合的 SLAM 方法[J/OL].电光与控制,2021,11:1-6.
[7] 李丹,洪明峰.基于深度学习的双目测距系统分析[J].兰州工业学院学报,2021,28(4):65-70.
[8] 王维,杨路.基于人脸识别的考勤系统的设计与实现[J].软件工程,2021,24(7):46-48.DOI:10.19644.
[9] 李润夺,崔旭晶,石征锦,等.激光雷达 SLAM 导航的智能巡检机器人[J].信息技术与信息化,2021(8):229-231.
[10] 刘卫华,刘勇杰.基于 OpenCv 的运动目标追踪与检测[J].电子世界,2021(1):156-157.
[11] 张博,龙慧.基于均值漂移的多目标被动连续跟踪算法研究[J].单片机与嵌入式系统应用,2021,21(10):27-31+35.

作者简介

邱焦焦,女,本科生,就读于北京信息科技大学信息与通信工程学院物联 1901 班。
李振华,男,讲师,北京信息科技大学信息与通信工程学院物联网工程系讲师。

基于 Arduino 的图书馆智能图书整理机器人

王家康　李振松　徐泽堃

（北京信息科技大学信息与通信工程学院，北京，100101）

摘　要：本项目基于 Arduino 平台设计开发了一款应用于图书馆的智能图书整理机器人。该机器人的硬件系统包含移动底盘、升降系统和机械抓手等部分，分别实现图书运送、抬升、上架等功能；软件系统包含底盘运动控制、电动机控制和舵机控制等部分，分别实现对运行路线、平台升降、机械抓手动作控制。通过本项目机器人，可将读者归还的图书根据设定的图书信息自动按预定的规划路线送至书架上或者其他指定位置，目的在于提高图书馆管理自动化，减少图书管理人员图书上架的重复工作。

关键词：图书馆图书整理；机器人；Arduino

Intelligent Library Book Sorting Robot based on Arduino

Wang Jiakang　Li Zhensong　Xu Zekun

Abstract: In this paper, we design and develop an intelligent book sorting robot applied to the library based on Arduino platform. The hardware system of the robot includes mobile chassis, lifting system and mechanical gripper, realize the functions of book transportation, lifting and shelves respectively; the software system includes chassis motion control, motor control and steering gear control, respectively realize the control of operation route, platform lifting and mechanical gripper action. By using this robot, you can automatically send the books returned by readers to bookshelves or other locations according to the predetermined planning route according to the set book information. The purpose is to improve the automation of library management and reduce the repeated work of book managers on the shelf.

Key words: Library management; robot; Arduino

一、引言

随着社会的发展，人们的生活水平日渐提升，科技也不断地在进步，从而涌现出新的知识，图书馆的藏书也随之增加，无论是封闭书库还是开放式书架，庞大数量的图书为图书馆的管理人员增加了巨大的负担，也为读者寻找自己心仪的书籍增加了难度。为了解决这一问题，本项目设计了一款能够实现将图书自动整理归位的机器人。

本项目将基于自制匀速车体以及升降平台，配合市面上已有的机械抓手，制作出一款小型的、能够满足校图书馆使用需求的轮式机器人。

二、系统设计方案

(一) 硬件系统

硬件系统主要包括:移动底盘、升降系统和机械抓手三个部分,使用SolidWorks软件进行设计,整体结构如图1所示。

1. 移动底盘

该模块采用标准型材,便于组装和更换,该模块三维示意图如图2所示。

图1 图书整理机器人硬件系统整体结构图　　图2 移动底盘三维示意图

1) 功能概述

该模块负责搭载升降系统和机械抓手等其余模块在地面进行移动,同时运载货物到达指定位置。

2) 设计概述

(1) 主体框架采用欧标3030和欧标3060铝型材搭建而成。

(2) 主控制器选用Arduino Mega2560开发板。

(3) 动力系统采用四组行星减速电动机和麦克纳姆轮,既可直行也可以横向运动。

(4) 使用电动机自带的两相霍尔编码器进行测速。

(5) 电动机驱动采用基于BTN7960芯片的四路驱动模块。

(6) 配有MPU6050陀螺仪模块,可实时判断车体朝向。

(7) 底盘下装有四个独立的红外传感器(TCRT500)和一个集成式循迹模块,其分布状况如图3所示。

2. 升降系统

该系统的功能是将运载的货物提升至指定的高度。

1) 功能概述

该模块负责将车载书库中的图书送至书架或其他指定位置。

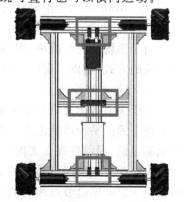

图3 集成循迹模块

2) 设计概述

(1) 主体框架采用欧标 2080 以及欧标 2040 铝型材搭建而成。

(2) 滑动连接处采用 3D 打印机使用的滑车龙门板。

(3) 主控制器选用 Arduino Uno R3 开发板。

(4) 动力系统采用 42 步进电动机和 57 步进电动机以及配套的 TB6600 驱动模块。

(5) 升降传动装置采用齿轮链条传动，伸缩则采用一个与电动机输出轴相连的丝杆模块三维设计图如图 4 所示。

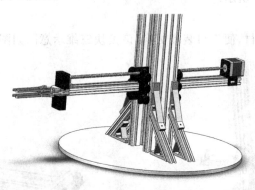

图 4 升降系统以及机械抓手

3. 机械抓手

机械抓手由两个独立的舵机驱动两组连杆构成，用于在取书或送书时抓取货物。

由于机械抓手时采用市面上已成熟的产品，故不进行过多叙述。

4. 交互部分

由于底盘设有 MPU6050 模块，故使用主板上的 SCL 和 SDA 两个引脚进行通信，即 I2C 通信。由于开发板的引脚十分有限，子模块必须使用从控制器进行控制，并使用外接电源进行供电，机械抓手采用 PCA 9685 舵机驱动板，与主控进行 I2C 通信。

（二）软件设计

本项目的软件部分基于 Arduino Mega2560 和 Arduino Uno 开发，使用 Visual Studio Code 和 Arduino IDE 作为开发平台，开发语言为 C++。

1. 行走机构相关

由于系统始终在简单、规则的地形环境下进行移动，故无须使用大量复杂技术，采用红外巡线的方式，辅以一套简易但行之有效的行走方案即可实现预期功能。

1) 行走方案设计

由于大多数图书馆的书库地形结构较为简单，道路平直，障碍少且拐角大多为直角，因此可将书库的平面图抽象为二维网格图。现定义：网格为书架区域；网格线为因书架摆放而形成的过道；因网格线交叉而产生的点，即过道产生的路口为节点。

现以起点或离起点最近的节点为原点，依据笛卡儿坐标系赋予每个节点相对应的坐标，并按照一定顺序给节点四周的网格编号，例如：节点左上方的书架为该节点的 A 书架，右上方为 B 书架……以此类推，如图 5 所示。

在投入使用前，需在过道中央粘贴宽度、材质都适宜的黑色线条，配合循迹模块可实现循迹行走。在小车移动底盘下方的中部配有五路集成循迹模块,其作用是检测小车是否经过了节点。当小车直行时,如果五个循迹传感器中有四个及以上检测到黑线,即可视作小车此时进入了某一节点,并对其进行记录,判断此时经过节点的坐标。

坐标位置判断方法:将行走路径拆分为横向路径和纵向路径两部分,依据硬件检测节点并根据车体朝向,在经过节点时对其横纵坐标的数值进行加减。

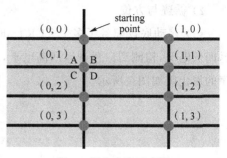

图 5 行走方案示意图

车体朝向判断方法:使用 MPU6050 模块作为电子罗盘,根据其传回的角度数据来判断此时的车体朝向。图 6 为系统运行流程图。

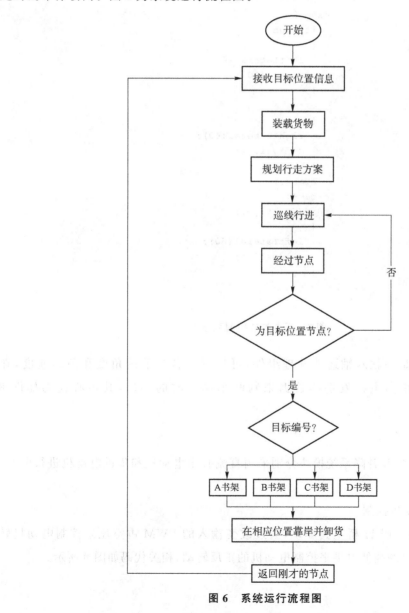

图 6 系统运行流程图

2) 循迹与方位

（1）移动底盘配备了多个 TCRT5000 循迹模块，如若传感器检测到黑色将会向控制器返回低电平，检测到白色则返回高电平，在不同运行环境下可根据电位器调整灵敏度，其程序的简化版如图 7 所示。

```
void loop()
{
  switch(count)
  {
    case 0:
      Forward(80);
      delay(100);
      break;
    case 2:
      if(right)
      {
        leftLateral(40);
        delay(100);
      }
      else
      {
        rightLateral(40);
        delay(100);
      }
      break;
    case 4:
      if(far_right)
      {
        leftLateral(60);
        delay(100);
      }
  }
}
```

图 7　循迹模块控制程序

（2）MPU6050 是一款六轴运动处理组件，可检测设备当前的角度和角加速度，在此作品中依靠该模块向主控发送的数据来判断车体此时的朝向，其核心代码如图 8 所示。

2. 电动机控制相关

由于移动底盘模块和升降系统模块分别采用直流有刷电动机和步进电动机进行驱动，故在此进行分类阐述。

1) 直流有刷电动机控制

直流有刷电动机采用 H 桥电路驱动，通过改变输入的 PWM 占空比来控制电动机转速，根据另一输入端口的高低电平来控制电动机的正反转动，相关代码如图 9 所示。

```
void loop() {
    accelgyro.getMotion6(&ax, &ay, &az, &gx, &gy, &gz);
    #ifdef OUTPUT_READABLE_ACCELGYRO
        Serial.print("a/g:\t");
        Serial.print(ax); Serial.print("\t");
        Serial.print(ay); Serial.print("\t");
        Serial.print(az); Serial.print("\t");
        Serial.print(gx); Serial.print("\t");
        Serial.print(gy); Serial.print("\t");
        Serial.println(gz);
    #endif

    #ifdef OUTPUT_BINARY_ACCELGYRO
        Serial.write((uint8_t)(ax >> 8)); Serial.write((uint8_t)(ax & 0xFF));
        Serial.write((uint8_t)(ay >> 8)); Serial.write((uint8_t)(ay & 0xFF));
        Serial.write((uint8_t)(az >> 8)); Serial.write((uint8_t)(az & 0xFF));
        Serial.write((uint8_t)(gx >> 8)); Serial.write((uint8_t)(gx & 0xFF));
        Serial.write((uint8_t)(gy >> 8)); Serial.write((uint8_t)(gy & 0xFF));
        Serial.write((uint8_t)(gz >> 8)); Serial.write((uint8_t)(gz & 0xFF));
    #endif

    // blink LED to indicate activity
    blinkState = !blinkState;
    digitalWrite(LED_PIN, blinkState);
}
```

图 8　判断车体朝向核心程序代码

```
void SetPowerA(int direction, int power)
{
  int pwm=255*power/100;
  if(direction==1)
  {
   analogWrite(MotorA1, 0);
   analogWrite(MotorA2, pwm);
  }
  else if(direction==0)
  {
   analogWrite(MotorA1, pwm);
   analogWrite(MotorA2, 0);
  }
}
void Forward(int speed)
{
  SetPowerA(1, speed);
  SetPowerB(1, speed);
  SetPowerC(1, speed);
  SetPowerD(1, speed);
}
void loop()
{
  Forward(255);
  delay(1000);
}
```

图 9　直流减速电动机控制代码

根据麦克纳姆轮的安装方式,可推导出以下几种底盘运行模式:
(1) 电动机 ABCD 正转,底盘前进,反之后退;
(2) 电动机 AB 正转,CD 反转,底盘左移,反之右移;
(3) 电动机 AC 停止,BD 正转,底盘左前移动,反之左后移动;
(4) 电动机 BD 停止,AC 正转,底盘右前移动,反之右后移动。

2) 步进电动机控制

一台 57 步进电动机和两台 42 步进电动机分别为升降系统提供升降、伸缩旋转三个维度的动力,三者共用一个使能端,其核心代码如图 10 所示。

```
void setup()
{
  pinMode(CLK,OUTPUT);
  pinMode(CW,OUTPUT);
  pinMode(EN,OUTPUT);
  Serial.begin(9600);
}
void loop()
{
  digitalWrite(CW,HIGH);
  for(int i=0;i<200;++i)
  {
    digitalWrite(CLK,HIGH);
    delayMicroseconds(25);
    digitalWrite(CLK,LOW);
    delayMicroseconds(30);
  }
}
```

图 10 步进电动机控制代码

3. 测速与调速

移动底盘由四个电动机构成动力系统,由于采用了麦克纳姆轮,必须使四个电动机转速大致相等,才能确保运行效果,故对电动机进行 PID 闭环速度控制。

1) 编码器测速

电动机尾部装有两个霍尔元件,角度相差 60°,电动机输出轴与磁环相连,当电动机转动时,霍尔元件检测到磁环磁信号,A 相因先检测到磁信号而变为高电平,随后 B 相输出高电平,电动机轴转动一圈时输出 A、B 两相相位差为 60° 的方波信号。如图 11 所示。

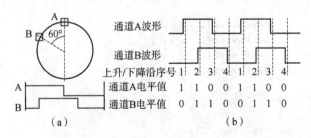

图 11 测速功能
(a)编码器检测示意;(b)编码器 AB 相输出

使用 4 倍频的方法是累计 AB 两相的所有上升沿、下降沿次数,可完成 8 次计数,同时还可辨别旋转方向,当 A 相产生上升沿时,如果此时通道 B 为低电平,则电动机轴在逆时针旋转,反之则是顺时针旋转[1]。相关核心代码如图 12 所示。

```
void loop()
{
    go(255);
    newtime = times = millis();
    while ((newtime - times) < d_time)
    {
        if (digitalRead(AM1) == HIGH)
        {
            valA++;
        }
        if (digitalRead(BM1) == HIGH)
        {
            valB++;
        }
        newtime = millis();
    }
    n = (valA + valB) / (1.496 * d_time);
    Serial.print(n);
    Serial.println("rad/s");
    valA = valB = 0;
}
```

图 12　编码器测试功能模块

2) 电动机 PID 调速

基于 PID 控制的直流电动机调速系统,其核心就是 PID 控制算法,其公式可以表示为

$$e(t)=r(t)-c(t)^{[2]}$$

PID 调节器的时域表达式可表示为

$$u(t)=K_P\left[e(t)+\frac{1}{T_i}\int_0^t e(t)\,\mathrm{d}t+T_d\frac{\mathrm{d}e(t)}{\mathrm{d}t}\right]^{[3]}$$

式中,$u(t)$ 为系统的输出信号;为系统的输入信号;K_P 为系统的比例增益系数;T_i 系统的积分时间(s);T_d 系统的微分时间(s)。

实现 PID 调速的核心代码如图 13 所示。

```
void control()
{
    static float Voltage_All,Voltage_Count;//电压采样相关变量
    int Temp;//临时变量
    static unsigned char Count_Velocity;   //位置控制分频用的变量
    sei();//全局中断开启
    if(Menu_MODE==1)         //位置控制
    Motor=Position_PID(Position,Target_Position);    //===位置PID控制器
    else if(++Count_Velocity>2)
    {
        Velocity=Position;   //单位时间内读取位置信息
        Position=0;          //并清零
        Count_Velocity=1;    //计数器置1
        Motor=Incremental_PI(Velocity,Target_Velocity);  //===速度PI控制器
    }
    if(Flag_Stop==0)     Set_Pwm(Motor);    //如果不存在异常 输出电机控制量
    else Set_Pwm(0);
    Adjust();              //PID参数调节
    Temp = analogRead(0);  //采集一下电池电压
    Voltage_Count++;       //平均值计数器
    Voltage_All+=Temp;     //多次采样累积
    if(Voltage_Count==200) Battery_Voltage=Voltage_All*0.05371/2,Voltage_All=0,Voltage_Count=0;//求平均值
}
```

图 13　电动机 PID 调速核心代码

4. 舵机控制

由于舵机使用了外接舵机驱动板,无法使用 Arduino 的 Servo 函数对其直接控制,故采用 PWM 脉冲控制舵机,相关核心代码如图 14 所示。

```
void setServoPulse(uint8_t n, double pulse) {
    double pulselength;
    pulselength = 1000000;
    pulselength /= 50;
    Serial.print(pulselength);
    pulselength /= 4096;
    Serial.print(pulselength);
    pulse *= 1000;
    pulse /= pulselength;
    Serial.println(pulse);
    pwm.setPWM(n, 0, pulse);
}
void servo_write(uint8_t n, int Angle)
{
    double pulse = Angle;
    pulse = pulse / 90 + 0.5;
    setServoPulse(n, pulse);
}
```

图 14 舵机控制程序代码

三、总结与展望

图书馆作为社会中人们知识的源泉,来此寻求真理的人数不胜数。相比传统的按照书籍分类取找书放书,图书整理机器人更加高效、稳定、便利,更体现了当今图书馆的现代感与科技感。图书整理机器人的普及将使图书馆的运营变得更加高效,也能为图书馆吸引更多的来客。本项目提供了一种图书馆书库自动化运行的思路。不过,本项目仍不甚完善,仍有很多问题亟待解决。例如,如何准确找到书架上待取图书的位置,如何将图书准确送至指定位置等。如果想要解决这些问题,则必须引入更加先进的技术,对书架甚至书库本身进行一定的改造,使图书整理机器人与书库融为一体。

参考文献

[1] 钟智杰,杨昊旋,崔鹏,等.基于 STM32 的智能四轮全向移动可重构避障机器人[J].传感器与微系统,2020,39(9):112-115,118.

[2] 郑艳鹏,苏东.基于 STC89C51 的直流电机 PWM 的调速系统[J].软件,2020,41(9):5.

[3] 黄健.基于 PI 控制的直流电机调速控制系统的研制[J].宇航计测技术,2017,37(6):77-80.

作者简介

王家康,男,本科生,就读于北京信息科技大学信息与通信工程学院电信 2002 班。

徐泽堃,男,本科生,就读于北京信息科技大学信息与通信工程学院通信 2002 班。

李振松,男,北京信息科技大学信息与通信工程学院高级实验师。从事通信工程专业本科实践教学工作。2021 年获北京信息科技大学教学成果奖一等奖 1 项(排名第 4),二等奖 2 项(排名分别第 1、第 2)。

基于 Arduino 和树莓派的智能行李助手的设计与制作[①]

程皓博　段旭祺　张双彪　骆润卿　赵熹

(北京信息科技大学信息与通信工程学院,北京,100101)

摘　要:本项目介绍了一种应用于高铁、机场等客运场所的智能行李助手的设计方法与制作过程。该行李助手基于 Arduino 和树莓派平台,共包含行李助手防盗、行李防盗、行李助手自主避障、语音交互、微信小程序、导航六大部分。为读者提供了一个完整的智能行李助手的设计与制作整合过程。

关键词:语音交互模块;激光雷达;小程序;ROS 系统

Design and production of smart luggage assistants based on Arduino and Raspberry Pi

Cheng Haobo　Duan Xuqi　Zhang Shuangbiao　Luo Runqing　Zhao xi

Abstract:This paper introduces the design method and production process of an intelligent baggage assistant used in public places such as high-speed railway airport. Based on Arduino and Raspberry pi platforms, the baggage assistant includes six parts: baggage assistant anti-theft, baggage anti-theft, baggage assistant autonomous obstacle avoidance, voice interaction, wechat applet and navigation. It provides readers with a complete integration process of the design and production of intelligent baggage assistant.

Key words:voice interaction module; Lidar; Applet; ROS system

一、引言

当下机场、高铁等场所旅客行李搬运不便的情况颇多,旅客在站内等候换乘时需要一直伴在行李左右,防止行李丢失被盗等。目前,美国 Travelmate Robotics 创业公司开发出一款可自主行走的行李箱,此行李箱需个人购买,未能推广应用到公共场所。同时,国内已有多篇有关智能行李助手的学术论文发表,多家公司获得了智能行李助手的专利,但大多未进行推广。

本项目组旨在利用智能安全行李助手帮助旅客运输和保管行李,为旅客提供信息查询,旅游指南等舒适的服务。且该智能安全行李助手可应用于高铁站、飞机场等人流密集且旅客携带大量行李的客运场所。

[①] 项目来源类别:2021 年北京市大学生创新训练项目

二、行李助手功能设计方案

首先用激光雷达和深度照相机进行地图构建,在完成地图构建后行李助手只能在固定范围内进行行动,以此来限定行李助手的活动范围,从而实现行李助手的防盗。在构建好地图的基础上,设置行李助手的初始位置,随后设置行李助手的导航点,从而实现行李助手导航功能。设置好行李助手的导航点之后,在行进过程中假若前方出现障碍物会被激光雷达扫描,将数据传回计算机,行李助手将重新规划路线避开障碍物,以此来实现行李助手自主避障。利用蓝牙和舵机实现的密码锁防盗,可以确保行李安全。使用微信小程序给旅客提供旅游指南等信息。通过语音交互模块实现信息查询,如天气、车站出入口、餐厅、洗手间的位置等。总体设计框图如图1所示。

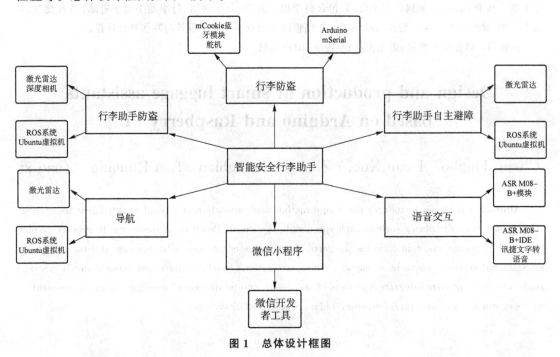

图1 总体设计框图

三、硬件设计与实现

硬件包括了密码锁防盗、自动跟随、导航、地图构建、语音交互五大模块,具体设计如图2所示。

1. 数据处理与控制单元

(1) mcookie core+模块,可与蓝牙模块和舵机转接板连接,兼容Arduino的编程开发环境,是密码锁的处理与控制单元。

(2) Arduino UNO主控板,是自动跟随功能的控制单元。处理超声波模块采集的距离信息,根据小车到跟踪目标的距离来控制驱动电动机,达到跟踪的目的。

(3) 树莓派4B,作为ROS主机,是地图构建和导航功能的处理与控制单元。

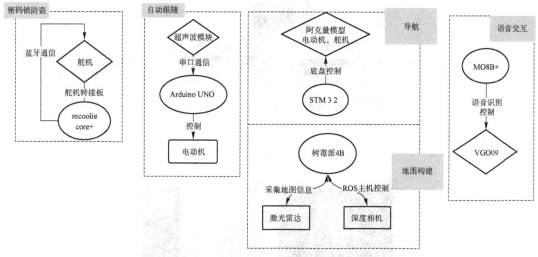

图2 硬件设计与实现概览

（4）STM32 F405 RGT6,是小车的底盘控制单元。

（5）M08B+模块,是语音交互功能的处理与控制单元。可进行语音识别,对该模块添加关键词后,对模块说出关键字即可返回特定的数字,经处理后可播放对应数字命名的MP3文件,从而实现语音交互。

2.数据采集单元

（1）激光雷达

激光雷达的测量角度范围为360°,扫描一次用时0.060573 s,最大扫描半径12 m,可通过采集小车周围环境信息构建地图,是导航和避障的基础,如图3所示。

图3 激光雷达

（2）深度相机

深度相机用于获取彩色图像和深度图像,如图4所示。

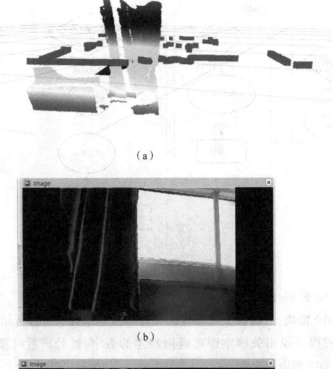

(a)

(b)

(c)

图 4 深度相机

（a）深度相机的三维点云图；（b）深度相机的彩色图像；（c）深度相机的深度图像

（3）超声波模块

为自动跟随采集距离信息。

1）超声波发送模块

超声波发送模块在手持器上，用于测量持手持器者（跟踪目标）与小车的距离。

2）超声波接收模块

超声波接收模块安装于小车头部的左前位置和右前位置，将测量到的距离信息通过串口发送给 Arduino UNO 主控板。

超声波模块简易原理图如图 5 所示。

3. 数据传输单元

蓝牙模块：接收 mserialAPP 发送的密码，与密码锁的处理控制模块 core＋通信，是密码锁防盗功能的传输单元。

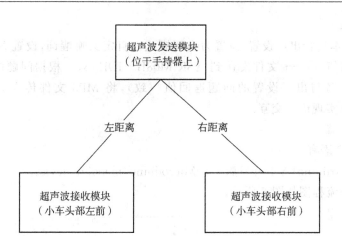

图 5　超声波模块简易原理图

4. 执行机构

(1) 供电单元

为行李车供电,可提供 12.6 V 稳定直流电压,电池容量 6 000 mAh,续航时间 6~8 h。

(2) 阿克曼汽车模型

行李车转向的执行机构。

(3) 车身颜色及材料

天蓝色合金,连接行李车各部分。

(4) 行李框

尺寸:130 mm×80 mm×40 mm,材料:镀锌薄钢板。

(5) 舵机

①TD-812OMG 舵机:用于驱动行李车的两前轮。

②TD-8320MG 舵机、舵机转接板:是密码锁的执行单元,受 core+模块控制实现开关锁。

(6) VG009 语音模块

是 MP3 音频播放器,受 M08B+模块控制播放 MP3 文件,实现语音交互。

(7) JGA25-370 电动机

用于驱动行李车的两后轮。

四、软件设计与实现

1. 自动跟随

编程语言:C 语言。

编程软件:Arduino1.8.4 开发版——Arduino/Geduino。

超声波模块采集小车距离跟踪目标的左距离 DL 和右距离 DR 数据,控制小车实现自动跟随的伪代码如下:

if $40<DL<4\ 000$ && $40<DR<4\ 000$ 小车直行 $\begin{cases} \text{if } DL>DR \text{ \&\& } DL-DR>10 \text{ 小车右转} \\ \text{if } DL<DR \text{ \&\& } DR-DL>10 \text{ 小车左转} \end{cases}$

else 小车停止

2. 语音交互

用 txt 记事本进行出厂设置,设置为唤醒模式。自定义唤醒词,设置 M08B+要识别的问题并指定返回值,将 txt 文件发送到 ASR M08B+IDE.exe。根据问题的回答制作 MP3 文件(MP3 文件名与出厂设置的问题返回值一致),将 MP3 文件传入 SD 卡,将卡插入 M08B+模块,可实现语音交互。

3. 密码锁防盗

编程语言:C 语言

编程软件:Arduino1.8.4 开发版——Microduino/mcookie-device。

密码锁防盗流程图如图 6 所示。

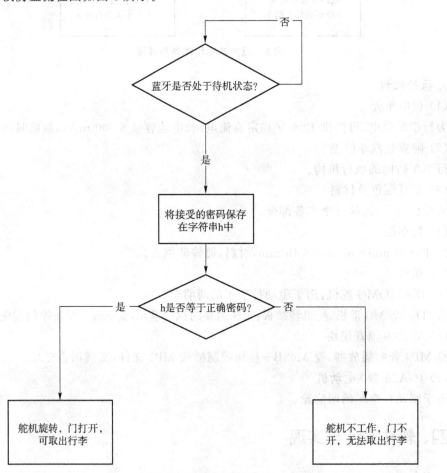

图 6　密码锁防盗流程图

关键代码如图 7 所示。

```
if (myserial.available() > 0)  //判断蓝牙是否处于待机状态
{
    h = myserial.readStringUntil('\n');//判断舵接收的数据,保存在字符串h中
    myserial.println(h);//返回确认信息已收到
    if (h == "535yyds")//判断密码是否正确
```

图 7　关键代码

4. 地图构建

(1) 开发环境搭建

下载并安装虚拟机软件 vmware-pro-15,创建 ubuntu 虚拟机并配置 ROS 开发环境,配置好的虚拟机如图 8 所示。

图 8　配置好的虚拟机

(2) 前期准备

①打开小车开关,使小车发出 AP,将计算机连接到机器人发出的 AP 上,然后开启 Ubuntu 虚拟机,检查局域网 IP 是否与机器人处于同一网段下,若是则说明成功连接到了小车的 AP。

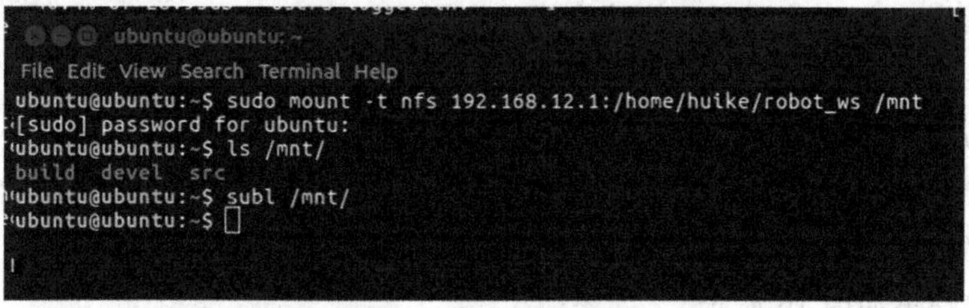

图 9　终端运行结果

②使用 ssh 工具来远程连接机器人,就可以远程控制小车的启动停止和代码编译调试等功能了。为了方便工程开发和代码修改,使用了 nfs 工具将小车工作空间下的代码挂载到了 ubuntu 开发环境中。

③使用小车前,需要更新机器人系统时钟为当前时间。否则将无法使用小车。同时配置好 ROS 分布式组网。

④构建地图前需要先输入命令来启动手柄控制节点,随后输入相应命令来启动小车底盘控制器节点。

5. 深度相机使用

我们使用的深度相机是奥比中光 astra pro。

(1) 远程连接机器人,然后启动深度相机节点;

打开 Rviz 软件,添加 image,显示类型 Image 的话题 Topic 设置为/camera/rgb/image_raw,在界面的左下角显示出相机的彩色图像。

(2) 输入命令打开深度相机的深度图像的 launch 文件,将 Image 的 Topic 话题换成/camera/ depth_registered /image_raw。

6. Cartographer 建图

Cartographer 建图的好处是在建图的过程中可以随意移动机器人,由于它的后端优化,回环检测的能力比较强,所以地图一直保持很好的状态;我们选择的是 Cartographer,不使用 IMU 建图。

(1) 启动 Cartographer 建图节点输入命令。

(2) 随后,输入命令打开 Rviz 软件,设置全局 Fixed Frame 为 map,使用 map 坐标系这样就可以在建图的时候使地图逐渐增大。我们使用的 Cartographer 建图可以手动搬运机器人,这样能够节省一定时间并且准确地将地图构建完整,减少了使用手柄时操作不熟悉的影响。

(3) 保存地图。首先调用请求停止建图服务,然后调用保存地图服务。Cartographer 所创建的地图格式为.pbstream,mymap.pbstream 为生成的地图文件名。然后将在目录下生成地图文件 mymap.pbstream。因为 Cartographer 所创建的地图格式为.pbstream,不能直接在 ROS 中使用,所以我们需要输入命令将其转成 ROS 支持的地图格式。

7. 小车导航

小车的导航我们使用的是 teb 导航,首先我们输入命令来启动 teb 导航,在 launch 启动文件中启动了三个节点:

①node 参数里面加载了已经构建完成的地图(map.yaml)。

②node 启动了 amcl,amcl 订阅了 map_server 加载进去的地图,订阅了 odom 数据、scan 数据,来进行在地图当中定位。

③node 节点启动了 move base,move base 是以插件的方式组织全局路径规划、局部路径规划、地图的膨胀维护等。

地图构建结果如图 10 所示。

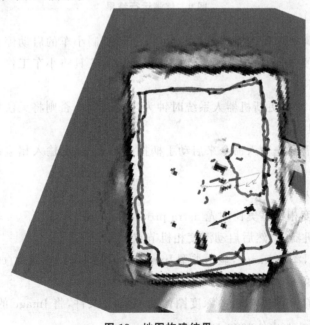

图 10　地图构建结果

（1）添加显示类型 RobotModel、LaserScan 和 PoseArray，并将 LaserScan 的 Topic 话题选择为/scan，PoseArray 的 Topic 话题选择为/move_base/TebLocalPlannerROS/teb_poses 这样就可以显示机器人局部规划路径中的机器人位置。

（2）添加两个显示类型 Map，两个显示类型 Map 的 Topic 选择为/map，用于显示加载的静态地图。其中添加了两个 Path 显示类型，分别显示全局规则路径和局部规划路径。其中显示全局规则路径的 path 的 Topic 为/move_base/NavfnROS/plan，路径颜色参数 Color 为绿色；显示局部规则路径的 Path 的 Topic 为/move_base/TebLocalPlannerROS/local_plan，路径颜色参数 Color 为红色。

8.微信小程序

登录微信开发者工具认证账号、注册小程序名称、配置服务器。点击导航栏，通过里面现有的模板，通过组合各类功能、组件添加来制作微信小程序，最终通过体验版测试小程序功能。

体验版测试功能如图 11 所示。小程序制作流程如图 12 所示。

图 11 体验版测试功能

图 12 小程序制作流程

划分小程序版块如图 13 所示。

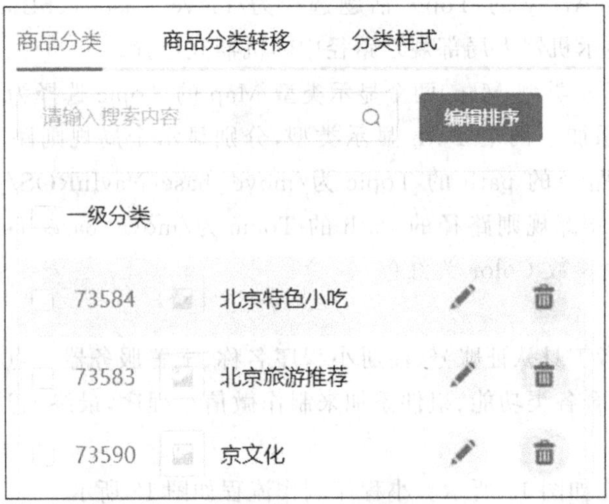

图 13　划分小程序版块

添加各版块区域内展示内容如图 14 所示。

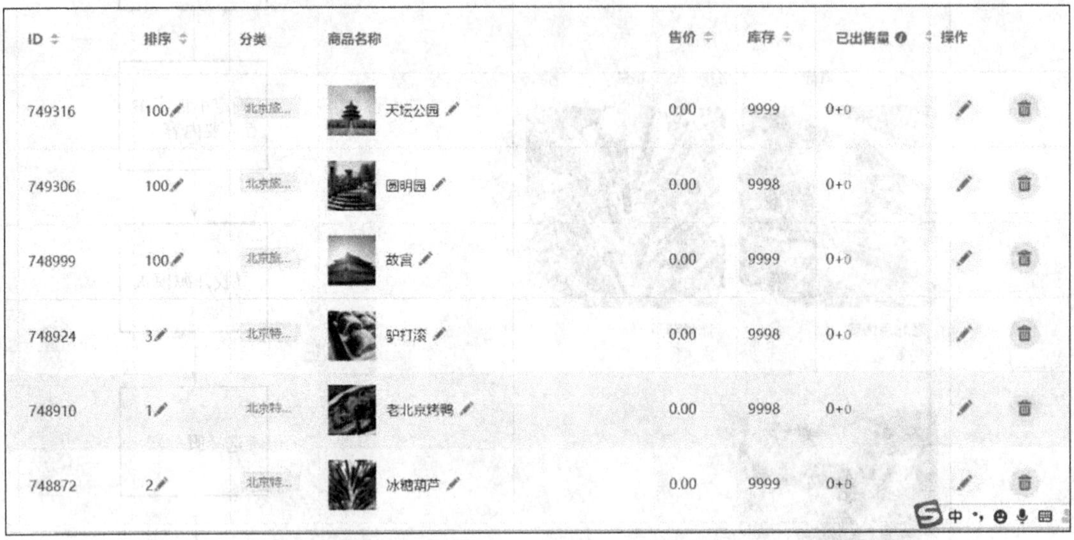

图 14　添加各版块区域内展示内容

五、系统集成与实验

经过硬件搭建和软件调试,行李助手使用激光雷达对周围环境进行探测,遇到障碍物时可以自主绕开。当使用 mSerial APP 输入密码正确时可取走行李,有效避免行李失窃。当说出唤醒词后,询问设置好的问题,可以与行李车进行语音交互。在配置好的 Ubuntu 虚拟机输入相应的命令,手动搬运小车,可完成地图构建。在构建好的地图上,根据小车所在位置设置其初始位姿,设定目标位置,小车可实现自主导航并自主避障到目标点。行李助手实体图如图 15 所示。

(a)

(b)

(c)

图 15　行李助手实体图
(a)行李助手前侧;(b)行李助手右侧;(c)行李助手顶部

六、结论

设计的智能安全行李助手基于激光雷达和深度相机构建的地图可实现精准导航、自动避障,在规定范围内行驶,并配合使用蓝牙和舵机实现行李防盗。同时运用语音模块实现语音交互。小程序可供旅客查询旅游信息。

智能安全行李助手功能完善,可靠性高。可有效减轻旅客出行负担,解放旅客双手,帮助旅客运送行李的同时确保行李安全。关联的小程序为旅客提供当地旅游信息,便于规划旅游行程。智能安全行李助手让旅途更加智能化、舒适化。其普适性较高,适用于高铁站、飞机场等人流密集且旅客携带大量行李的客运场所。

作者简介

程皓博,女,本科生,就读于北京信息科技大学信息与通信工程学院通信 2002 班。
段旭祺,女,本科生,就读于北京信息科技大学信息与通信工程学院电信 2001 班。
张双彪,男,讲师,北京信息科技大学信息与通信工程学院。
骆润卿,女,本科生,就读于北京信息科技大学信息与通信工程学院通信 2001 班。
赵熹,女,本科生,就读于北京信息科技大学信息与通信工程学院电信 2001 班。

基于 Arduino 即刻安全通信装置

卢曦雅　王若涵　庞小力　杨茜媛

(北京信息科技大学信息与通信工程学院,北京,100101)

摘　要:在从事冰雪运动时,安全是人们关注的重点问题。为保障运动者的活动安全,设计一款基于 Arduino 平台的即刻安全通信装置。当发生危险或意外时,运动者可触碰装置按键发出求救信号,救援人员通过实时体温、心率、位置等数据的监测,及时实施救援。

关键词：Arduino；Android；数据监测

Arduino-basedInstant Secure Communication Equipment

Lu Xiya　Wang Ruohan　Pang Xiaoli　Yang Xiyuan

Abstract:When Participating in winter sports, safety is the key problem that people pay attention to. Ensuring the safety of the athletes, an instant safety communication device based on Arduino platform is designed. When danger or accident occurs, the athlete can touch the device keys to send out a distress signal, rescue team can immediate rescue work through monitoring real-time temperature, heart rate, location and other data.

Key words:Arduino; Android; Data monitoring

一、引言

伴随2022年北京冬奥会的临近,越来越多的人开始从事冰雪运动。我国滑雪场及滑雪人次总体呈逐年增长态势,滑雪场的滑雪人次从2016年的1 510万增长至2019年的2 090万,增幅达38.4%。而滑雪场从2012年的348家增长至2019年的770家,增幅达121%,滑雪人次以及滑雪场数量都在逐年稳步增加。冰雪项目的安全问题也成为人们关注的重点。

当前大部分滑雪场是依靠相关保险、规定条例等来确保安全责任问题,但实质上忽略了滑雪过程中如何预防、立即解决的办法。国外尤其在北美地区,滑雪市场相关服务体系较为完善,有自己制定的相关制度和法律法规,例如美国的 BLUE WOOD SKI PATROL MANUAL 是滑雪巡逻队制作的一个手册,手册中详细记录了滑雪时遇到的问题和保障措施的。因此,为了滑雪者更加安全地享受滑雪带来的乐趣,提出了基于 Arduino 的即刻安全通信装置,滑雪者在滑雪的过程中可以实时监测心率、体温等特征,将数据上传至 App,滑雪场馆的工作人员可以及时监测数据是否异常。若遇到意外,滑雪者可以触碰按键,将求救信号发送至 App,工作人员根据北斗 GPS 提供的位置信息实施救援。

二、整体设计

1. 技术路线

技术路线主要分为硬件和软件两个部分。硬件设备方面,主要以 Arduino 为开发平台,北斗 GPS、蓝牙模块、红外测温模块、心率模块等实现定位、通信和监测功能。

软件系统方面,利用 Android Studio 开发工具进行 Android 语言的手机客户端应用开发,开发 App 时需要确定 UI 设计和主要功能。App 功能包括注册及登录、通讯录、信息发送及定位,设备端的按键控制触发与系统信息传输,系统收到信息后反馈,从而实现设备连接。系统的数据健康监测功能,通过设备端血氧、心率、体温传感器模块将采集数据上传至云端,系统 App 再将信息同步至手机客户端应用中,进行数据显示。即刻安全通信装置技术路线图如图 1 所示。

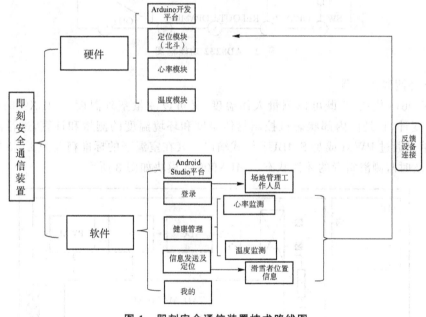

图 1　即刻安全通信装置技术路线图

2. 硬件部分

基于 Arduino 开发平台,结合温度传感器、血氧传感器、GPS、WiFi 模块和多功能按键等,设计一款为实现在特定场合下(冰雪项目场地)起到安全作用的小型装置。保障运动者与管理人员、医护人员的及时通信,为相关人员提供 GPS 定位、人体健康数据监测等功能。

1) 心电传感器

AD8232 是一款用于 ECG 及其他生物电测量应用的集成信号调理模块。该器件设计用于在具有运动或远程电极放置产生的噪声的情况下提取、放大及过滤微弱的生物电信号。

这种设计使得超低功耗模数转换器（ADC）或嵌入式微控制器能够轻松地采集输出信号。利用此模块可以实时监测出滑雪者的心率状态。AD8232 功能框图如图 2 所示。

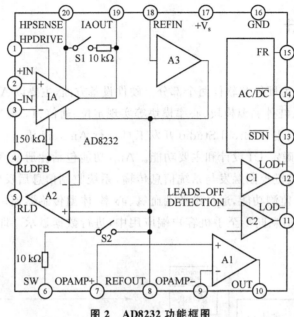

图 2　AD8232 功能框图

2) 红外测温传感器

MLX90614 模块，它既可以测量人体温度，又可以测量室外温度。MLX90614 是红外非接触温度计，它是由内部状态机控制物体温度和环境温度的测量和计算，进行测温后处理，并将结果通过 PWM 或是 SMBUS 模式输出。其在室温下的标准精度为±0.5 ℃。通过红外测温及时监测滑雪者的体温状态。MLX90614 模块如图 3 所示。

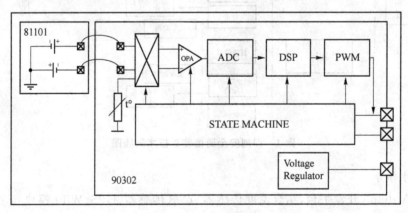

图 3　MLX90614 模块

3) WiFi 模块

WiFi 模块 ESP8266 是一款超低功耗的 UART-WiFi 模块，拥有超低能耗技术，专为移动设备和物联网应用设计，可将用户的物理设备连接到 WiFi 无线网络上。利用 WiFi 模块将所测量的数据实时上传至 App，保证两端可以稳定传输。

4) 北斗 GPS 模块

（1）高性 USB 转 TTL/LVTTL 串口模块

采用 ATK-USB-UART 模块。ATK-USB-UART 模块是一款小体积、高性能的 USB 转 TTL/LVTTL 串口模块。该模块采用 CH340G 作为 USB 转串口芯片，具有：体积小、性能强的特点，并且具有极好的兼容性。

（2）ATK-S1216F8-BD-V23 模块

采用 ATK-S1216F8-BD-V23 模块。ATK-S1216F8-BD-V23 模块是一款高性能 GPS/北斗模块，它具有 167 个通道，追踪灵敏度高达 －165 dBm，测量输出频率最高可达 20 Hz。

该模块外接有源天线，模块自带后备电池，可以在几秒之内定位，配置数据可以进行保存。

5) OLED 液晶屏

2.42 寸 OLED 显示屏模块，分辨率为 128×64 点阵面板，显示颜色为蓝色，用于显示滑雪者的心率及温度。

该显示屏采用的是 SSD1309 驱动程序，SSD1309 用于有机聚合物发光二极管点阵图形显示系统。其内置对比度控制、显示 RAM 和振荡器，减少了外部组件的数量和功耗。数据和命令由通用 MCU 通过硬件可选的 6800/8080 系统兼容并行接口或串行外设接口发送。

3. 软件部分

App 的主要界面一共分为四个部分：启动页、健康管理、定位以及我的界面。主要包括四个文件夹，分别是 manifests、java、java(generated)、res。

（1）manifests：作为整个应用的入口，它描述了各个组件。在此应用的 AndroidManifets.xml 中主要访问网络，进行地图相关业务数据请求，包括地图数据、路线规划、POI 检索等，获取网络状态以及根据网络状态切换进行数据请求网络转换。

（2）java：这一部分主要是 customview，其中包含自定义组件，这些组件都体现在"健康管理""定位""我的"三个界面中，例如"健康管理"界面中的 DrawHeartView，DrawTempratureView 等，在其中设置了坐标、颜色、数值、textview。

（3）java(generated)：这一部分包括 BuildConfig 类，包括：APPLICATION_ID：String、BUILD_TYPE：String、DEBUG：Boolean、VERSION_CODE：int、VERSION_NAME：String。配置文件，此类是根据 build.gradle 配置文件自动生成的，在 App 的 build.gradle 中配置，会在 BuildConfig 这个类中生成对应的信息，便于使用。

（4）res：包含 color、drawable、layout、menu、mipmap、values，这几类可以改变应用(App)的样式类型。

（5）在调用地图定位时，此 App 使用的是百度地图 SDK，注册并查找发布版 SHA1、开发板 SHA1 以及 key 值，从而调用成功。

"健康管理"界面的显示通过坐标图动态显示，若心率、体温正常显示黑色，反之显示红色。数据主要通过 WiFi 模块上传至云，之后通过云上传至应用中，滑雪场的场馆工作人员可以通过 App 上的警示得知滑雪者的健康状态。通过查阅资料，心率在静止、运动中和运动后的正常范围取 60～140 次/分钟，最低取值为 58 次/分钟，最高 145 次/分钟。体温红色报警的范围在 37.2 ℃(含)～37.5 ℃(含)，34.5 ℃(含)～35.3 ℃(含)，低于 33 ℃(含)以及高于 37.6 ℃(含)。

表 1 为体温数据示例。

表 1　体温数据表

时间(min)	1	2	3	4	5	6	7	8	9	10
温度(℃)	35.9	35.9	36.0	36.5	35.7	35.3	34.3	34	33	33

注:橙色数值表示橙色报警,红色数值表示红色报警。5~6 分钟为橙色,7~10 分钟为红色。

心率图如图 4 所示。

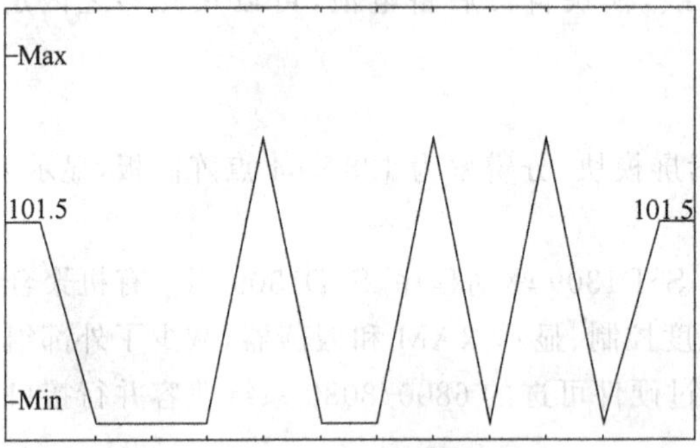

图 4　心率图

该图是心率动态图的某一时刻,此时心率为 55 次/分钟,状态为红色报警,说明需要及时救助。此图纵坐标为心率每分钟的次数,设置了正常心率的最高值(145 次/分钟)与最低值(58 次/分钟),横坐标是时间,取 10 分钟。低于最低值或者高于最高值均会红色报警。

温度图如图 5 所示。

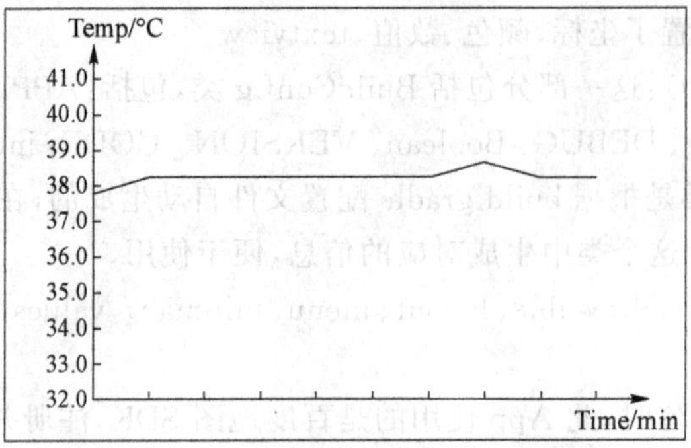

图 5　温度图

图 5 是体温动态图的某一时刻,此时的体温为 37.2 ℃,其状态为橙色报警,说明需要时刻注意此滑雪者的健康状态。纵轴为温度(℃),横轴为时间(min),取 10 分钟。设置了橙色报警时体温的范围值以及红色报警时的体温范围。

即刻安全通信装置的软件界面如图 6 所示。

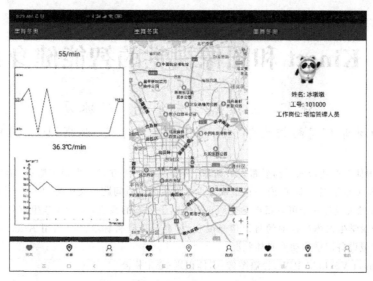

图 6　即刻安全通信装置的软件界面

三、结语

即刻安全通信装置通过基于 Arduino 的模块(北斗 GPS、心率、红外测温)进行实时监测,并将信息上传至 App,滑雪场馆的工作人员可以及时查看滑雪者的健康状况。当滑雪者遇到危险情况时,通过触碰按键,求救信息传输至 App,医护人员会快速实施救援。国内滑雪运动愈加流行,安全问题同样值得社会的关注,因此具有一定的社会意义和经济效益。

参考文献

[1]　伍斌.中国滑雪产业白皮书(2019 年度报告)[R].北京:北京市滑雪协会,2020.
[2]　ANALOG DEVICES Single-Lead, Heart Rate Monitor Front End [EB/OL].https://www.analog.com/media/en/technical-documentation/data-sheets/ad8232.pdf.2021.
[3]　Melexis.MLX90614 family Single and Dual Zone Infra Red Thermometer in To-39 [EB/OL].[2021-12-1] https://www.melexis.com/zh/info/collaterals/selection-guides-and-brochures.

作者简介

卢曦雅,女,本科生,就读于北京信息科技大学信息与通信工程学院通信 1901 班。
王若涵,女,本科生,就读于北京信息科技大学信息与通信工程学院通信 1901 班。
庞小力,女,本科生,就读于北京信息科技大学信息与通信工程学院通信 1902 班。
杨茜媛,女,学士,实验员,就职于北京信息科技大学信息与通信工程学院。

基于 Kinect 和图像视觉的智能健身系统

汪霄　唐昊然　朱华楠　沈冰夏

（北京信息科技大学信息与通信工程学院，北京，100101）

摘　要：中国体育产业迈入了高质量发展阶段，但安逸的生活方式带来很多隐患，学生体质问题尤为突出，青少年体质关系祖国未来，政府一直重视青少年学生的体质问题。文中提出的智能健身系统利用微软 Kinect 智能摄像头设计一个可以帮助学生纠正引体向上姿态的系统，来帮助学生有效改善上肢力量差的问题。根据记录学生锻炼过程中的骨骼信息变化，评测动作是否标准。并利用 Arduino 单片机设计一套监测心率的穿戴设备记录运动者身体状况。

关键词：Kinect V2；LabVIEW；骨骼图像；引体识别；心率检测

Intelligent fitness system based on Kinect and image vision

Wang Xiao　Tang Haoran　Zhu Huanan　Shen Bingxia

Abstract: China's sports industry has entered a stage of high-quality development, but the comfortable lifestyle has brought many hidden dangers, especially the problem of students' physique. Teenagers' physique is related to the future of the country, and the government has always attached importance to the problem of teenagers' physique. The intelligent fitness system proposed in this paper uses Microsoft Kinect intelligent camera to design a system that can help students correct the pull-up posture, to help students effectively improve the problem of poor upper body strength. According to record the changes of bone information during the exercise of students, evaluate whether the action is standard. In addition, a wearable device that monitors the heart rate and records the physical condition of athletes is designed by Using Arduino microcontroller.

Key words: Kinect V2; LabVIEW; Bone image; Heart rate detection

一、系统简介

此智能健身系统采用微软公司的 Kinect V2 传感器提取图像中的信息进行数据分析，通过 NI 公司的 LabVIEW 软件实现与 Kinect 的交互，对引体向上动作进行计数、评分，并且通过 Ardunio 单片机实现心率检测，从而实现训练者可以自我训练的功能。

引体向上要求学生双手握横杠且手臂自然伸直；手臂同时用力进行引体，当头部过横杠后还原手臂伸直状态，为完成 1 次。引体向上过程有两个关键部分：一是头部是否过横杠，二是手臂是否伸直。所以，在进行引体向上训练的时候，首先要确定横杠的位置，其次要判断使用者的头部位置和手臂的弯曲角度，并以此为依据进行计数和评分[1]。当检测到头部过横杠且手臂弯曲角度在一定的阈值范围内，计数一次并给出相应的得分；其他情况均不计数。若学生在引体过程中做出顶峰收缩等动作,系统会根据做出相应动作的持续时间进行分数的加权。

该系统主要包括四个模块:横杠位置识别模块、骨骼识别跟踪模块、计数评分模块、心率检测模块。横杠位置识别模块通过用户在双手握住的横杠后,双手连接所成的直线就是横杠的位置;骨骼识别跟踪模块通过骨骼跟踪得到使用者的头部位置,以及手臂的三个关节点位置;计数评分模块主要分为两个部分,一是基础部分,通过比较横杠和头部的位置以及手臂三个关节点连线的角度,进行计数和打分;二是加权部分,对于学生的特殊动作例如顶峰收缩的实现,进行加权打分。同时,用户可以利用Ardunio单片机实现心率检测。系统结构框图如图1所示。

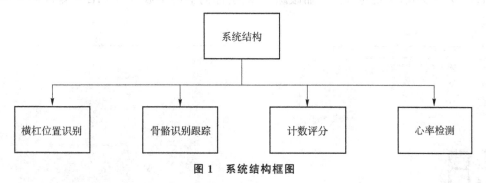

图1 系统结构框图

二、关键技术介绍

1. Kinect V2

本项目采用的 Kinect V2 是一种 3D 体感摄影机,包含彩色摄像头、深度(红外)摄像头、红外投影机以及四元线性麦克风阵列。Kinect V2 如图2所示。

Kinect V2 运用分隔策略将人体从背景中分离出来,并将分离出的人体部分图像再通过一个由微软公司开发的以 TB 计的数据输入到集群系统训练出的人体各部位识别模型中,生产出 25 个关节点的人体骨架模型,以约 30 f/s 的速度输出骨骼数据,最多可同时识别 6 人。Kinect 智能摄像头所输出的骨骼关节数据为人体动作识别提供了基础,解决了计算机视觉对于人体运动时空序列数据提取的难题[2]。

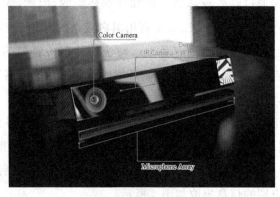

图2 Kinect V2

2. 虚拟仪器和 LabVIEW

虚拟仪器由仪器硬件和应用软件组成。基本设计思想是利用 PC 来管理、组织仪器系统以代替仪器完成某些功能,如数据采集、分析、显示、存储及波形产生等,最终达到取代传统仪器的目的。LabVIEW(Laboratory Virtual Instrument En-gineering)实验室虚拟仪器工程平台主要应用于仪器控制、数据采集、数据分析、数据显示等领域。由于 LabVIEW 采用强大的图形化语言 G 语言编程,编程方便且人机交互界面直观友好,具有强大的数据可视化分析和仪器控制能力等优点,受到很多使用者的青睐。本设计使用 LabVIEW 与 Kinect V2 的交互,实现对人体骨骼跟踪,判断引体向上的个数,LabVIEW 测试页面如图 3 所示[3]。

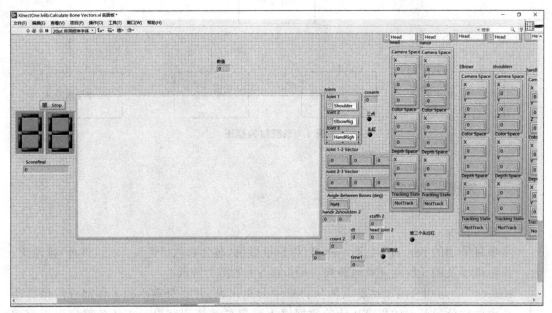

图 3　LabVIEW 测试页面

3. 人体骨骼信息提取

Kinect 骨骼追踪是通过红外投影器来感知外部环境的,因此,无论外部环境光照条件如何,都可以完成骨骼追踪的功能。Kinect 利用黑白光谱的方式来感知外部环境,即,纯黑代表无穷远,纯白代表无穷近,黑白的灰色地带对应物体到传感器的物理距离。Kinect 收集视野范围内的每一点,并形成一幅代表周围环境的景深图像。传感器以每秒 30 帧的速度生成景深图像数据流,实时地再现周围外部环境[4]。

Kinect 人体骨骼信息获取的具体过程为:首先 Kinect 发射红外线并接收红外光的反射,从而可以计算出视场范围内每一个像素的深度值,即可获得深度图像,从深度图像中可以提取物体的形状;然后利用这些形状信息来匹配人体的各部分;最后计算出人体各关节的位置。人体骨骼跟踪识别的信息提取如图 4 所示。

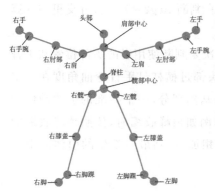 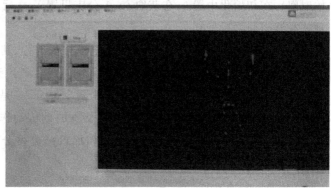

图 4　人体骨骼跟踪识别的信息提取

4. 心率检测

本项目所使用的心率传感器 Pulse Sensor。这是国外的一款开源心率传感器，基于光电容积法原理实现心率测量，如图 5 所示。

具体来说，光电容积法是利用人体组织在血管搏动时产生透光率的不同来进行心率测量的。其传感器由光源和光电变换器两部分组成，通过绑带或夹子固定在人体的手指或耳垂上。传感器光源的选择有一定的讲究，一般采用对人体动脉血中的氧和血红蛋白有选择性的一定波长（500～700 nm）的发光二极管。当光束透过人体外周血管时，由于动脉搏动充血容积变化导致光束的透光率发生改变，同时，光电变换器接收到经过人体组织反射的光线，将其转变为电信号并将其放大和输出。图 5 中圆孔中间的半球状的器件即发光二极管，圆孔下方的方形器件即光电变换器。由于心率是随心脏的搏动而周期性变化的信号，动脉血管容积也周期性的变化，因此光电变换器输出的电信号的变化周期就是心率。

图 5　心率传感器 Pulse Sensor

三、算法介绍

1. 横杠位置识别

学生双手握住双杠，双手骨骼节点形成的连线就是横杠的位置。

2. 计数评分

核心是定义了三个标识符 flag、flag1、flag2。flag 用来判断引体是否做完全程，flag 初始化为 0。当判断手臂三点一线并且手高于肩时，flag 置 1。引体计数加 1 时，flag 置 0。flag2 用来判断何时开始顶峰收缩和是否获取开始时间 tim1，初始化置 1。当满足顶峰收缩的条件时，在获取 tim1 的分支里将其置 0；在第二次检验头是否过杠的 False 分支里置 1；flag3 用来判断何时完成顶峰收缩，是否获取顶峰收缩时间 deltaT＝tim2-tim1（结束时间-开始时间);在初始化中置0;在获取tim1分支里置1,之后在判断flag2=1的否分支里和计算顶峰收缩时间之后置0。

在进行引体向上测试时,首先要确定横杠的位置,其次要判断使用者的头部位置和手臂的弯曲角度,并以此为依据进行计数和评分。当检测到头部过横杠且手臂弯曲角度在一定的阈值范围内,计数一次。评分部分分为两个部分,一是基础部分,一个标准的引体动作加一定的分值;二是加权部分,当学生做出特殊的训练动作例如顶峰收缩时,按照顶峰收缩的时间,进行得分的加权。基础部分得分和加权部分得分相加,得到最终学生的引体向上评分。计数评分的流程图如图6所示。

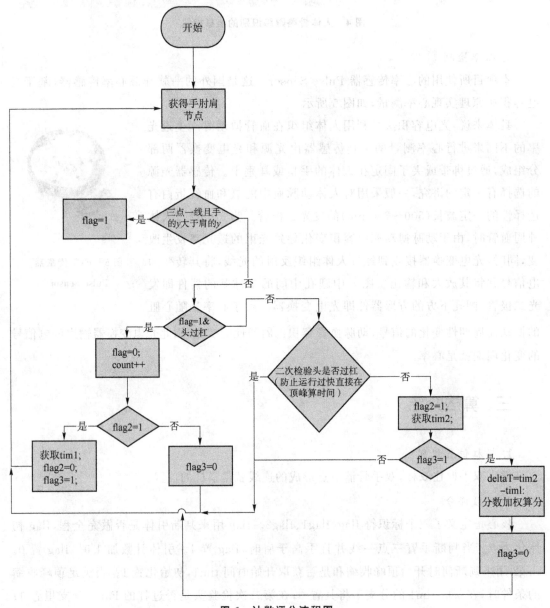

图6 计数评分流程图

四、测试结果

最终本系统可以识别一个完整、标准的引体向上,对半程引体不计数并提醒,不过杠引体,不计数。并且可以结合训练者目标肌群持续发力的时长进行加权计分来鼓励训练者严格完成训练。在结束训练,训练这可以通过 Arduino 测试自己的心率,查看自己是否控制好呼吸节奏。系统的展示如图 7～图 11 所示。

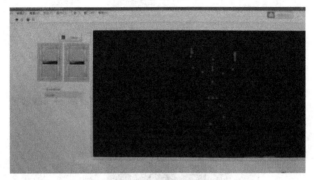

图 7　展示界面 1

图 8　展示界面 2

图 9　顶峰收缩对比——增加一个未顶峰收缩

图 10　顶峰收缩对比——增加一个有一定时间的顶峰收缩

图 11　实际使用测试

五、结束语

本项目基于 Kinect V2 和图像视觉,通过分析 Kinect 的骨骼追踪的原理以及在 Lab-

VIEW 平台下对 Kinect 进行开发,实现通过 Kinect 来对人体骨骼信息的提取,利用该信息确定学生头部的位置,利用头部与横杠的距离和手臂的弯曲角度进行计数和评分,严格依照国家体质测试标准进行。并配有心率监测模块去监测学生的心率信息。可以帮助学生纠正引体向上的姿态,有效改善其上肢力量差的问题。

参考文献

[1] 李鑫,陈建新,陈克坚,等.基于 Kinect 的体育运动自训练系统[J].计算机技术与发展,2019(4):122~127.
[2] 李文博,周磊.基于体感识别的学生引体向上训练系统[J].物联网技术,2018(2):18~20,23.
[3] 李凌宇,张学云.基于 ARM 和 LabVIEW 的智能健身系统[J].办公自动化,2007(117):60~63.
[4] 陈燕军.基于 Kinect 的人体骨骼信息提取与手势识别[J].机械工程与自动化,2020(4):173~175.

作者简介

汪霄,男,本科生,就读于北京信息科技大学信息与通信工程学院通信 1901 班。
唐昊然,男,本科生,就读于北京信息科技大学信息与通信工程学院通信 1901 班。
朱华楠,男,本科生,就读于北京信息科技大学信息与通信工程学院通信 1903 班。
沈冰夏 女,实验师,就职于北京信息科技大学。

基于 Microbit 和 mCookie 模块的清洁小车设计与实现

陈晨　石漠然　于澈　范宜凝　史荟歆

(北京信息科技大学 信息与通信工程学院,北京,100101)

摘　要:本项目鉴于当代大学生宿舍卫生清理的现状,旨在提供更清洁的住宿环境。大学生宿舍一般为多人住宿,多个衣柜、书桌、上下床布置于十几平米的空间中,衣柜、书桌和床的深处皆为人为打扫困难区域,并且多处存在较窄的缝隙空间,连扫地机器人都难以进入。针对大学生宿舍此类卫生死角的情况,本项目提出一种便捷高效的方法,该方法基于 Arduino 的开发平台,利用 Microbit 套件搭建一个清洁小车,通过实时检测灰尘浓度等参数,对卫生死角进行清洁处理和捡拾掉在缝隙里的物品。

关键词:清洁;灰尘浓度;机械臂;捡拾;Arduino.

Design and implementation of clean car based on Microbit and mCookie module

Chen Chen　Shi Moran　Yu Che　Fan Yining　Shi Huixin

Abstract: In view of the current situation of cleaning the dormitory of Contemporary University Students, our aim is to provide a cleaner living environment. The university dormitories are generally for many people to live, having multiple wardrobes, desks, beds are arranged in no more than twenty square meters of space, and there are many narrow gap spaces, even robot vacuum are difficult to enter. To provide a cleaner living environment for current university dormitories, we propose a mini cleaner based on a development platform of Arduino, using Microbit components to build a mini cleaning car which clean the sanitary dead end by detecting dust concentration parameters. The mini cleaner could clean dust efficiently in real time and pick up items that fall in the corner.

Key words: cleaning; dust concentration; robotic arm; pick up; Arduino.

一、引言

20世纪90年代以来,计算机技术取得了高速发展,各种新型的机器设备不断涌现,将中央处理器与各部件进行结合成为主要流行方向,智能扫地机器人也随之兴起。日韩、欧美等发达国家和地区率先发现该产品的潜在市场,文献[1]提出基于ADAMS创建清洁小车齿轮传动系模型,为手动清洁小车齿轮传动系的完善与改进提供了依据。文献[2]设计出一款具有清洁、避障和预定轨迹跟随功能的小车,可以完成实验室的清洁工作,达到大大节约人力和物力的效果。现如今,智能扫地机器人已经成为现代智能化家居中的重要组成部分。

扫地机器人是一种智能家用电器,可以凭借人工智能,自动在房间内完成地板清洁工作。扫地机器人多采用刷扫和真空吸取方式,将地面垃圾杂物吸入自身的垃圾收纳盒,从而实现了地面清理的功能。扫地机器人在代替人工手动清洁地面的工作上发挥着强大的作用。对于本产品的其他功能当前没有专门的研究工作在开展,相关市场也是空白的。珠海市一微半导体有限公司提出一种发明专利[3],该发明专利提出一种基于视觉机器人,针对死角进行清扫的方法及其配套设备,即使用前端图像采集装置,通过提取设备前方区域的图像,采用霍夫算法检测算法,使用两个清扫刷,通过三条直线相交的方法确定卫生死角。通过上述技术方案可以有效清洁卫生死角,保证清洁效果。在国外,一款名为Removable cleaner的扫地机器人主要由保险杠和立体传感器组成,清洁剂可以拆卸,它的可旋转立体声传感器在启动时建立其位置的可视映射,可以清洁机器人能达到的所有地方。但它们的体积都比较大,难以清扫到床下、桌下等卫生死角,而我们的清洁小车结构扁平,能在床下等与地面有一定缝隙的环境中工作,捡起掉在其缝隙中的东西,具有较好的研究价值。

随着扫地机器人的普及,市场中使用的扫地机器人仍存在一些不足,屋内死角清扫不干净的问题愈发凸显,因此本项目基于Micorbit和mCookie模块的清洁小车设计作为对于这一缺点的补充与改进。本项目基于Arduino的开发平台提出清洁小车比同种类型产品体积小,易钻入缝隙。利用PM2.5检测装置对灰尘浓度的监测,定位到要清洁的区域进行清洁,若检测灰尘浓度高的区域,清洁小车移动到目标区域。然后,本项目所提清洁小车可以通过开关控制舵机,当开关闭合时,舵机转动带动由湿巾包裹的滚筒进行清洁,实现清理功能。最后,该清洁小车还带有捡拾掉到缝隙里的物品的功能,通过蓝牙连接摄像头,定位到目标物品,控制机械臂抓取掉在缝隙里的物品。

二、基于Microbit和mCookie模块的清洁小车功能模块

清洁小车的功能结构图如图1所示。

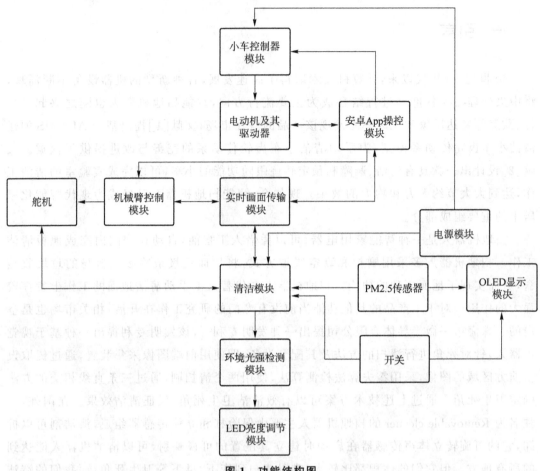

图 1 功能结构图

清洁小车的系统流程图如图 2 所示。

本文基于 Arduino、mCookie 模块和 Microbit 模块通过对小车、机械臂摄像头实现了对卫生死角的清洁和捡拾缝隙里的物品的功能。

1. LED 度调节模块

基于 mCookie 模块,利用光敏电阻判断小车所在环境中光线的强弱,控制 LED 灯发出光亮。小车处于越黑暗的环境里,LED 灯发出的光越亮。通过此光源,清洁小车可以在黑暗的环境中更加清晰地定位到掉落物品所在地。更加准确地捡拾显示物品的功能。具体实现关键代码如下:

```
val = analogRead(0);
int a = 255 - val/4;
analogWrite(LED,a);        //实现在黑暗中灯亮
```

2. 摄像头模块和舵机模块

通过 WiFi 连接摄像头,摄像头所拍摄的画面通过无线 WiFi 传输到手机端,通过观察

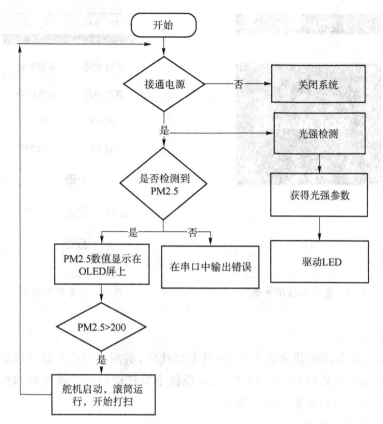

图 2 系统流程图

手机上的画面,定位到掉落物品所在地,如图 3 所示。通过蓝牙连接使用手机 App 控制机械臂上下左右移动和张开闭合,如图 4 所示,实现捡拾物品的功能。通过开关控制舵机,当开关闭合时,舵机接收到转动指令,舵机转动带动由湿巾包裹的滚筒进行清洁,实现清理的功能。具体实现关键代码如下:

```
if (digitalRead(PIN_KEY) == LOW)
  {
    myservo1.write(pos);
    myservo2.write(pos);
    pos += dir;
    if(pos >= 180 || pos < 0)
       dir = -dir;              //控制舵机转动
    Serial.println("KET YES");
    // tell servo to go to position in variable 'pos'
    delay(10);
  }//开关闭合小车开始清洁
```

图 3 摄像头显示界面

图 4 小车控制界面

3. 小车驱动模块

利用 Microbit 套件组装清洁小车,通过上传代码,实现利用蓝牙连接控制小车移动的功能。当小车连接蓝牙时,可使用手机 App 操控小车移动到灰尘浓度高和所要清理的区域,进行清洁,小车控制界面如图 4 所示。

4. PM2.5 传感器模块

通过开关控制舵机和 PM2.5 检测装置,当开关断开时,检测当前环境中 PM2.5 数值。检测到 PM2.5 数值后,将数据传输到串口和 OLED 屏上,对当前环境中的灰尘浓度进行实时监控。用蓝牙连接小车,用手机 App 进行操控小车移动到灰尘浓度高所要清理的区域。具体实现关键代码如下:

```
    Serial.print("Read PM2.5：");
    u8g.firstPage();
do {
    u8g.setFont(u8g_font_6x10);           //定义字体
    u8g.setPrintPos(50,30);               //字符位置为(50,30)
    u8g.print(pmSensor.getPM25());        //显示 PM2.5 数值在 OLED 上
} while( u8g.nextPage() );
```

三、清洁小车优化方案设计

(1)利用粉尘浓度传感器实时监测粉尘浓度,当某处粉尘浓度超过限定值时小车将自动移动到该粉尘浓度超标的方形区域进行清理。

(2)通过开关控制舵机和 PM2.5 检测装置,当开关断开时,检测检测环境中 PM2.5

数值。检测到 PM2.5 数值后,将数据传输到串口和 OLED 屏上,对当前环境中的灰尘浓度进行实时监控。用蓝牙连接小车,利用红外测距传感器和灰尘浓度传感器定位到目标区域,小车会自动移动到该区域进行清洁。

（3）通过开关控制舵机和 PM2.5 检测装置。在远程闭合开关时,舵机转动,带动由湿巾包裹的滚筒进行清洁,实现清理的功能。

（4）摄像头改进成自动化自动去辨别掉落的东西,自动辨别墙角的位置。

四、总结和展望

本项目针对比较低的物体底部和卫生死角,扫地机器人很难能够到达这一问题进行了解决。此文基于 mCookie、Microbit 套件,通过使用 PM2.5 传感器检测到灰尘浓度高的区域,定位到目标区域,操控小车移动到该区域进行清洁,实现了对卫生死角的清理的功能;通过摄像头定位到物品所在地,控制小车并利用小车前端机械臂捡拾缝隙中的物件的功能。本项目所提基于 Microbit 和 mCookie 模块的清洁小车针对大学生日常宿舍卫生清洁问题,在宿舍此类空间狭小且容易掉落物品至拾捡困难区域等特殊环境,方便学生进行死角清洁和捡取物件,节省清洁与拾取物件花费的时间和精力。

参考文献

[1] 姜晨龙,司慧,刘小虎.基于 ADAMS 的清洁小车齿轮传动系建模及仿真[J].黑龙江农业科学,2011(1):4.

[2] 尹茵,李嘉骏,邹裕,等.基于 Arduino 的智能清洁小车设计[J].信息与电脑,2019(13):4.

[3] 肖刚军.基于视觉机器人的死角清扫方法,装置,芯片及机器人;CN111358364A[P].2020.

作者简介

陈晨,女,本科生,就读于北京信息科技大学信息与通信工程学院通信 2001 班。

石漠然,女,本科生,就读于北京信息科技大学信息与通信工程学院通信 2003 班。

于澈,女,本科生,就读于北京信息科技大学信息与通信工程学院电信 2003 班。

范宜凝,女,本科生,就读于北京信息科技大学信息与通信工程学院电信 2002 班。

史荟歆,女,本科生,就读于北京信息科技大学信息与通信工程学院物联 2001 班。

基于 mCookie 模块的智能停车系统设计与实现

王竞驰　姚兆瑞　沈家一　冯敬辉　陈晓彤

（北京信息科技大学信息与通信工程学院，北京，100101）

摘　要：随着人们生活越来越富裕，私家车的数量与日俱增，而停车位数量有限导致造成停车拥堵且困难的问题。本项目针对目前困扰人们的停车问题，通过 mCookie 模块设计智能停车系统实现智能引导车辆入库，合理安排停车场的资源，通过压力感受器与 OLED 显示屏相连显示停车场内车辆停放情况。

关键词：红外线感知；LED 灯带；视觉引导

Design and implementation of intelligent parking system based on M cookie module

Wang Jingchi　Yao Zhaorui　Shen Jiayi　Feng Jinghui　Chen Xiaotong

Abstract: With people's life is getting richer and richer, and more families have bought private cars, which is very easy to cause the problem of parking difficulty. Focus on the parking problem that puzzles people at present, we propose an intelligent parking lot which guide vehicles into the warehouse intelligently. The intelligent parking lot could arrange the resources of the parking lot reasonably, and display the parking conditions of vehicles in the parking lot in OLED screen connected by baroreceptors.

Keywords: infrared perception; LED light band; Visual guidance

一、引言

　　2022 北京冬奥会即将开幕，而随着人们生活质量的提高，车辆的数量随着经济的发展不断增加，如今车辆拥堵现象已经成为一种常态，同时衍生出很多的交通隐患。城市机动车辆的日渐增多，许多大中型大厦、社区等都面临着数百辆、数千辆车的日常管理工作，使得停车场系统的业务发生了很大的变化。客户不再满足单一简单的车辆出入控制管理，对系统的要求越来越高，包括处理速度、稳定性、安全性、易维护性等，个性化需求更是精彩纷呈。近几年，无论是住宅区、写字楼还是机场、医院、商场的停车场，都开始增设停车场管理系统。随着国内居民对生活质量要求的提高、国家对公共安全秩序要求及其标准的不断提高，国内停车场管理行业迅速地发展起来。国内停车场管理系统使用的一些核心技术如远距离读卡技术等仍是国外企业的技术专利。如何提高停车管理系统核心技术水平,如何提高停车管理系统设备制造水平,是目前国内停车管理系统企业普遍面临的两个问题[1]。

智能停车系统的目的就是能够高效、无差错地智能引导驶入停车场的车辆,在停车以及寻找车位的环节,提升效率,减少差错,节省时间,而它的意义就在于解决2022年即将在北京举办的冬奥会的相关停车问题。它可以使停车更具效率,满足停车场的停车需求。在提高停车效率的同时,增加人们对于北京以及中国的良好印象,减少政府在停车管理方面的投入,一心一意地将更多的专注力放在安保等其他环节,给人以更好的冬奥会参会体验。

二、国内外研究现状及发展趋势

目前智能停车场最新技术的应用主要有以下七种集成技术[2]:超声波技术用于车位监测、车辆导引计数;视频车辆底盘检测技术;车牌识别技术用于出入口控制及寻车系统;网络摄像机用于车位监测;咪表用于路面停车收费;自动收费机用于场内、出口收费;智能引导系统。采用超声波技术来进行车位监测、车辆导引计数的这套系统,这套系统的技术含量比较高,运行稳定性也很好,设备维护的投入量很小。而超声波传感器阵列用于导引计数,主要安装在坡道、楼层入口、区域等处,安装方法是总线制,吊顶安装,它的特点是工程量小、安装简单、性能稳定。视频车辆底盘检测技术用于安全防范,视频车辆底盘检测技术对于一般单位意义不大,主要是针对一些比较敏感的单位,比如说机场、军队等安全防范级别比较高的单位。扫描单元(高度9 cm/3.5")包括高分辨率线阵摄像机、反射镜以及LED照明设备,从地面向上拍摄,获得移动车辆底盘的完整清晰图像。视频车辆底盘检测系统可以通过底盘图像进行判别是否有可疑物品。视频车辆底盘检测系统可以固定安装也可以移动安装。这套系统可与车牌识别、图像对比系统集成组合使用。车牌识别技术用于出入口控制及寻车系统。网络摄像机用于车位监测:这是比较新的一项技术,就是在车位上方安装摄像机,每台摄像机可以监测3个车位,可以实时知道每个停车位的使用情况,目前在德国已经应用。咪表用于路面停车收费,这已经不是新的技术,而自动收费机用于场内、出口收费,自动收费机和咪表一样,也不能算是一种新的技术,但在国内来讲,市场越来越多地应用起来,它的付费方式多种多样有:硬币和纸币、多种纸币、硬币找零、信用卡、费率显示、场内付费、入口加出口付费等。该系统也使用银行卡、信用卡等。大型停车引导系统,对区域停车拥堵可以得到很好的帮助,目前北京、上海等地做了一些项目,如果政府或者企业共同联手合作的话,会得到很好的推广。

本文提出了一种基于mCookie模块的智能停车系统,利用LED灯带在地面上显示出不同的颜色起到实现车辆与车位一对一的引导功能,通过一对一匹配车位,当车辆进入车位后,车位便不会再次被引导,避免一个车位被同时多次引导的情况发生。

三、智能停车场系统方案设计

本项目所提智能停车系统,如图1所示,利用LED灯带在地面上显示出不同的颜色起到实现车辆与车位一对一的引导功能,不同于智能语音导航的相关技术,LED 灯带可以更加直接物理的显示出车辆需要行走的路线,同时也可以通过改变颜色以及闪烁频率等方式同时引导数量更多的车辆,灯带的引导也同时避免了由于地下或这特定空间内 GPS 信号弱所产生的智能语音导航无法正常工作以及智能导航出现极大的偏差所导致的引导混乱问题。本项目的智能停车系统能够一对一匹配车位,当车辆进入车位后,车位便不会再次被引导,避免一个车位同时被多次引导而导致的拥堵问题。

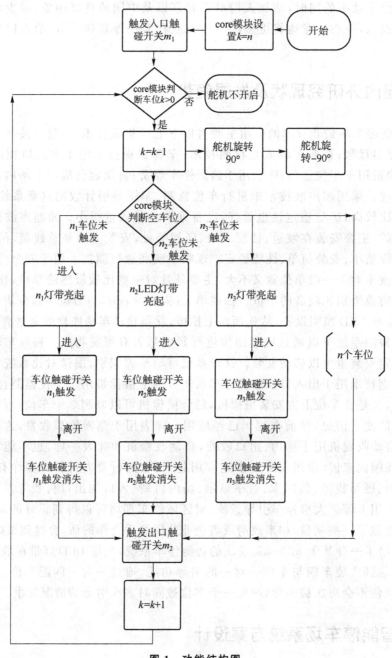

图 1　功能结构图

1. 碰撞感知

首先,本项目采用在停车场入口安装碰撞感知系统的方式,将感知系统与停车杆相连,通过碰撞产生反应原理,当车辆的任意一部分在进入碰撞感知区域内,车位计数器减一,然后由计数器检查入场车辆数量,若停车场内有空闲车位,则控制系统向停车杆发送升起指令,令车辆进入,从而为车辆提供合理的停车路线导航;若停车场内无空闲车位,则通过LED屏幕提示空闲车位为0,请车辆离开,禁止车辆进入停车场避免造成拥堵。车位计数关键代码如图2所示。

```
u8g.firstPage();
do {
  draw();
} while( u8g.nextPage() );
delay(500);

if (!digitalRead(pushButton0))//如果开关0被触发
{
  k=k+1;//按下开关车位+1
}

if (!digitalRead(pushButton00))//如果开关00被触发

  k=k-1;//按下开关车位-1
  if(k<0)
  {
    k=0;
    noTone(servoPin2);//舵机不动
  }
```

图 2　舵机功能代码

2. LED 灯带引导

本项目采用在停车场地面铺设LED灯带的方式进行视觉导航,停车位上的碰撞感知系统感受到车辆的入库情况并将其反馈给控制系统。

控制系统进行车辆统计,实时更新空闲车位情况,若停车位上没有感应到车辆,则停车场入口至地面空闲车位的LED灯带指标闪烁,引导车辆根据闪烁灯带进入正确空闲停车位;若停车位上有车辆停,则停车场入口至满载车位的LED灯带指示关闭,避免车辆盲目寻找车位而浪费停车时间,导致车辆拥堵的情况。而LED灯带具有几个特点:(1)材质柔,可以随意弯曲变换形状;(2)可以剪短或者延长;(3)外层有包裹,隔离好,防水性能好;(4)可以适应各种气象变化;(5)不易折断,使用寿命长;(6)应用范围广。灯带触发关键代码如图3所示。

3. 温度传感器报警

在停车场内设置温度传感器,用于判断停车场内温度是否达到报警温度,可以有效预警火灾或者温度过高导致的车辆受损问题。当温度过高时,温度达到设定标准返回值,蜂鸣器报警。温度传感器报警关键代码如图4所示。

```
void loop()
{
  if (!digitalRead(pushButton00))//如果入口开关被触发
  {
    if (digitalRead(pushButton1))//如果车位1的开关未被触发
    {
      theaterChase_1(COLOR_RED,    10, 300); //红色流水灯效果,循环10次,两灯之间延时300 ms
      delay(500);//灯亮延时500ms
    }
    else
    {
      if (digitalRead(pushButton2))//如果车位2的开关未被触发
      {
        theaterChase_2(COLOR_BLUE,    10, 300); //蓝色流水灯效果,循环6次,两灯之间延时300 ms
        delay(500);//灯亮延时500ms
      }
      else
      {
        if (digitalRead(pushButton3))//如果车位3的开关未被触发
```

图3　车位引导代码

```
//温度报警,温度>30° 时,蜂鸣器工作
Serial.print("Tem_D1 Tem:");
Serial.println(termo.getTemperature());    //串口打印获取的温度
Serial.println("-------------------");
delay(1000);
Serial.print("onLine:");
Serial.println(termo.begin());             //串口打印传感器是否在线
if (termo.getTemperature()>30)             //如果传感器返回值>30
{
  tone(buzzer_pin, buzzer_fre);            //驱动蜂鸣器
  delay(100);
} else {
  noTone(buzzer_pin);                      //蜂鸣器不响
}
```

图4　温度报警器代码

4. OLED 显示

在停车场入口处设置 OLED 屏幕,用于显示车位剩余车位数量,可以有效指示各停车场的停车剩余车位数量,以免造成大量车辆进入同一停车场而产生的拥堵现象,高效直接地对车辆进行了分流,OLED 显示剩余车辆关键代码如图5所示。

```
//OLED显示车位功能设置
void draw(void)
{
    u8g.setFont(u8g_font_7x13);//字符样式
    u8g.setPrintPos(0, 40);     //字符位置
    u8g.print("position");
    u8g.setFont(u8g_font_7x13);//字符样式
    u8g.setPrintPos(80, 40);    //字符位置
    u8g.print(k);               //输出车位数k的值
}
```

图 5 入口处停车场车位显示屏幕代码

四、总结与展望

本项目设计的停车位拦板上装配红外线感知系统,精准识别车辆进出,控制出入口处停车杆的开启与关闭。同时停车位实时统计空闲车位并反馈给控制系统,通过实时统计空闲车位数量,进一步精准控制停车杆的开启与关闭,并给予每辆车辆正确的指引与提示。然后采用LED灯带进行车辆的视觉导航,利用传感器感知周围环境信息,将有独立的有特点的地面闪烁指示标为车辆进行导航,使车辆能够直接到达停车位,避免和其他车流交互,从而造成拥堵,合理分配停车场内部场地尽可能多地安排停放车辆。下一步计划进行算法改进,精准定位进出车辆的大小,合理分配停车位;严格监控停车时间以便进行智能收费,与ETC通道类似,智能收费环节将大大节省时间,并节省出更多人力去进行其他活动。除此之外,将对车位内的车辆进行扫描,防止偷车事件发生,如果车辆开出车位将通过蓝牙信号通知车主车辆此时的状态。技术人员将会继续研究,努力实现这些功能。

参考文献

[1] 杨彪."浅谈中国智能停车场系统集成技术."中国公共安全,2013(9):168-171.
[2] 刘文利."国内停车场管理系统的现状与发展趋势."中国新技术新产品,2011(1):1.

作者简介

王竞驰,男,本科生,就读于北京信息科技大学信息与通信工程学院电信2003班。
姚兆瑞,男,本科生,就读于北京信息科技大学信息与通信工程学院电信2003班。
沈家一,男,本科生,就读于北京信息科技大学信息与通信工程学院通信2001班。
冯敬辉,女,本科生,就读于北京信息科技大学信息与通信工程学院电信2002班。
陈晓彤,女,本科生,就读于北京信息科技大学信息与通信工程学院电信2003班。

基于北斗卫星定位系统的智能物流海关锁设计与实现

樊玥　张越　吴韶波　吴辉祥　赵卓凡　于竞妍

（北京信息科技大学信息与通信工程学院，北京，100101）

摘　要：针对海关对转关货物及运输海关监管货物中存在的物流安全隐患等问题，本项目对海关锁的物流安全便利保障以及其功能创新进行了研究，设计实现了应用北斗卫星导航系统的多功能海关锁。采用我国自行研制的北斗卫星导航系统替代传统的 GPS 实现实时定位功能，并将位置信息同步至云平台；使用树莓派结合指纹模块和继电器等硬件实现智能开锁功能，解决海关锁密码遗忘与开锁身份识别的问题；通过手机同步信息，实施线上监管，解决货物可能存在数据变动带来的问题，实现海关文件一体化查看等功能，为物流公司与海关检查人员提供便利。

关键词：海关锁；北斗卫星系统；物流信息管理；线上监管

The intelligent Customs logistics lock based on BeiDou Navigation Satellite System

FanYue　Zhang Yue　Wu Shaobo　Wu Huixiang
Zhao Zhuofan　Yu Jingyan

Abstract: In view of the problems of customs' logistics security in transferring goods and transporting goods under customs supervision, this paper studies the logistics security, convenience and function innovation of customs lock, and designs and implements a multi-functional customs lock using Beidou satellite navigation system. The BeiDou Navigation Satellite System developed by China is used to replace the traditional GPS to realize real-time positioning and synchronize the location information to the cloud platform. Using raspberry PI combined with fingerprint module, relays and other hardware to realize intelligent unlocking function, solve the problem of forgetting customs lock password and unlocking identification.

Through mobile phone information synchronization, the implementation of online supervision, to solve the problems caused by the possible data changes in goods, to realize the integration of customs documents and other functions, to provide convenience for logistics companies and customs inspectors.

Keywords: the customs lock; BeiDou Navigation Satellite System; logistics information management; on-line supervision

一、引言

在经济全球化和不断深化对外开放的大时代背景下，国与国之间的贸易往来空前繁荣。据海关统计，2021 年我国货物贸易进出口总值达 39.1 万亿元人民币，比 2020 年增长21.4%。其中,出口21.73万亿元,增长21.2%;进口17.37万亿元,增长21.5%。与2019年相比,我国外贸进出口、出口、进口分别增长23.9%、26.1%、21.2%。随着疫情防控的逐渐加强,未来的进出口贸易必然会随之增加。但在彼此互相贸易,各取所需,互相帮助的同时,海关对于贸易货物的安全检查及物流跟踪就显得尤为重要。

为保证货物的安全性,物流出海关时挂锁、入海关后解锁,同时为保证物流按照指定航道运输,需实时监管物流定位。目前多数海上物流运输采用传统的物流海关锁实现监管。

传统物流海关锁是指通过GPRS无线网络系统,对货物运输全过程实现不间断地实时监控、实时报警,使监管单位、运输企业实时掌握物流动向,以提高通关或查验效率的工具,又是海关对转关货物及运输海关监管货物进行安全性检测以及保证货物在运输过程中安全性的工具;在帮助使用者保护财物安全的同时,提供专属于海关的开锁方式帮助海关工作人员检查、跟踪货物。因此一个安全可靠、功能全面的海关锁对于海关对货物的检查及跟踪可以提供极大的便利。但是目前市面上的物流海关锁多采用GPS技术,开启方式为较为传统的转轮密码,且不具备其他功能,功能过于单一,不仅安全性有很大的隐患,消费者对于海关锁的开启情况也无法得知,不能满足现有使用的需求,结合现有技术水平和市场现状,可以基于北斗卫星定位系统设计实现智能物流海关锁。相对于GPS系统,北斗卫星定位系统在保障安全性的前提下,也保证了准确性,同时增加多种开关锁方式与便利的检查监督机制,为海关系统以及物流公司的工作提供进一步的技术支持。

二、智能物流海关锁系统整体架构

采用北斗卫星定位系统含有的地理信息采集模块(GIS)用来采集物流海关锁实时位置信息的数据帧经ARM处理器处理和存储、以无线通信网络为传输平台、将货物实时定位信息传到物流调度中心对收到的定位信息数据帧进行解析并及时将定位信息反馈给客户,同时将实时位置信息存储在SQLite数据库便于日后查询。如果货物在运输过程中一旦丢失便可以通过物流锁轨迹回放,方便用户和物流调度中心查找原因收集证据尽可能给用户减少不必要的损失。物流监管系统框架图如图1所示。

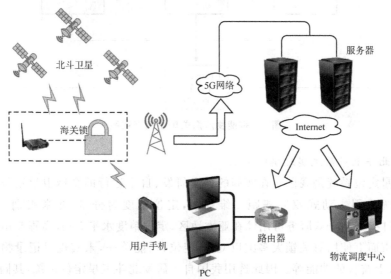

图1 物流监管系统框架图

三、具体功能实现

硬件基于树莓派进行开发,软件基于微信开发者工具开发微信小程序客户端,利用阿里云平台实现数据流的传输,从而实现软硬件结合、双端配合。智能物流海关锁具体功能流程图如图2所示。

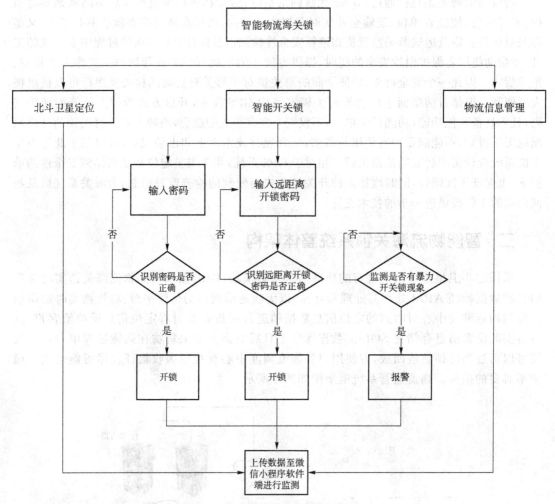

图 2　智能物流海关锁功能流程图

1. 基于北斗卫星系统实现实时定位

北斗卫星定位系统是我国正在实施的自主研发、自主运行的全球卫星定位系统。北斗卫星定位系统采用主动式双向测距二维导航,定位精度为分米、厘米级别,测速精度为 0.2 m/s,授时精度 10 ns,服务可用性在亚太地区,定位精度水平 5 m,高程 5 m。

而目前市面上使用海关锁大多配以 GPS 定位,功能单一,未实现可记录物流相关信息功能,以及线上监督的功能等。因此选用我国自主研发北斗卫星定位系统,其同时具备定位与通信功能,不需要其他通信系统支持,且覆盖范围广,几乎没有通信盲区,同时安全、可靠、稳定、保密性强。采用树莓派 4 GNSS 模块获取北斗卫星和 QZSS 多重定位模块准确定位的结果,通过单片机控制北斗卫星模块采集信息,并将采集的信息通过协议发送至单片机,而后单片机对接收到的格式位置进行解析和处理,最后将得到的经纬度、海拔、授时、速度等信息通过上位机实现显示,同时将定位数据上传至软件端,可实现用户在线上客户端时刻监测物流位置信息。北斗卫星定位系统获取位置信息架构如图 3 所示。并且增加多种开关锁方式与便利的检查监督机制,为海关系统以及物流公司的工作提供进一步的技术支持。

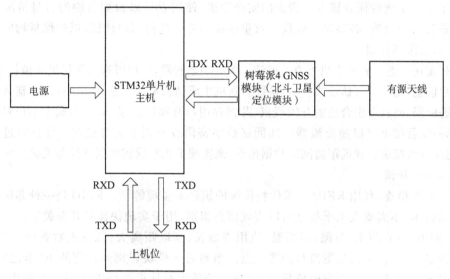

图 3 北斗卫星定位系统获取位置信息架构图

2. 智能解锁

海关集装箱在运输过程中需要全程锁死,要求海关锁具有以下特征:

(1) 安全性,需要特定密码或工具打开。

(2) 高效性,随着海关货物量增大,提高通关效率成为迫切需要解决的问题。

由此,考虑到可以对海关锁的密码解锁以及安全机制进行升级,以提高海关集装箱通关效率与安全性。

对于用户开锁时,使用者可以选择指静脉识别、人脸识别、动态密码、RFID 等多种智能方式进行开锁,对开锁流程进行简单化。

1) 指静脉识别开锁

指静脉识别技术是利用近红外线穿透手指后所得的指纹静脉纹路进行个人识别的方式,指静脉识别的为身体内部特征,不可泄露,难以窃取,伪造难度极高;具有稳定性与唯一性;是活体识别技术,只有活体手指可以通过识别。基于以上优点,指静脉锁是目前最安全的、精度最高的锁之一。

利用红外线 CCD 摄像头、继电器驱动模块、按键电路搭建指静脉密码,具体采用较为常见的指静脉识别仪采集用户指静脉分布图,采用专业算法提取特征值,在解锁时利用近红外光照射,采用 CCD 摄像头获取手指静脉图,系统将开锁时所采集的指静脉信息与指静脉网中的用户信息进行比对,判断是否为同一指静脉,若匹配成功则开锁,若多次未成功则启动锁定模式以保护用户物品信息。

2) 人脸识别开锁

采用 esp32 和 k210 进行人脸识别,用户需预先在操作端进行信息入库,将人脸信息、身份信息等存储到后台服务器中进行身份验证,验证成功后即完成信息采集工作,而后当海关锁上的微型摄像头采集开锁人的人脸信息时,系统将数据发送给后台服务器进行相关信息验证,并将信息发送给海关锁终端,若人脸信息匹配成功则开锁,若多次不成功则开启锁定模式进行物品保护。

为了减少生物特征解锁方式带来的安全隐患,使用者可以根据货物的自身情况对其解锁方式进行自由设置,必要时可以设置双重解锁的方式进行用户认证,以确保货物的安全。

3) 动态密码开锁

支持发送动态密码至手机来查看解锁。关于动态密码,用户可通过手机进入微信小程序,确认用户信息,用户身份认证成功后,系统会随机生成动态密码。然后在小程序上输入用户获得的动态密码,向其发出合法的开锁授权,并保存用户开锁的记录,最终实现了用户对海关锁的解锁,一定程度上可以避免浪费时间回忆数字密码或密码丢失等情况。并且通过物联网 LoRa 无线数传模块实现远距离网络数据传输,来实现手机端远程控制开锁与关锁。

4) RFID 开锁

对于海关检查,利用 RFID 技术代替传统的钥匙来实现解锁。RFID 是一种非接触式的自动识别技术,不需要人工干预就可以实现信息识别,用于实现快速打开海关锁。且与条形码相比,RFID 具有防水、防磁、耐高温、使用寿命长、读取距离大、标签上数据可以加密、存储数据容量更大、存储信息更改自如等优点。当频射卡模块识别到特定的 IC 卡之后,读卡模块读出卡号后,即产生输出电信号,将卡号送给外围对接设备(STM32F103 单片机)。采用射频卡读卡模块及感应体构成的特定系统中,因射频卡内码信号唯一且不可复制,因此射频卡不仅杜绝了非法复制密码,还为各种控制采用信息化管理创造了条件。在单片机接收到信号之后将接收的电压信号转换为指令信号。STM32F103 微处理器内部的 PWM 单元根据指令信号产生 PWM 信号,驱动舵机旋转,从而达到锁的开启动作。

3. 物流信息管理

采用 Google 开源的 Zxing 二维码库进行二维码编码,运用 ERSA 算法生成动态二维码,核心内容包括 ERSA 算法加密及数字签名、ERSA 算法解密及数字验签、生成二维码编码和二维码扫描译码四部分。对于二维码较为重要的容错级别参数 ERROR_CORRECTION,该参数分为四个等级:L/M/Q/H,等级越高,容错率越高,识别速度降低。如果一个角被损坏,容错率高的也许能够识别出来。因此选用高容错率 H,即二维码缺失部分信息仍可识别,避免了在货物运输中二维码出现剐蹭痕迹不易识别的问题。

用户在小程序端进行实名认证后,需将动态二维码和智能物流海关锁的 ID 与自己的小程序账户绑定,有效保证信息传输的安全性和可靠性,之后便可以在软件端添加物品信息,利用二维码记录物流品名、规格、重量、数量等申报数据,海关便可通过随时扫码获取使用者物品的数据以便实现高效检查,系统会将二维码中的 scene 值传递给后端服务器,后端服务器根据该场景值再做处理逻辑,后端处理完成后,可根据其触发的场景值直接定位到用户物品信息界面,有效保障了用户的隐私安全,同时动态二维码支持线上数据实时更新,实现物流信息的精确管理,有利于进行线上监督,可实时核对检查是否有逃税漏税、逃商检等行为,保障货物物品合法进出境。

4. 线上监督

基于物联网 MQTT 协议、微信小程序和 Web 端为客户端,在阿里云服务器上安装开源 EMQX 服务器为代理服务器,Web 端 NodeJS+Express 框架搭建,使用 node-epics 模块包实现实时数据同步,MQTT.js 模块包实现 Web 端作为 MQTT 协议为客户端。客户端微信小程序使用 MQTT.js 库接入代理服务器,通过代理服务器中转微信小程序即可接收到数据信息。MQTT 通信模式如图 4 所示。对于海关锁的相关信息,通过 Web 端发布消息,EMQX 代理服务器中转,微信小程序接收数据,即可实现用户通过微信小程序软件端时刻查询物流位置、开关锁的状态及记录等物流信息,并且可以通过手机端实时更新,真正实现了随时随地线上监督的作用。物流公司可随时通过智能海关锁更新物流申报信息及具体物流数据,方便对货物运输计划的实施和管理。同时通过无线传输模块会将物流锁的开关状态发送给监测中心,若在运输过程中物流锁被打开,监测中心将通过 STM32F103 芯片发送短信到用户手机,用户可在小程序端查看物流位置,实时记录开关锁的位置、开关锁的历史,数据在软件端同步,用户可在软件端实现监测,当发现异常开锁的情况,即可进行警报处理并通过 lora 模块实现远距离关锁并锁定。总而言之,智能物流海关锁为我国的海关系统以及物流公司都提供了可靠、安全的服务。

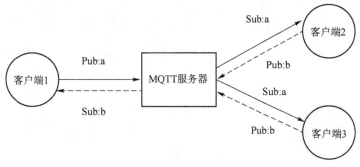

图 4　MQTT 通信模式

四、总结和展望

基于北斗卫星定位系统的智能海关锁实现了远程实时监控、便捷开锁、简化查验货物的流程,在保证货物安全运输的前提下,提高了海关货物检查、跟踪的效率,保障进出口货物的安全性,有较高的应用价值。虽然智能开锁提出了一系列解决方案,并优化了开锁的便捷性,但对于开锁绝对安全性没有较好解决方式,如人脸识别开锁存在盗用人脸信息的隐患,同样,由于开锁模式的多元化,模块之间的体积也相应增长。进一步优化开锁安全性、缩减智能海关锁的体积,这将是下一步研究的重点。

参考文献

[1] 滕志军,张明儒,郭素阳,等.基于北斗定位系统的物流车载终端研究[J].自动化与仪表,2015(10):37-40.

[2] 苏日古格,于新海,国芳,等.基于 STM32 单片机的北斗/GPS 双模定位系统设计及测试[J].信息与电脑(理论版),2021(1):123-125.

[3] 谢济励.基于动态密码的物联网云智能家居门锁系统[J].黑龙江科技信息,2017(2):159.
[4] 程东奇.基于 RFID 的学生卡自行车开锁装置[J].设备管理与维修,2018(9):114-115.
[5] 龙达鑫.基于 Java 的二维码批量生成与快速识别[J].信息技术与信息化,2021(10):156-158.
[6] 黄丽,韩利峰,刘文倩,等.基于 MQTT 的 epics 实时数据在微信小程序端的可视化监控系统[J].仪器仪表用户,2022(1):10-14.

作者简介

樊玥,女,本科生,就读于北京信息科技大学信息与通信工程学院通信 2001 班。
张越,女,本科生,就读于北京信息科技大学信息与通信工程学院 2001 班。
吴韶波,女,教师,北京信息科技大学信息与通信工程学院物联网工程系。
吴辉祥,男,本科生,就读于北京信息科技大学信息与通信工程学院电信 2001 班。
赵卓凡,女,本科生,就读于北京信息科技大学信息与通信工程学院通信 2003 班。
于竟妍,女,本科生,就读于北京信息科技大学信息与通信工程学院物联 2001 班。

水下巡检机器人

张欣　布尔蓝·多力洪　蔡佳璇　袁有朝　叶思雨

(北京信息科技大学信息与通信工程学院,北京,100101)

摘　要:本项目以水下管道检测的技术需求展开研究,在已有技术基础上研究水下管道外检测技术,采用潜水器检测系统(ROV),利用水下机器人技术,研究水下管道智能巡检机器人,实现沿着水下管道移动检测,发现管道破损内容物泄漏时根据管道缺口的形状发出不同颜色灯光进行报警,传输水下实时影像信息,全方面检测水下管道的各个部位并反馈给维修人员,解决水下管道损害区域不能进一步采集数据的问题。此外,通过检测识别水下垃圾,借助舵机进行回收。

本项目针对水下管网漏检技术短板问题研究外检测漏检技术,水下管道智能巡检机器人沿着水下管道外部移动检测,不同于技术成熟的内检测技术,为水下管网漏检提供新思路,解决水下管道检测困难的问题。

关键词:水下管道;水下机器人;巡检;外检测;图像识别

Underwater patrol robot

Zhang Xin　Boerlan Duolihong　Cai Jiaxuan　Yuan Youchao　Ye Siyu

(School of Information Management, Beijing Information Science & Technology University, Beijing 100101, China)

Abstract: This subject launches the research according to the technical requirements of underwater pipeline inspection, studies the external detection technology of underwater pipeline on the basis of existing technology, adopts submersible inspection system (ROV) and underwater robot technology, studies the intelligent inspection robot of underwater pipeline, realizes the moving detection along the underwater pipeline, and sends out different color lights to alarm according to the shape of the pipeline gap when the pipeline is damaged and leaked. The real-time underwater image information is transmitted, all parts of the underwater pipeline are detected and fed back to the maintenance personnel for maintenance, so as to solve the problem that the underwater pipeline damage area can not further collect data. In addition, the underwater garbage is identified by detection and recycled with the help of steering gear.

Aiming at the deficiency of the missed detection technology of the underwater pipe network, this paper studies the external detection technology. The underwater pipeline intelligent patrol robot moves along the outside of the underwater pipeline, which is different from the mature internal detection technology. it provides a new idea for the missed detection of underwater pipe network and solves the difficult problem of underwater pipeline detection.

Keywords: underwater pipeline; underwater vehicle; patrol inspection; external detection; image recognition

一、引言

水下管道传输具有便捷经济、安全高效等优点,被广泛应用于油、汽等流体的传输。常年置于水下是水下管道发挥作用的必要条件,但是水下环境容易使管道被腐蚀、磨损、破坏,这可能会引起管道内容物泄露,造成重大经济损失、污染水下生态环境,甚至会产生安全隐患,因此对于管道泄露检测技术的研究有着极其重要的意义。

管道检测按照被检测部位分类,可以分为内检测和外检测两大类,就目前发展现状而言,水下管道内检测技术发展走势良好,技术更为先进,水平更高级,而水下管道外检测技术存在较大空白,有较大的发展空间。对海底管道状态进行准确、有效的检测,为海底管道安全使用以及预防管道失效事故的发生提供有利依据。目前,对于海底管道管体缺陷的在线检测主要是利用智能清管器进行,但是有些管道由于管道的长度、管道部件结构、运行压力、收发球筒尺寸等因素的制约,无法进行通球内检测作业。在这种情况下,管道外检测技术更适用于实际检测工作,以减少损耗、避免停产造成的负面影响、提高管道检测效率[1]。

管道外检测技术的潜水系统可分为潜水员检测系统(ADS)、潜水器检测系统(ROV)、水面声纳托测系统(RCS)。潜水器检测系统于20世纪70年代中期,首次在墨西哥湾亮相,承接海底管线检测任务。相对于其他系统来说,潜水器用于海底管道检测具有速度快、成本低的特点[2]。

本项目主要研究以潜水器检测系统(ROV)的管道外检测技术——水下巡检机器人。本项目在已有技术研究的基础上进行功能挖掘、技术完善,目的在于设计一种水下管道的外巡检方法,使其能实现在管道外侧检测到水下管道的各个部位,并且移除回收水中垃圾的功能。

二、水下巡检机器人功能设定

水下巡检机器人是一种具有智能功能的水下潜器,可在水面和水下移动,具有视觉等感知系统,通过遥控或自主操作方式,使用机械手或其他工具,代替或辅助人工去完成某些水面和水下作业的装置。水下巡检机器人本质上就是一种水下机器人,所以水下巡检机器人需要完成沿水下管道移动、检测不同形状漏洞或吸附物、针对不同故障情况发出不同颜色灯光进行灯光报警、同步反馈水下影像以及移除回收吸附物的任务,这就要求水下巡检机器人必须具备运动功能、巡管道功能、定深功能、检测(漏洞或吸附物)功能、灯光功能、图像传输与显示功能、移除回收吸附物功能[3]。其功能设定及相关信息如表1所示。

表1 水下巡检机器人功能设定

序号	任务	功能	所需元器件
1	沿水下管道移动	运动功能 巡管道功能 定深功能	控制仓(内含姿态传感器)、水下推进器(有速度反馈)、红外避障传感器、深度传感器、防水摄像头

续表

序号	任务	功能	所需元器件
2	检测不同形状漏洞或吸附物	检测功能	防水摄像头、探照灯
3	针对不同故障情况发出不同颜色灯光进行灯光报警	灯光功能	灯光报警模块
4	同步反馈水下影像	图像传输与显示功能	防水摄像头、显示屏、传输模块
5	移除回收吸附物	移除回收吸附物功能	防水舵机

三、水下巡检机器人的组成部分

根据水下巡检机器人的功能设定进行功能模块组合，可以确定水下巡检机器人的组成部分框架，包括输入部分的巡管道模块、传感部分、图像识别模块，核心部分的控制部分、传感处理模块、驱动模块、通信模块，输出部分的推进器模块、机械部分、清理部分。水下巡检机器人的组成部分示意图如图1所示。

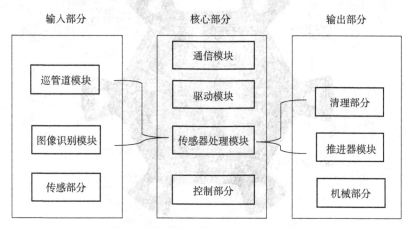

图1 水下巡检机器人组成部分示意图

1. 水下巡检机器人的控制部分

控制部分是水下巡检机器人的核心部分之一，常见的水下机器人控制系统有两类，一类是将核心控制模块设置在水面上，主控系统与机身分离；另一类是将主控系统设置在机体中，主控系统随机体进入水下，本项目选用了第二类控制系统，将控制板嵌入机体。水下自动化机器人控制，包括了对潜航体在六自由度下的运动姿态、对控制传感器与执行机构的综合及统一管理，本项目设计的控制部分与之一致，所以控制仓必须内含姿态传感器。选用STM32F427VI主控板MCU实现系统控制部分功能[4]。STM32F427VI主控芯片配套MDK平台，MDK平台资源丰富，应用广泛，能够满足资源需求。主控板的正反面如图2、图3所示。

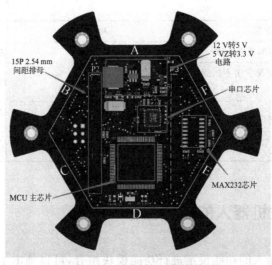

图 2　主控板正面

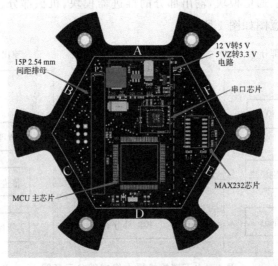

图 3　主控板反面

主控板为水上机软件与水下硬件的枢纽,信息通过串口发送到水下单片机,然后单片机解包判断,将各种控制命令通过总线发送到各个驱动部分,达到控制航行器的行进航向以及其他工作状态的目的。通过主控板实现控制功能,使得水下巡检机器人输入部分获取的信息能够通过此芯片传送回,触发相应功能,保证水下巡检机器人的控制实现[5]。

主控板不仅能完成控制部分的功能,也能够完成通信模块的功能,它有数字输入/输出端口(其中 15 个+可以作为 PWM 输出),11 路模拟输入端口,4 个 UART 串口,IIC 通信接口。它还包含 433M 通信模块,433M 通信模块通过串口收发数据,实现 433M 手柄与 MCU 无线通信,能够满足水下巡检机器人的通信需求,实现手柄控制机体的功能。

控制部分的实现是该系统神经中枢的运作,各个组件、模块的信息传输都需要通过控制系统的内部算法处理后才能实现正常运行、同步运行。

2. 水下巡检机器人的机械部分

水下机器人的基础支撑是机械部分,该部分由运动机构、清理机构组成。机械部分与推进器(图4)模块、清理部分组合,通过推进器驱动板和推进器实现核心部分驱动模块的驱动控制,实现机械驱动,为整机提供驱动功能;增加防水舵机即可实现清理部分的机械功能。

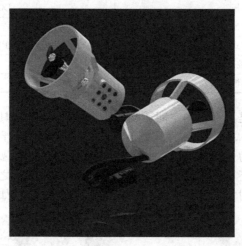

图4 推进器

推进器驱动板(图5)MCU选用STM32F103CBT6,它有36路可编程引脚,4个定时器,3个USART串口,2个IIC通信接口,2个SPI通信接口,1个CAN通信接口,72 MHz的晶振。其中定时器1/2使用8路PWM驱动8个推进器速度大小,8个普通I/O控制推进器的转动方向,定时器3捕获推进器1/2/3/4转动脉冲从而实现测速,定时器4作为定时中断,每100 ms中断一次测速。IIC与主控板通信,主控板通过IIC控制8个推进器工作。

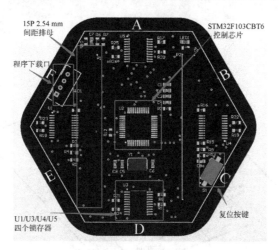

图5 推进器驱动板

推进器参数如表2所示。直流无刷电动机能够更加精准的控制运动,这是借助差速实现的,精准程度的提升使得水下巡检机器人的灵敏度得到了大大的提升,如果和螺旋桨配合,就能够实现水下巡检机器人的上浮、下潜以及水平移动,使得机体可以沿着管道移动,完成该系统最基础的功能。

表 2　推进器参数

电动机类型	直流无刷电动机
接头	5 芯防水接头
重量	—
工作电压	DC 6～12 V
最大电流	1.45 A
控制方式	PWM 控制
方向可控制	—
测速反馈	—

水下机器人的推力是其在水中空间运动的驱动力,机体本身具有重量,在此基础上增加浮力舱(图 6)以提供浮力,就可以在没有螺旋桨的情况下实现上浮、下潜和水平移动[6]。对机体在水下环境进行受力分析,以推算推动器和浮力仓的输出需要满足什么要求。除驱动力、重力和浮力外,机体还会受到阻力、外界干扰力以及受到各力之间产生的扭矩的影响等。机体在水下悬停或移动时需要保持水平面和垂直面的相对静止,如图 7 所示。

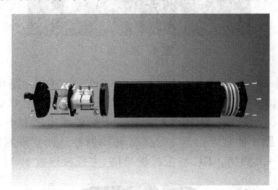

图 6　浮力舱

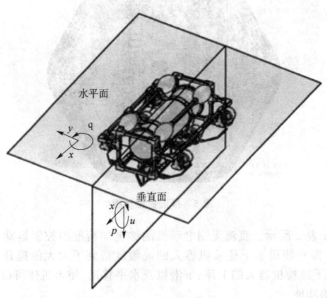

图 7　机体相对位置

利用动力学方程和刚体运动的基本理论能够推导出机体的运动方程为
$$V_G = V_o + V_B$$
式中，V_G 表示机体次态速度，V_o 表示机体现态速度，V_B 表示推动器、机体自身重量、浮力舱以及外界因素作用于机体的合力提供的速度。以运动方程为计算基准进行组装、编程，就可以实现机体的机械运行。

3. 水下巡检机器人的图像识别与处理

基于机器视觉的图像识别及处理应用十分广泛，要想更加清晰地了解水下管道的情况，就离不开视觉观察，基于机器视觉的图像识别及处理就能够很好地实现水下管道观察任务，此外，图像模块的增加能够使机体的移动有所反馈。本项目的设计中包含了简易图像识别与处理系统，在机身安装防水摄像头，并通过控制板将图像传输至水上，实现了水下管道的机器视觉观察。

4. 水下巡检机器人的传感部分及灯光模块

机体入水需要定深或判断机体姿态以判断下一步运动指令、巡管道移动需要避免碰撞、检测管道漏洞、附着物大小和形状等功能的实现都需要传感器的参与。传感器将收集到的数据传输至控制模块，通过控制模块的内部算法处理后传输至相应的输出端，以保证系统的正常运行，传感部分也是整个系统中极为重要、不可或缺的一部分。

灯光模块是将系统反馈以一种直观的方式传递给人，这一模块的设计是系统不可或缺的显示组成，对于灯光模块的细化和改进使系统变得更加全面、完善。

5. 核心舱

核心舱电路板由主控板、推进器驱动板、辅助连接板（A/B/C/E/F板）、电源板和电池组成，是控制部分、机械部分的封装形式，也是整个系统的核心部分。相关配件参数如下：

(1) 锂电池参数

①3串4并18650电池；

②额定电压11.1 V；

③电池容量：10 Ah；放电倍率3 C；

④持续输出15 A；

⑤瞬间最大电流20 A；

⑥输出线16AWG硅胶线，带护套T插头。

(2) 电源板参数

①使用微电流开关和大功率MOS管启动电源。

②电池电压11.1 V给主控板与推进器使用。

③5 V供给外设使用。

(3) 辅助连接板

辅助连接板主要把主控板、电源板和外设连接起来，是核心舱的内部纽带，其中通过16P FPC软排线与主控板相连，通过6P PH2.0线与电源板相连。

四、水池检测

本项目设计完成后,搭建水下管道模型以检测组装完成的水下巡检机器人,水下管道模型如图 8 所示。

图 8 水下管道模型

该模型具备待检测水下管网的主要特征:管道置于水下且深度不一、管道有泄露处、管道周围吸附不明附着物、有转交管道、有斜坡管道等,能够满足水下巡检机器人的功能检验,能够保障检验结果有效、不失真。

机体入水后下沉至管道上方,如图 8 所示,然后巡管道移动,同时反馈水下图像;检测到漏洞时图像反馈至水上屏幕、警报灯亮,如图 9 所示,检测到管道附着物后,反馈并移除(暂未实现回收功能);遇到转角,机体自动巡管道转弯,能够满足弯曲管道的检测,如图 10 所示;遇到下倾管道时,为完成巡管道移动任务,机体随管道下倾而下沉,直至贴近管道,如图 11 所示,机体能够满足不水平管道检测;检测结束后机体上浮回库。

图 9 检漏并反馈

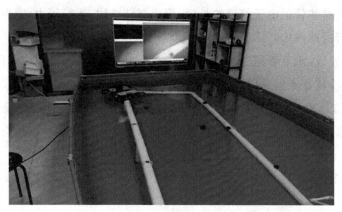

图 10 巡管道转弯

图 11 巡管道下潜

五、总结与前景展望

　　本项目研究目的在于改善水下管道检测技术短板问题,解决水下管网漏检困难的问题,完成对水下管道网进行定期的检查评估的功能,针对水下管网漏检技术短板问题设计外检测漏检功能,水下管道智能巡检机器人沿着水下管道外部移动检测,不同于常见的内检测技术,为水下管网漏检提供新思路。本项目研究内容包括水下管道智能巡检机器人运动功能、巡管道移动功能、定深功能、管道检测功能、灯光警示功能、识别移除回收水中垃圾功能的设计与实现,最终完成水下管道智能巡检机器人的制作与功能测试。

　　我国海洋石油经过 30 年的开发,据不完全统计中海油铺设的海底管道已达 300 多条,长度大于 6 000 km。由于设计铺设、海洋环境、海底动力条件以及人类活动等原因,管道会产生悬空、位移、腐蚀、破坏泄露以及涂层损坏、阳极块失效等情况,严重威胁到油田生产的运行和安全。对海底管道状态进行准确、有效的检测,为海底管道安全运行以及预防管道失效事故的发生提供有利的依据。目前,对于海底管道管体缺陷的在线检测主要是利用智能清管器进行,但是有些管道由于管道的长度、管道部件结构、运行压力、收发球筒尺寸等因素的制约,无法进行通球内检测作业。

综合分析后发现,水下管道外检测技术有着很大的发展空间和很广阔的应用市场,本项目设计的水下巡检机器人就是以水下管道外检测技术研发为关键的系统,拥有长足发展空间和应用市场,前景十分可观,本项目所设计的系统也只是水下管道外检测技术的初级产物,在不久的未来会有更加先进的迭代产品出现,水下管道外检测技术也会更加成熟。

六、结束语

本项目是基于STM32F427V主控芯片的兼具巡检和清理于一体的水下巡检机器人,其内部各组织部分之间的协调使得机体能够在人为控制下完成巡检清理水下管道的任务。水下巡检机器人技术日趋成熟,水下管网的应用覆盖面越来越广,两者的组合能够促进共同进步,这也指引了下一步研究的方向和侧重点,在解决水下管道检测问题的过程中发展水下机器人技术,使之更趋于成熟。

参考文献

[1] 孙长保,邹定杰,胡春阳.基于MTM技术海底管道检测及评估[J].中国石油和化工标准与质量,2019(11).

[2] 陈茜,顾林声.海底管道检测技术[J].海洋技术,1988(3).

[3] 钟思,付书媛,李玉寒,等.水下管道智能巡检清理机器人的设计[J].电子技术与软件工程,2021(13).

[4] 肖晴晗.水下机器人研究现状及趋势分析[J].产业创新研究,2021(20).

[5] 李雅楠,白婷婷,徐志林,等.水下机器人通信系统设计[J].价值工程,2021(14).

[6] 李晨.一种水下管道巡检机器人的设计与优化[J].中国科技信息,2020(1).

作者简介

张欣,女,本科生,就读于北京信息科技大学信息与通信工程学院通信2001班。

布尔蓝·多力洪,女,本科生,就读于北京信息科技大学信息与通信工程学院物联2001班。

蔡佳璇,女,本科生,就读于北京信息科技大学信息与通信工程学院物联2001班。

袁有朝,男,本科生,就读于北京信息科技大学信息与通信工程学院物联2001班。

叶思雨,女,本科生,就读于北京信息科技大学信息与通信工程学院电信2003班。

医疗数据文本编码与检索匹配系统的设计与开发[①]

冯启宁　潘建军　姚彦鑫　周子璎　刚元朔　李伯涵

（北京信息科技大学信息与通信工程学院，北京，100101）

摘　要：当前各个医疗机构的数据库相对独立，当出现紧急情况时，医疗服务很难及时调配到位，因此建立跨医疗机构的大数据库势在必行。然而由于各医疗机构数据库相对独立，同一医疗服务数据在不同数据库内的描述和分类方式不尽相同，对跨库检索造成极大的影响。为解决这一问题，我们设计医疗数据文本编码与检索匹配系统。采用 Python 语言编程，深入理解文本编码算法和匹配算法，收集医疗文本数据，构建样本集，并通过样本集进行文本编码模块的训练。通过精确匹配、模糊匹配、语义匹配三层算法得到匹配结果。并将算法独立执行，优化各个匹配算法的匹配精度，实现了医疗数据的文本编码与检索匹配。活用多种匹配算法，收集大量数据训练 Word2vec 生成词向量模型，算法多样，交相辉映，共同筛选出最佳匹配结果。该程序可以达到的匹配率约为 85%，正确率约为 94%，从开始执行到输出匹配结果表格总共耗时 5 分 50 秒。

关键词：医疗数据；jieba 分词；文本编码；Word2vec；杰拉德相似系数；相似度匹配

Design and development of text coding and retrieval matching system for medical data

Feng Qining　Pan Jianjun　Yao Yanxin　Zhou Ziying
Gang Yuanshuo　Li Bohan

Abstract: At present, the databases of various medical institutions are relatively independent. In case of emergency, it is difficult to allocate medical services in time. Therefore, it is imperative to establish a large database across medical institutions. However, due to the relative independence of the databases of various medical institutions, the description and classification methods of the same medical service data in different databases are different. It has a great impact on cross database retrieval. In order to solve this problem, we designed a medical data text coding and retrieval matching system. Programmed in Python language, deeply understood the text coding algorithm and matching algorithm, collected medical text data, constructed a sample set, and trained the text coding module through the sample set. The matching results are obtained through three-tier algorithms: accurate matching, fuzzy matching and semantic matching. The algorithm is

---

[①] 项目来源类别：2021 年国家级大学生科技创新计划项目

executed independently to optimize the matching accuracy of each matching algorithm, and realize database text coding and retrieval matching. Use a variety of matching algorithms, collect a large amount of data and train word2vec to generate word vector model. The algorithms are diverse and complement each other to jointly screen out the best matching results. The matching rate of the program is about 85% and the accuracy is about 94%. It takes a total of 5 minutes and 50 seconds from the beginning of execution to the output of the matching result table.

Keywords: Medical data; Jieba word segmentation; Text encoding; Word2vec; Gerald similarity coefficient; Similarity matching

一、前言

医疗数据的统计与管理对资源的合理分配和利用有重大意义,当前各个医疗机构的数据库相对独立,当出现紧急情况时,医疗服务很难及时调配到位,如疫情防控期间的呼吸机缺口等,因此建立跨医疗机构的大数据库势在必行,然而由于各医疗机构数据库相对独立,同一医疗服务数据在不同数据库内的描述和分类方式均不尽相同,对跨库检索造成极大的影响。然而,建立一个大型数据库来囊括所有的数据库内容存在硬件资源等方面的诸多问题,在协调和管理上也存在困难。我国当前的医疗服务数据库在突发状况面前暴露出了效率不足的问题,使得物资统计等工作展开受阻,为抗疫工作造成了很大困扰。

目前国内外关于医疗服务数据跨库检索匹配的论文较少,相关问题还没有得到足够重视,在描述和分类方式均不尽相同、字段缺失、信息混乱等情况下进行匹配的算法有待开发,因此本工作内容对未来的社会医疗安全保障工作有现实意义。

二、目的描述

本项目目的是构建一个将医疗服务数据的源表与目标表进行跨数据库的检索匹配系统,需合理运用Python程序,深入理解文本编码算法和匹配算法,收集医疗服务数据,进行数据拼接构建样本集,并通过样本集进行文本编码模块的训练,通过精确匹配、模糊匹配、语义匹配三层算法得到两组表的匹配结果,将三种算法分别单独执行,优化各个算法的匹配精度,实现数据库文本编码与跨数据库检索匹配。本项目的工作流程图如图1所示。

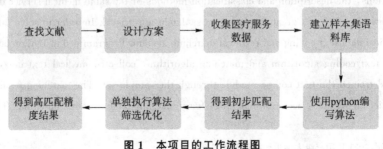

图 1　本项目的工作流程图

三、开发流程与方法设计

（一）工作流程

在工作前期，我们首先对程序架构进行了如下的构思。

（1）选择编程平台——Python；

（2）拿到样本《医用服务项目列表》；该表有两栏，分别为源服务项目列表与目标服务项目列表。我们将利用该表格模拟数据检索工作，对它进行各种计算以及匹配；

（3）为了将样本导入 Python 进行各种计算，以及将计算结果导出 Python，我们需要读入与输出 Excel 表格的程序；

（4）为了进行医疗服务数据检索匹配，我们需要可以求出文字间相似度的计算方法。

在项目中期，我们编写程序的过程如下：首先上网查阅资料，练习使用 Python 语言中的 xlrd 模块去实现对 Excel 文件的创建，读入 Excel 表格等功能，对读入和输出目标文件起了很大的帮助；我们上网查阅了很多种文本匹配方法，并且对其进行优劣分析；最后，决定使用精确匹配、模糊匹配、语义匹配三种算法用分开执行的方法筛选优化算法，得到高匹配率，来完成表格项目的匹配。

我们编写了精确匹配的代码，成功运行程序，使得在源表和目标表中名称完全一样的项目成功匹配到了一起。之后我们研究了杰拉德系数，并且将项目名称拆分成一个一个汉字并组成集合。利用杰拉德匹配算法，将源表与目标表中名称类似的项目进行匹配。

进行到语义匹配，我们首先使用 jieba 分词工具将项目名称分词，之后利用 Word2vec 工具计算出项目名称的词向量。利用余弦相似度算法进行两个词向量之间相似度的计算，利用结果进行匹配。

成功执行程序后，我们以 Excel 表格的形式导出了匹配结果，并进行分析改进。

（二）方法设计

1. 精确匹配

精确匹配的方式是依次读取源数据表中的每一项记录，遍历目标数据表，查看目标表有没有项目名称严格匹配的记录。直接以字符串的格式读入"源服务项目列表"中的项目名称，进行与"目标服务项目列表"中项目名称的比较。若两者名称完全相同，则进行匹配，最后保存编码匹配信息并输出在 Excel 表中。

2. 模糊匹配

模糊匹配利用的是杰拉德相似度算法。首先依次读取源数据表的每一行，遍历目标表数据，将读入的字符串按单个汉字组成集合形式，然后求出两个集合间的交并级。例如"中国"可以被拆成"中""国"两个字，然后这两个字作为两个元素组成一个集合。使用该方法可以将源表与目标表项目名称变为两个集合。集合 A 和集合 B 交集元素的个数在 A、B 并集中所占的比例，称为这两个集合的杰拉德系数，以该系数来衡量两个集合的相似度，杰拉德系数越高，则说明相似度越高。由此可以得到两个名称之间的相似度。预给定 max_score ＝ 0.7，即杰拉德系数大于该阈值则匹配成功，并且建立匹配表，输出匹配信息。两个集合 A 和 B

交集元素的个数在 A、B 并集中所占的比例,称为这两个集合的杰卡德系数,用符号 $J(A,B)$ 表示。杰卡德相似系数是衡量两个集合相似度的一种指标(余弦距离也可以用来衡量两个集合的相似度)。

$$J(A,B) = \frac{|A \cap B|}{|A \cup B|} \tag{1}$$

3. jieba 分词

由于我们的数据特征大多是中文,中文分词是中文文本处理的一个基础步骤,也是中文人机自然语言交互的基础模块,在进行中文自然语言处理时,通常需要先进行分词。我们引入 jieba 分词的方法,将中文信息分别切分。jieba 分词的原理是以从网上下载的程序包的内置词表为基准,将程序读入的长词或句拆解为一个一个的词汇。当遇到词表中没有收录的词汇时,会将其单拆出来当作一个单独的词汇。例如:"普通门诊中医辨证论治"该长词,被系统分为了"普通""门诊""中医""辨证论治"四个词语。图 2 所示为部分分词结果。

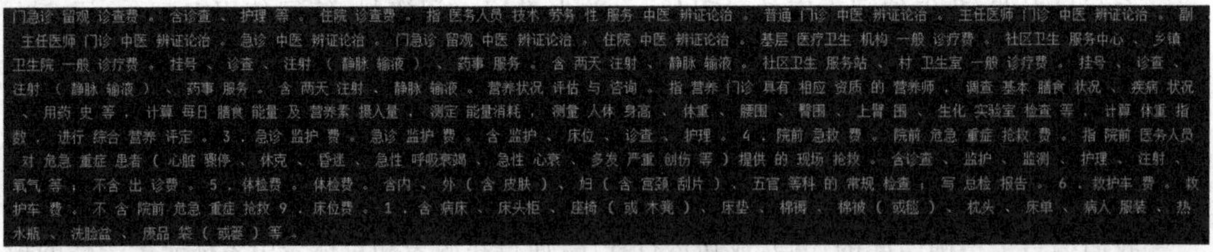

图 2　jieba 分词示意图

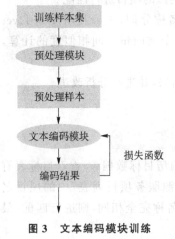

图 3　文本编码模块训练

4. Word2vec 词向量计算

为了充分利用数据,保证编码的效率和准确性,我们选择了 Word2vec,将文本编码为词向量。Word2vec 需要安装可以在 Python 中运行的 gensim 库。下载 gensim 库后,会获取到网上已经有人利用各种字典以及文献整理好的词向量工具,其作用是可以令程序找到每个词汇所对应的词向量,此为 jieba 分词的承接。在得到每个词对应的词向量后,我们将项目名称中每个词所对应的词向量进行加和取平均的操作,得到该名称所对应的词向量。例如:"副主任医师门诊"分为"副主任""医师""门诊",词向量分别为 0.5、2.3、4.4,则平均词向量就是 2.4。再以该值与目标表中的项目名称词向量进行匹配,利用余弦相似度算法取得相似度最高的一个匹配结果。文本编码模块训练过程如图 3 所示。

5. 余弦相似度

用向量空间中的两个向量夹角的余弦值作为衡量两个个体间差异大小的度量,值越接近 1,就说明夹角角度越接近 0°,也就是两个向量越相似,就称为余弦相似。衡量的是两个变量在各个方向上的比例的相似度。例如:"热量"的向量是 2.132 4,"热能"的向量是 2.456 7,由此可算出余弦相似度约为 0.7。预给定 max_score = 0.95,即余弦相似度大于该阈值则匹配成功,并且建立匹配表,输出匹配信息。

余弦距离，也称为余弦相似度，是用向量空间中两个向量夹角的余弦值作为衡量两个个体间差异的大小的度量。余弦值越接近1，就表明夹角越接近0°，也就是两个向量越相似，这就称为“余弦相似性”。

图 4　余弦相似度示意图

我们在空间中假设两向量 $\boldsymbol{a}(x_1, y_1)$ 和 $\boldsymbol{b}(x_2, y_2)$，如图 4 所示。

向量 $\boldsymbol{a}$ 和向量 $\boldsymbol{b}$ 的夹角的余弦计算如式(2)所示。

$$\cos(\theta)=\frac{\boldsymbol{a}\cdot\boldsymbol{b}}{\|\boldsymbol{a}\|\times\|\boldsymbol{b}\|}=\frac{(x_1, y_1)\cdot(x_2, y_2)}{\sqrt{x_1^2+y_1^2}\times\sqrt{x_2^2+y_2^2}} \tag{2}$$

扩展，如果向量 $\boldsymbol{a}$ 和 $\boldsymbol{b}$ 不是二维而是 n 维，上述余弦的计算法仍然正确。假定 $\boldsymbol{a}$ 和 $\boldsymbol{b}$ 是两个 n 维向量，则 $\boldsymbol{a}$ 与 $\boldsymbol{b}$ 的夹角的余弦如式(3)所示。

$$\cos(\theta)=\frac{\sum_{i=1}^{n}(x_i\times y_i)}{\sqrt{\sum_{i=1}^{n}(x_i)^2}\times\sqrt{\sum_{i=1}^{n}(y_i)^2}}=\frac{\boldsymbol{a}\cdot\boldsymbol{b}}{\|\boldsymbol{a}\|\times\|\boldsymbol{b}\|} \tag{3}$$

余弦值越接近1，就表明夹角越接近0°，也就是两个向量越相似，夹角等于0，即两个向量相等，这就称为“余弦相似性”。

四、结果分析与程序修改

依次读取源数据表每一记录，遍历目标数据表，编程输出了三种方法的匹配结果表。左边为源数据记录，右边为与之相匹配的记录，部分匹配结果和分析情况如下。

1. 程序运行结果——精确匹配

源服务项目表总共有 5 383 个项目，使用方法—精确匹配，可以使源服务项目表中的1 457个项目成功与目标表中项目正确匹配。单独使用精确匹配，匹配率 1 457/5 383 约为27%，正确率为 100%。图 5 所示为精确匹配输出的 Excel 表格部分截图。

	A	B	C	D	E	F	G	H	I	J	K
1	0	1	4	5	6	7					
2	项目编号	项目名称	项目编号	项目名称	计价单位	项目内涵					
3	11020000(	普通门诊中医辨证论治	AAAG000'	普通门诊中医辨证论治	次	指由主治及以下中医或中西医结合医师在中医普通门诊提供的诊疗					
4	11020000(	主任医师门诊中医辨证论治	AAAG000:	主任医师门诊中医辨证论	次	指由具有正高级职称的中医或中西医结合医师在中医专家门诊提供					
5	11020000(	副主任医师门诊中医辨证论治	AAAG000:	副主任医师门诊中医辨证	次	指由具有副高级职称的中医或中西医结合医师在中医专家门诊提供					
6	11020000(	急诊中医辨证论治	AAAH0001	急诊中医辨证论治	次	指由各级中医、中西医结合医务人员提供的24小时急诊急救中医诊					
7	11020000(	住院中医辨证论治	AAAK0001	住院中医辨证论治	日	指由中医、中西医结合医务人员对住院患者提供的中医诊疗服务。					
8	11020000{	营养状况评估与咨询	AAEA0001	营养状况评估与咨询	次	指营养门诊具有相应资质的营养师，调查基本膳食状况、疾病状况					
9	11090000:	百级层流洁净病房床位费	AABB0001	百级层流洁净病房床位费	日	指达到百级规定层流洁净级别，有层流装置、风淋通道的层流洁净					
10	11090000:	千级层流洁净病房床位费	AABB000:	千级层流洁净病房床位费	日	指达到千级规定层流洁净级别，有层流装置、风淋通道的层流洁净					
11	11090000‹	特殊防护病房床位费	AABD000'	特殊防护病房床位费	日	指核素内照射治疗病房。在普通病床的功能基础上，须达到如下标					
12	11100000:	远程会诊	AADG000'	远程会诊	小时	指临床各专业会诊。开通网络计算机系统，通过远程视频系统提供					
13	12010000'	重症监护	ABPB0001	重症监护	小时	指重症监护室内连续监测。医生护士严密观察病情变化，密切观察					
14	12010000:	特级护理	ACAD000'	特级护理	日	指病情危重、重症监护、复杂或大手术后，严重外伤和大面积烧伤					
15	12010000:	Ⅰ级护理	ACAC000'	Ⅰ级护理	日	指病情趋向稳定的重症患者、手术后或者治疗期间需要严格卧床、					
16	12010000‹	Ⅱ级护理	ACAB000'	Ⅱ级护理	日	指病情稳定、生活部分自理的患者或行动不便的老年患者的护理。					
17	12010000!	Ⅲ级护理	ACAA000'	Ⅲ级护理	日	指生活完全自理、病情稳定的患者、处于康复期患者的护理。每3					
18	12010000i	新生儿护理	ACBA000'	新生儿护理	日	评估新生儿适应环境能力，新生儿口腔护理，喂养，称体重，脐部					
19	12010001(	气管切开护理	ACBJ0001	气管切开护理	日	评估患者病情、意识状态、气管切开周围皮肤情况等，核对患者信					
20	12010001'	吸痰护理	ACBJ0004	吸痰护理	次	评估患者病情、意识状态、呼吸道分泌物情况等，核对患者信息，					

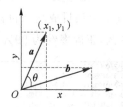

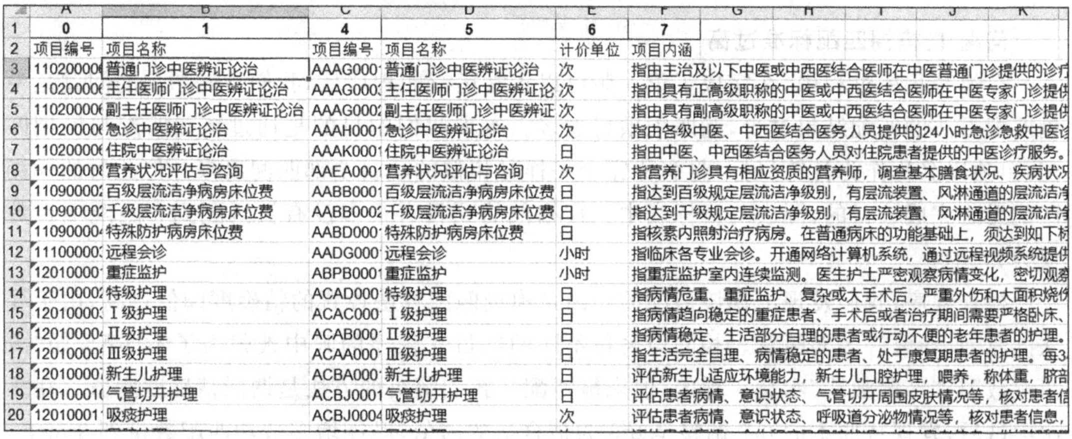

图 5　精确匹配

2. 程序运行结果——模糊匹配

源服务项目表总共有5 383个项目，使用方法二模糊匹配，可以使源服务项目表中的2 681个项目成功与目标表中项目正确匹配。单独使用模糊匹配，匹配率2 681/5 383约为50%，正确率约为99%。图6所示为模糊匹配输出的Excel表格部分截图。

745	270800007	疑难病理会诊	AADC000	疑难病理读片会诊	次	指由2位及以上具高级职称的病理医师组成的专家组，对院外提供的
746	310100004	动态脑电图	FBC03706	动态脑电图检查	次	用90%的酒精去除电极部位的油脂和角化层，安装盘状头皮记录电极
747	310100005	脑电图录象监测	FBC05701	脑电图录像监测	小时	用90%的酒精去除电极部位的油脂和角化层，安装盘状头皮记录电极
748	310100005a	脑电双频指数监测	FBC05706	脑电双频指数监测	小时	通过使用脑电双频指数监护仪实时连续监测脑电参数，可以反映中枢
749	310100007	神经传导速度测定	FCA03704	运动神经传导速度测定	每根神经	用于评定周围运动神经功能。根据病史和体格检查初步判断检查部位
750	310100010c	经颅重复磁刺激治疗	KBA32701	经颅重复磁刺激治疗	次	用于特定疾病的中枢治疗。在胫前肌或小指展肌安置记录表面电极，
751	310100012	脑干听觉诱发电位	FBF03701	脑干听觉诱发电位检查	次	用于评定听觉传导通路功能。局部皮肤脱脂并置导电膏，按照10-20
752	310100014	颅内压监测	FBA05301	有创颅内压监测	小时	利用侧脑室引流管或腰穿引流管，或利用外科手术放入脑室系统或蛛
753	310100016	腰椎穿刺术	FVT06101	腰椎穿刺术	次	病人侧卧位，屈膝含胸，定位后局部皮肤消毒，铺巾，局麻，以腰穿
754	310100020	周围神经活检术	FCA07301	周围神经活检术	部位	消毒铺巾，局麻，定位，切开，钝性分离，探查神经，在神经近端율
755	310100024	单纤维肌电图	FCA03701	单纤维肌电图检查	每块肌肉	采用特殊针电极，利用肌电图诱发电位仪测定。地线放置在所检肌肉
756	310100025	肌电图监测	FCA0371C	肌电图监测	小时	采用肌电图诱发电位仪进行监测。用于肉毒毒素治疗，根据操作所需
757	310100030	经皮穿刺三叉神经干注射术	HCF72102	经皮穿刺三叉神经干射频术	次	用于三叉神经第2支、第3支疼痛的治疗。监测生命体征，消毒铺巾，
758	310100034	交感神经节毁损术	HCW7210	交感神经毁损术	次	在具有无菌、抢救设备的治疗室或CT室内，基本生命体征监测，局
759	310201001	生长激素释放激素兴奋试验(GI	FDA04201	生长激素释放激素(GRH)兴奋	次	受试者禁食过夜，试验期间卧床，试验前1小时预先留置静脉通道，
760	310201002	促甲状腺释放激素兴奋试验(TF	FDA04202	促甲状腺激素释放激素(TRH)?	次	受试者禁食过夜，试验期间卧床。促甲状腺激素释放激素(TRH)(剂量

图6 模糊匹配

3. 程序运行结果——语义匹配

源服务项目表总共有5 383个项目，使用方法三语义匹配，可以使源服务项目表中的4 112个项目成功与目标表中项目正确匹配。单独使用语义匹配，匹配率4 112/5 383约为76%，正确率约为67%。图7所示为语义匹配输出的Excel表格部分截图。

4069	450000012	脊柱小关节紊乱推拿治疗	PBDA0301	颈椎小关节紊乱推拿治疗	次	患者坐位，医者用滚法、一指禅推法、拿捏法、按揉法、弹拨法、点压
4070	450000013	小儿斜颈推拿治疗	PBDE0101	小儿肌性斜颈推拿治疗	次	患儿取坐位或仰卧位，医者用推揉法、拿捏法放松痉挛的胸锁乳突肌，
4071	450000014	环枢关节半脱位推拿治疗	PBDA0201	寰枢关节失稳推拿治疗	次	患者坐位或仰卧位或侧卧位，医者用滚法、一指禅推法、弹拨法、揉法
4072	460000001	直肠脱出复位治疗	PBEA1401	直肠脱垂复位治疗	次	指Ⅰ、Ⅱ度直肠脱垂复位治疗。肛周消毒铺巾，肛周局部麻醉后，消毒
4073	460000001a	嵌顿疝复位治疗	KFN70901	耳石复位治疗	次	让受试者戴上红外摄像眼罩平卧于测试床上，不断变换体位，先行位置
4074	460000002	直肠周围硬化剂注射治疗	PBEA0302	完全性直肠脱垂双层硬化剂注射	次	指Ⅱ或Ⅲ度完全性直肠脱垂双层硬化剂注射治疗。肛周消毒铺巾，扩肛
4075	460000003	内痔硬化剂注射治疗(枯痔治	PBAA0304	中药热奄包治疗(特大)	部位	针对面积大于15厘米×15厘米的部位，辨证调配药物，将中药加热后，
4076	460000004	高位复杂肛瘘挂线治疗	PBEA1201	高位复杂肛瘘挂线治疗	次	指瘘道穿过或越过外括约肌深层及耻骨直肠肌的肛瘘挂线治疗术。肛周
4077	460000005	血栓性外痔切除术	PBEA0101	血栓性外痔切除术	次	肛周消毒铺巾，肛周局部麻醉后，用电刀切开皮肤，分离血栓并剥离，
4078	460000005a	简单血栓性外痔切除术	HPV73303	复杂肛瘘切除术	次	指肛门外括约肌低位，高位并存的，多瘘口的部位的肛瘘。肛门指诊，
4079	460000005b	复杂血栓性外痔切除术	HPV73303	复杂肛瘘切除术	次	指肛门外括约肌低位，高位并存的，多瘘口的部位的肛瘘。肛门指诊，
4080	460000006	环状混合痔切除术	PBEA0103	环状混合痔切除术	次	肛周局部麻醉后，肛周消毒铺巾，肛门直肠指诊，经肛门镜探查肛管直
4081	460000007	混合痔外剥内扎术	PBEA0401	混合痔外剥内扎术	每痔核	肛周局部麻醉后，肛周消毒、铺巾，肛门直肠指诊，经肛门镜探查肛管
4082	460000009	肛外括约肌折叠术	HHM83303	前庭沟加深术	次	应用局部组织，黏膜和皮片进行前庭沟加深，固定，止血。
4083	460000010	直肠前突修补术	HPU83301	感染性直肠前庭瘘修补术	单侧	截石位，备皮，探针寻找瘘管，沿瘘管分离至直肠前壁瘘管内口，切除

图7 语义匹配

问题1：模糊匹配标准过高

在编写程序过程中，在完成了第一版可以正常运行的程序后，我们首先遇到的问题是模糊匹配方法的匹配结果过少，漏匹配项目过多。本来我们的目的是通过精确匹配与模糊匹配，单独以名称作为计算目标，将名称完全一样与相似的项目全部匹配出来。但此时的模糊匹配无法完成该目的，源表与目标表中名称相似的项目有很多没有被匹配到。匹配项目数仅为2 681。

检查程序，我们发现出现该情况的原因是模糊匹配算法设置的精确度阈值过高，由于算法的原因，导致许多实际意思相同但名称不同的项目在程序的眼中被归为了不匹配，如“冷热湿敷”与“冷湿敷法”本是一样的，但未被匹配。我们解决的方法是调低精确度阈值。在多次尝试后，发现从原本的0.7调整至0.5为最合适的阈值，既能增多成功匹配数量到3 894，又不会出现错误匹配的情况。

4. 程序运行结果——模糊匹配改

源服务项目表总共有 5 383 个项目,使用修改后的模糊匹配,可以使源服务项目表中的 3 894 个项目成功与目标表中项目正确匹配。单独使用模糊匹配,匹配率 3 894/5 383 约为 72%,正确率为 99%。图 8 所示为模糊匹配输出的 Excel 表格部分截图。

62	12040000	经颈(股)静脉切开长期	HM262202	经皮穿刺股静脉长期透析管置	患者仰卧于手术台(或病床),局麻下穿刺股静脉,置入导丝,沿导丝置入血管扩张器,退出扩张器沿导
63	12040000	静脉切开拔管术	HM862301	静脉切开置管术	消毒铺巾,切开局部皮肤及皮下,游离出拟切开的静脉,两端绕阻断带,阻断并斜行切开静脉部分管壁
64	12040001	中心静脉穿刺置管术	HM262201	经皮穿刺股静脉置管术	患者仰卧于手术台(或病床),局麻下穿刺股静脉,置入导丝,沿导丝置入血管扩张器,退出扩张器沿导
65	12040001	中心静脉测压	FKA02202	人工中心静脉压测定	评估患者病情及体位等,核对医嘱及患者信息,解释其目的取得配合,确认中心静脉置管位置,测量外
66	12040001	动脉穿刺置管术	HL962202	外周动脉穿刺置管术	消毒,局麻,动脉穿刺置管,不含特殊定位方法。
67	12050000	大清创缝合	ABEA000	清创(缝合)术(大)	指符合下列任一情况者:严重污染伤口,软组织严重损伤,皮肤严重损伤或缺损,特殊感染伤口,二期
68	12050000	中清创缝合	ABEA000	清创(缝合)术(中)	指符合下列任一情况者:轻微污染伤口,软组织轻度损伤,皮肤轻度损伤或缺损,异物存在,伤口长度
69	12050000	小清创缝合	ABEA0001	清创(缝合)术(小)	指符合下列任一情况者:表浅切伤,裂伤,刺伤,伤口长度1-5厘米(含5厘米)等。消毒铺巾,清除血肿,
70	12060000	特大换药	ABFA000	换药(特大)	指符合下列任一情况者:特殊感染伤口,缝合30针以上伤口拆线,重度及特重度烧伤伤口,多个褥疮感
71	12060000	大换药	ABFA000	换药(大)	指符合下列任一情况者:感染伤口,缝合11-30针伤口拆线,中度烧伤伤口,多个褥疮,皮瓣移植物伤口
72	12060000	中换药	ABFA0002	换药(中)	指符合下列任一情况者:污染伤口,缝合3-10针伤口拆线,轻度烧伤伤口,单个褥疮,深静脉置管伤口
73	12060000	小换药	ABFA0001	换药(小)	指符合下列任一情况者:清洁伤口,缝合3针以内伤口拆线(含皮内连续缝合拆线)等。消毒铺巾,更换敷
74	12070000	雾化吸入	ABKA0001	超声雾化吸入	评估患者病情及呼吸系统状况等,核对医嘱及患者信息,解释其目的取得配合,用无菌注射器配制药物
75	12070000	氧气雾化吸入	ABKB0001	氧气雾化吸入	评估患者病情及呼吸系统状况等,核对医嘱及患者信息,解释其目的取得配合,用无菌注射器配制药物
76	12090000	胃肠减压	ABGA000	胃肠减压	根据病情需要连续观察,评估患者病情及腹部体征等,核对医嘱及患者信息,解释其目的取得配合,取
77	12090000	负压吸引	ABGC000	负压吸引器洗胃	评估患者病情,中毒程度及有无禁忌症等,准备洗胃液,核对医嘱及患者信息,解释其目的取得配合,
78	12090000	引流管引流	ABZG0001	引流管更换	更换无菌引流袋或引流装置,固定,观察患者生命体征,预防并发症,处理用物,记录,做好健康教育
79	12090000	封闭创面负压吸引	HYR45301	创面密封负压引流术	清创后,将创面用无菌敷料覆盖创面,将引流管置入合适位置引出体外,创面密封膜封闭创面,连接负

图 8 改进后模糊匹配

问题 2:没必要用两种匹配方法分别计算

本来我们使用精确匹配与模糊匹配两种方法,是希望他们可以相互补充。我们认为精确匹配的优势是绝对准确,模糊匹配的优势是匹配范围广。但在我们分别执行这两种匹配算法并且将匹配结果输出至 Excel 表格中时,通过对比两个结果表格,我们发现模糊匹配的匹配结果将精确匹配的全部结果都包含在内。

如果删除精确匹配程序,保留模糊匹配程序,就可以减少机器运算量。在面对更庞大的数据需要进行匹配时,这项改动对于运算效率的提升是巨大的。再加上精确匹配完全可以被模糊匹配所替代,所以我们决定删除精确匹配程序。

5. 最终程序运行结果

修改完成上述问题后,我们又对模糊匹配与语义匹配两种方法进行了数据分析,最终我们采用的匹配方法为模糊匹配+语义匹配:先使用模糊算法对表中数据进行一遍匹配,完成模糊匹配后就将表中已完成匹配的 3 894 个数据剔除,剩下的 1 489 个数据进行语义匹配。因为模糊匹配的正确率很高,而语义匹配的匹配范围更广,使用该匹配方法可以在保证正确率的基础上提升匹配范围。

在完成程序修改后,这个程序最终可以使源服务项目表中的 3 894+652=4 546 个项目成功与目标表中项目正确匹配。可以达到的匹配率约为 85%,正确率约为 94%,从开始执行到输出匹配结果表格总共耗时 5 分 50 秒。

五、结论与展望

本项目为医疗数据文本的查找匹配的发展做出一定贡献:在各个医疗机构数据库中记录同一或近似医疗数据描述和分类不同、字段不同的情况下对医疗数据记录进行检索匹配。通过数据表读写;jieba 中文文本分词,文本编码、文本检索匹配,能够自动地将两个不同机构之间独立的数据进行检索匹配,以便于创建融合的数据库;通过深度学习对文本进行准确编码,使文本可以作为数学信息有效地被录入和使用;通过文本编码和相关性分析的技术手段，将拥有近似特征描述的医疗数据匹配到一起；通过精确匹配、模糊匹配、语义匹配进行数据匹配，对几种算法进行独立执行并筛选匹配结果提高匹配的准确度；收集和整理不同医疗机构的数据库，建立深度学习医疗机构数据库文本编码训练样本集，为医疗数据的资源统计与分配提供基础和便利，提高了大规模需求出现时的资源调配效率。

在今后的探索路线中，我们会以提高语义匹配的正确率为目的进行研究。语义匹配由于词语训练库与医疗文本契合度一般的原因，导致训练结果不能做到非常准确。所以我们以后的改进方向就是继续对 Word2vec 算法进行改良，尝试编写程序，并且上网搜索专业的医疗文本作为我们自定义的语料库（与医疗方面契合的语料库）进行训练，尝试使语义匹配的正确率更高。

参考文献

[1] 曾小芹.基于 Python 的中文结巴分词技术实现[J].信息与电脑，2019，(18)：38-39＋42.

[2] 金博，史彦军，滕弘飞.基于语义理解的文本相似度算法[J].大连理工大学学报，2005，45(2)：291-297.

[3] 张振亚，王进，程红梅，等.基于余弦相似度的文本空间索引方法研究[J].计算机科学，2005，32(9)：160-163.

[4] Ayyadevara V K.Word2vec.In：Pro Machine Learning Algorithms.Apress，Berkeley，CA.2018：167-178.

[5] Xin Rong.word2vec Parameter Learning Explained[EB/OL].[2016-6-5]https://arxiv.org/abs/1411.2738v4.

[6] 王坤.面向中文医疗问题检索的语义匹配技术研究[D].上海：华东师范大学，2019.

[7] 亢阳阳.基于语义分析的医疗信息搜索引擎的研究[D].北京：北京工业大学，2017.

[8] Niwattanakul S，Singthongchai J，Naenudorn E，et al.Using of Jaccard Coefficient for Keywords Similarity[A].IMECS.Proceedings of the International MultiConference of Engineers and Computer Scientists 2013 Vol I[C] HongKong：IMECS，2013.

作者简介

冯启宁，男，本科生，就读于北京信息科技大学信息与通信工程学院电信 1903 班。

潘建军，女，副教授，北京信息科技大学信息与通信工程学院电子信息工程系教师，主讲《数字图像处理》《MATLAB 及其应用》《DSP 原理与应用》和《信息论基础》四门课程，多次负责和指导《数字图像处理综合实践》和《DSP 原理与应用课程设计》两门独立实践环节。主要科研领域为数字图像处理、深度学习、人工智能。

姚彦鑫，女，教授，研究生导师，北京信息科技大学信息与通信工程学院电子信息工程系教师，长期从事数据结构与算法的教学，主要科研领域为智能信号与信息处理，网络优化。

周子璎，女，本科生，就读于北京信息科技大学信息与通信工程学院电信 1902 班。

刚元朔，男，本科生，就读于北京信息科技大学信息与通信工程学院电信 1903 班。

李伯涵，男，本科生，就读于北京信息科技大学信息与通信工程学院电信 1903 班。

智能控制农田作业

樊雅鑫　单吉祥　贾耕垚　高鑫辰　张家义　杨茜媛　王亚飞

(北京信息科技大学信息与通信工程学院,北京,100101)

摘　要：互联网、云平台、蓝牙等技术能实现农业的智能监控、感知、预警,将农业智能化,数据化,科学进行农业活动。基于云平台技术的智慧农业方案,成本低,控制简单,可通过手机进行农业活动。具有播种、控制光照、控制温度、灌溉的功能。

关键词：智慧农业;云平台;播种机

Intelligent control of farmland operation

Fan Yaxin　Shan Jixiang　Jia Gengyao　Gao Xinchen
Zhang Jiayi　Yang Xiyuan　Wang Yafei

Abstract: Internet, cloud platform, Bluetooth and other technologies can realize the intelligent monitoring, perception and early warning of agriculture, intelligentize and digitize agriculture, and carry out agricultural activities scientifically. The smart agriculture scheme based on cloud platform technology has low cost and simple control, and can carry out agricultural activities through mobile phones. It has the functions of sowing, controlling light, controlling temperature and irrigation.

Key words: Smart agriculture; Cloud platform; Seeder

一、绪论

近年来,随着互联网、人工智能、信息技术以及物联网的快速发展,全球产业逐渐向数字化、智能化方向发展,传统农业也不断与新兴科技技术结合,逐渐向精准农业、智慧农业转变。由于农业从业人员的老龄化和人数减少,施肥、打药灌溉、修剪、采摘播种等操作设备亟需智能化升级改造,不仅缓解了我国劳动力不足的问题,同时促进农业生产精细化、高效化以及农业可持续发展,加强建设农产品溯源系统,有利于保障我国的农业安全[1]。

本项目针对这一问题,设计一款小规模农田作业的智能装备,实现自动灌溉、控制与监测温度湿度及光照、智能施肥、打药、播种,进行农业数据采集,科学的育种育苗。增强农业智能化、可视化、弥补人力的短板,做到智能控制农田作业,从而使农业更加科学精准化。

二、总体方案

本系统由STM32F103C8T6单片机核心板、2.4寸TFT彩屏、WiFi模块、土壤湿度检测模块、DS18B2温度检测模块、光照检测电路、烟雾检测电路、高亮LED灯电路、蜂鸣器报警电路、继电器驱动电路、按键电路组成。

1. 硬件介绍

（1）TRSD土壤湿度传感器模块

本项目选择TRSD土壤湿度传感器来检测土壤的湿度，通过电位器调节土壤湿度控制阈值，可以实现自动检测控制土壤湿度，从而实现自动浇水。土壤湿度传感器表面采用镀镍处理，加宽传感器面积、提高导电性能、防止接触土壤易生锈的问题、延长使用寿命的作用。TRSD土壤湿度传感器如图1所示。

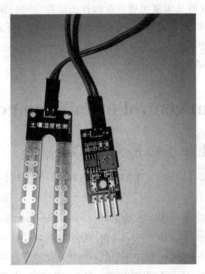

图1　TRSD土壤湿度传感器

（2）WiFi模块

ESP8266模块具有超低功耗，可将用户的物理设备连接到WiFi无线网络上，进行互联网或局域网通信，故而本项目选择其来实现联网功能。ESP8266 WiFi模块如图2所示。

图2　ESP8266 WiFi模块

（3）DSP18B20温度传感器模块

DSP18B20体积小、硬件开销低、抗干扰能力强、精度高的特点，故本项目选择其作为温度传感器模块，实现对周围环境温度的采集。DSP18B20温度传感器如图3所示。

（4）STM32 核心板

本项目选择 STM32 作为核心电路设计，实现本设计功能的前提下提供更丰富的接口和功能，以便于设计实验系统各实验项目所需的外围扩展电路。STM32 核心板如图 4 所示。

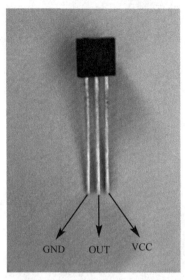

图 3　DSP18B20 温度传感器

图 4　STM32 核心板

2. 软件介绍

（1）设置阈值、状态

```
#include "my_include.h"
#define MAX_SET_SIZE 5
u16 setParaTab[MAX_SET_SIZE] = {0,50,32,35,20};//要设置的阈值 顺序为 0-空白非
                                                设置状态 1-光照 2-温度 3-湿度
                                                4-烟气 5-空 6-空

unsigned char setParaCount = 0;         //当前要设置的变量在数组中位置
unsigned char setMode = 0;              //设置模式
unsigned char updataDis = 1;            //需要更新显示标志
unsigned char buzzerFlag = 0;           //蜂鸣器报警状态
char dis0[50];                          //液晶显示暂存数组
char dis1[128];                         //液晶显示暂存数组
#define F_SIZE        16
#define
MyLCD_Show(m,n,p)
LCD_ShowString(LCD_GetPos_X(F_SIZE,m),LCD_GetPos_Y(24,n),p,F_SIZE,false)
#define ALLPARA_START_Y 3
u16 nowHuim = 0;                        //湿度
u16 nowLigh = 0;                        //ad 采集结果 光照值
u16 nowYq = 0;                          //co 或者 烟雾值
```

```c
float nowTemp = 0;
unsigned char disFlag = 0;                      //更新显示
u8 rememberTiemSe = 0xff;   //记录当前秒数据,数据没有变化不更新显示,因为lcd
                            更新显示很浪费时间
```

(2) 设置初始化液晶

```c
void initLcdDisplay(void);                      //初始化液晶显示
void scanKeyAnddealKey(void);
void displayOfCollectedData(void);

void write_FlashBuf(void);
void read_FlashBuf(void);
void init_FlashBuf(void);
void keySetTime( void );
void keySetNetIpPortInitEsp8266( void );
void MakeSureLinkSuccess (void);
int main(void)
{
    USARTx_Init(USART1,9600);                   //初始化串口及波特率
//  USARTx_Init(USART2,2400);
    My_RTC_Init(false);                         //初始化 rtc
    My_ADC_Init(ADC1);
    My_KEY_Init();
    My_LED_Init();                              //输出初始化

    init_FlashBuf();                            //初始化 flash 中数据
    if(My_DS18B20_Init(PA5)){printf("18B20 exist");}    //1602显示第一行
    relay = 1;led_gl = 0;led_bw = 0;My_LEDBlink(PA0,BEEP_ON,1,100,300);
                                                //上电硬件动作下
    delay_ms(200);
    relay = 0;led_gl = 1;led_bw = 1;
    LCD_Init();                                 //tft 初始化
    LCD_Clear(Color16_BLACK);                   //清全屏
    BACK_COLOR = Color16_BLACK;FRONT_COLOR = Color16_LIGHTBLUE;
    keySetTime();           //进入按键设置时钟,如果是在无线通信的情况下,该按
                            键设置可以取消
    keySetNetIpPortInitEsp8266();   //进入按键设置时钟,如果是在无线通信的情
                                    况下,该按键设置可以取消
    initLcdDisplay();                           //上电初始化显示内容
    while(1)
```

```
        {
            scanKeyAnddealKey();              //按键扫描及处理
            if(disFlag = = 1)                 //更新显示
            {
                disFlag = 0;
                FRONT_COLOR = Color16_LIGHTBLUE;
                if(rememberTiemSe! = calendar.second)   //时间发生了变化,更新显示
                {
                    rememberTiemSe = calendar.second;   //记录此刻时间
                    sprintf((char*)dis0,"%04d-%02d-%02d %02d:%02d:%02d %d ",
calendar.year,calendar.month,calendar.day,calendar.hour,calendar.minute,calendar.second,
calendar.week);                                //年月日周
                    MyLCD_Show(4,1,dis0);     //显示
                }
```

三、系统设计

(一)云平台搭建与用户终端设计

智慧农业是大数据概念下产生的新型农业形式,能用云平台进行数据的智能化管理[2]。智慧农业云平台主要应用物联网、云数据技术,选取各种功能的传感器,实时的采集种植区域的光照、风速、温度、土壤温湿度等信息,将采集到的信息上传到云平台,数据同步至智慧农业平台 App,通过数据的分析与处理,帮助用户科学分析作物的生长状况。

智能控制农田系统主要获取农作物区域的时间、地点、气候、环境、病虫害状况、土壤温湿度等数据,通过对比分析,判断出近期农作物生长的状态,是否需要认为干预,从而进一步对智能大棚做出调节,使作物生长环境达到理想状态。

1. 云平台

本项目使用的云平台是物联网云平台,实现了实时采集农田数据、实时向终端传送数据以及查询历史数据。先登录物联网云平台,注册智慧大棚项目,对项目进行相关的配置,最后发布项目,即可实现在云平台中查看传感器的相关数据,同时,也可以在手机终端查看传感器数据。

(1)注册机智云账号,进入开发者中心页面,创建智慧农业;
(2)设置新的名称,选择分类,技术分类选择 WiFi 方案;
(3)定义数据点描述智慧农业需要的相关参数;
(4)机智云根据硬件使用的方案,自动生成 MCU 开发中的代码,自动实现通信协议的解析;
(5)登录平台测试验证。

2. 手机终端

考虑到主要面向的用户是农民,当用户对计算机使用不熟悉时,可使用手机客户端 App,从而方便用户下载和使用。

用户需要下载一个智能大棚 App,使用 WiFi 连接智能大棚,用户可以查看到实时的数据,以及更改阈值,实现了远程设置参数,方便、简洁、易于操作。

(二)硬件系统设计及数据分析

1. 智能大棚系统设计

智能大棚系统包括三个部分:STM32 主控芯片、各种检测控制环境的传感器模块以及各种外设,通过这三个部分的相互配合与调节,可以实时地监控大棚的内部环境,当某一个不利的因素产生时,大棚会给予反馈并进行自动调节,使得这一因素恢复正常。

灌溉系统设计有两种控制方式:自动控制和手动控制,用户可以随意切换这两种方式。若当前为手动方式时,用户通过登录进入智慧农业云平台 App,手动控制灌溉系统开和关;当选择自动控制方式时,根据用户制定的灌溉计划,以及数据采集系统自行分析农作物需水肥的情况,将对相应的灌溉设备发送灌溉控制指令,从而进行自动灌溉。

2. 硬件系统性能分析

(1) DS18B20 温度传感器模块电路设计

DS18B20 是常用的数字温度传感器,其输出的是数字信号,具有体积小、硬件开销低、抗干扰能力强、精度高的特点。图 5 所示为利用温度传感器模块监测 2021 年 11 月初某日的温度变化。

时间	7:00	9:00	11:00	13:00	15:00	17:00	19:00	21:00
温度	5	8	13	16	18	15	11	9
11月初某日温度变化								

图 5　11 月初某日温度变化

(2) TRSD 土壤湿度传感器模块电路设计

在本设计中选择土壤湿度传感器来检测土壤的湿度,通过电位器调节土壤湿度控制阈值,可以自动对菜园、花园以及花盆土壤湿度进行检测控制,从而实现自动浇水。

模拟降水实验:随降水量的增加,土壤湿度百分比逐渐增加,湿度传感器功能完好,如图 6 所示。

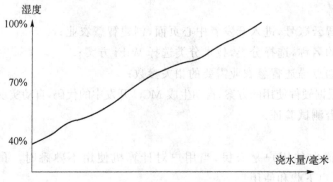

图 6　模拟降水实验

（三）播种机的外形设计

1）播种机主要机构地轮

（1）图 7 所示为地轮的三视图，主要结构包括鸭嘴、外壳、内壳、轴。

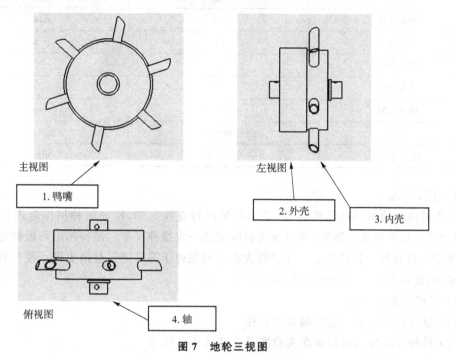

图 7　地轮三视图

（2）图 8、图 9 所示为地轮的立体图和刨面图。

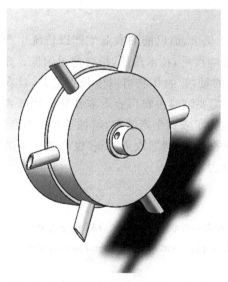

图 8　地轮立体图

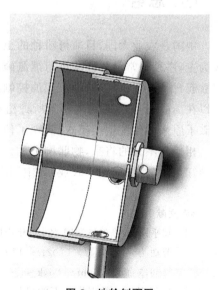

图 9　地轮刨面图

2）播种机地轮主要技术参数

播种机地轮主要技术参数如表1所示。

表1 播种机地轮主要参数

参数	数值	单位
外盖直径	200	mm
内盖直径	180	mm
鸭嘴个数	6	个
作业速度	0.1	m/s
播种行距	30～50	mm
转速	10～30	r/min
鸭嘴可进深度	10～20	mm

3）工作原理

工作时由电池带动电动机运转，使播种机进行直线运动，推动播种机地轮进行周转运动，使种子通过自重落入鸭嘴，并且通过鸭嘴完成一次播种任务。播种间距可根据地轮大小和鸭嘴均匀分布的个数做决定。而鸭嘴大小可根据种子需求进行自由更换。使其具有良好的互换性，使用范围增加，增加经济效益。

4）播种机参数设计

（1）播种间距等于几倍的端盖的直径。

（2）播种深度可以根据多次实验测量并且运算平均值。

四、总结

中国是农业大国，目前可耕种的土地约为18.51亿亩，而以前的农业生产以传统生产模式为主，耕种通常是凭经验进行灌溉施肥，受环境影响严重，技术落后，粮食产量偏低。如今建立起智慧农业，可以科学严谨的控制灌溉与施肥的量，让农作物可以生长得更好，且农民可以在App上面实时地观察到所种植物的状态，不需要随时去农田查看农作物。智慧农业打破了原来的传统生产模式，实现了信息化管理，提高了农业生产效率，增加了粮食的产量。

相信在不久的将来，物联网下的云平台会更加的成熟，智慧农业App也会被更多的人所熟知，会广泛地应用于农业，为中国农业发展贡献力量。

参考文献

[1] 知乎网,前瞻经济学网.《2021年中国智慧农业行业市场现状与发展前景分析 能够有效解决我国劳动力不足问题》.(2021.6.15)［2022.1.23］.https：//xw.qianzhan.com/analyst/detail/220/210615-c6d6924e.html? ivk_sa=1024320u.

[2] 孙莉.基于大数据模式下的智慧农业云平台解决方案的探讨[J].信息记录材料,2021,21(1)：138-139.

[3] 刘洋,张钢,韩璐.基于物联网与云计算服务的农业温室智能化平台研究与应用[J].计算机应用

研究,2013,30(11):3331-3335.

[4] 腾讯网.《中国为何要搞智慧农业:不仅解决粮食问题,更是解决竞争力问题》.(2021.9.18)[2022.1.23].https://view.inews.qq.com/a/20210917A05V0G00.

[5] 张娅琳,吴伟强,赖靖豪.基于WiFi的环境信息云平台检测系统设计[J].物联网技术,2021,11(10):26-29.

作者简介

樊雅鑫,女,本科生,就读于北京信息科技大学信息与通信工程学院通信1901班。
单吉祥,女,本科生,就读于北京信息科技大学信息与通信工程学院通信1901班。
贾耕垚,女,本科生,就读于北京信息科技大学信息与通信工程学院通信1901班。
高鑫辰,男,本科生,就读于北京信息科技大学机电工程学院机电1901班。
张家义,男,本科生,就读于北京信息科技大学信息与通信工程学院通信2001班。
杨茜媛,女,学士,实验员,就职于北京信息科技大学信息与通信工程学院。
王亚飞,男,博士,高级实验师,就职于北京信息科技大学信息与通信工程学院。

实培计划——毕设科研类

实验分析法——卡方检验法

基于LabVIEW的雨滴谱仪数据处理软件设计[①]

徐叶枫[1]　焦瑞莉[1]　黄敏松[2]

（1.北京信息科技大学信息与通信工程学院,北京,100101）
（2.中国科学院大气物理研究所 云降水物理与强风暴实验室,北京 100099）

摘　要：本项目研究了雨滴谱仪数据处理软件的设计。它包括读取、解压缩、数据处理、存储和显示。其困难在于数据解压缩和软件架构的设计与实现。该软件应用数字图像处理技术,基于LabVIEW对双线阵激光雨滴谱仪所测雨滴数据进行处理,实现从数据文件到粒子图像的显示,将获取的降水粒子的信息和几何参量进行存储,并将获取的降水强度、降水粒子形状、降水类型、降水粒子谱型的气象信息显示在软件的前面板。测试结果表明,该软件完全满足了系统的要求,可以应用于云降水等大气科学相关领域的研究。

关键词：降水粒子；数据处理；图像显示；LabVIEW

Design of Data Processing Software for Raindrop Spectrometer Based On LabVIEW

Xu Yefeng　Jiao Ruili　Huang Minsong

Abstract: This paper studies design of data processing software for raindrop spectrometer. It includes reading, decompression, data processing, storage and display. The difficulties are data decompression and the software architecture design. This software applies digital image processing technology to process the raindrop data measured by dual-line raindrop spectrometer data processing software (DRDPS) based on LabVIEW, realizes the display from data file to particle image, stores the obtained information and geometric parameters of precipitation particles, and the obtained meteorological information of precipitation intensity, precipitation particle shape, precipitation type and precipitation particle spectrum is displayed in the front panel of the software. The test results show that the software meets the system requirements completely and can be applied to the research of cloud precipitation and other atmospheric science relevant fields.

Key words: Precipitation particles; Data processing; Image display; LabVIEW

一、介绍

降水是大气水循环中的主要环节,而降水粒子谱型、降水粒子形状、降水类型、降水强度

[①] 项目来源类别：中国科学院科研仪器设备研制项目

等相关气象信息对于云降水物理的科学认识、天气雷达地面标定、无线电通信和导航系统中的通道选择等方面均有着重要的作用。而且降水粒子的数量非常多,每次采集到的雨滴观测数据量很大,所以雨滴谱仪会对所采集到的降水粒子图像数据进行压缩后,再传送到计算机上显示储存。

雨滴谱仪数据处理软件能打开雨滴观测数据文件,对降水粒子的压缩数据进行解压缩,并对雨滴观测数据进行分析处理和保存,最终获取降水强度、降水粒子形状、降水类型、降水粒子谱型等相关的气象信息。因此,所编写的软件将会有助于双线阵激光雨滴谱仪所测数据在云降水物理学等相关领域的应用,从而促进相关学科领域的发展。

本项目介绍了利用 LabVIEW 开发平台实现雨滴谱仪软件的设计。

二、需求分析与架构设计

雨滴谱仪数据处理软件的功能是读取文件、解压缩、数据处理、数据存储和显示。详细功能如下:

(1) 运行软件时,会自动弹出对话框,用户选择需要分析的雨滴观测数据,自主输入起始帧号、需要分析的数据帧数、起始粒子 ID 和降水粒子个数。

(2) 软件会对所选的雨滴观测数据进行简单的处理后,将提取的降水粒子图像的压缩数据按照双线阵激光雨滴谱仪的数据格式进行解压缩,解压后的数据用于显示降水粒子的图像。

(3) 软件可以进行降水粒子图像几何参量和降水粒子信息数据的提取与计算,并将提取计算的降水粒子信息和降水粒子几何参量存储在所选的 Excel 表格里面。

(4) 软件能够利用获取的降水粒子图像几何参量和降水粒子信息等数据计算得出降水量、雷达反射因子和降水粒子谱等云降水物理参量。

(5) 软件运行完成后,软件的前面板会显示降水粒子图像、降水强度、降水粒子形状、降水类型和降水粒子谱型气象信息及所选降水粒子的时间段。

基于 LabVIEW 的雨滴数据处理软件总体的设计方案流程如图 1 所示。分别为读入雨滴数据、图像显示、提取参量并存储、获取相关气象信息四个部分。

图 1 雨滴数据处理软件总体设计方案

而这四部分按照具体的需求又细分成 12 个功能模块,根据这一点软件的设计采用了模块化的编程思想,即按照需要的功能把不同功能需求设计封装成可单独运行的程序模块,最终编写软件主程序时只需要将各个程序模块有机地连接在一起,组合成完整的程序。每个模块的具体功能如表 1 所示。这种设计思想提高了软件程序编写的速度、可维护性和可靠性,有利于以后可以方便扩展软件的功能及方便对软件进行维护、调试和升级。

表 1 模块功能列表

序号	模块名称	功能
1	有效降水粒子数据提取模块	提取降水粒子的有效数据
2	图像压缩数据提取模块	从有效降水粒子数据提取模块中所获取的有效降水粒子数据,在该数据中提取属于降水粒子图像的压缩数据的部分
3	图像数据解压缩模块	将图像压缩数据提取模块中获取的降水粒子图像的压缩数据按照双线阵激光雨滴谱仪的数据格式,逐个字节进行解压缩并输出
4	雨滴图像显示模块	将图像数据解压模块中解压出来的降水粒子图像显示对应的数据用于降水粒子图像显示
5	粒子几何参量提取模块	根据图像数据解压缩模块中所获取的降水粒子图像显示对应的数据进行提取并计算粒子图像的几何参量
6	粒子信息获取模块	利用有效降水粒子数据模块所获取的有效降水粒子数据,对降水粒子自身的参量进行提取计算
7	参量存储模块	把提取粒子几何参量模块和获取粒子信息模块的 13 个参量存储在 Excel 表格里,可供后面的研究和数据再加工等需要
8	降水强度获取模块	获取降水强度
9	降水粒子形状获取模块	获取降水粒子形状
10	降水类型获取模块	根据降水强度模块计算的降水量在经过一系列计算,得到的值与 38 比较大小得出降水类型
11	降水粒子谱型获取模块	获取降水粒子谱型
12	时间显示模块	利用粒子信息获取模块中降水粒子的绝对时间,将所选降水粒子的时间段显示出来

主程序显示在图 2 中。通过调用子 VI(如解码和二进制图像显示),它实现了所需的功能。

三、前面板设计

本项目所设计的基于 LabVIEW 的雨滴谱仪处理软件的前面板如图 3 所示。软件的前面板主要分为两个部分,左半部分为降水粒子图像显示;右半部分为输入控件、文件路径及相关气象信息的显示。当软件运行后,会弹出多个对话框,分别用于选取所需读取分析的雨滴观测数据文件;输入起始帧号、需要分析的数据帧数、起始粒子 ID 和降水粒子个数;选择降水粒子信息参量所要存储的 Excel 表格。从图 3 中可以看出软件所实现的功能为读取所选的分析时段以及获取降水粒子图像、降水粒子谱型、降水类型、降水强度和降水粒子形状。

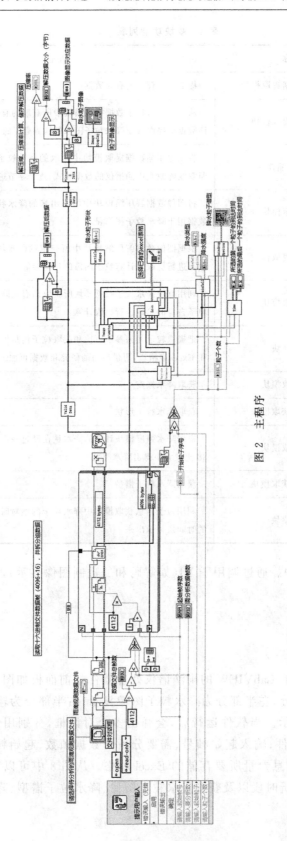

图 2　主程序

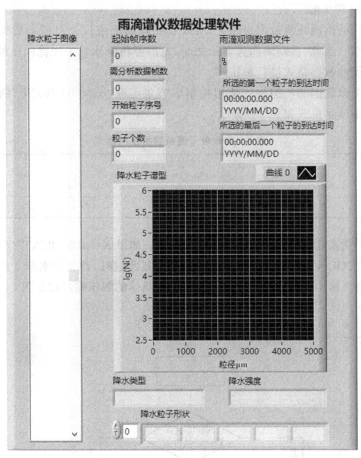

图 3　前面板

四、主功能模块的设计

1. 有效降水粒子数据提取

有效降水粒子数据提取模块是该软件的核心。图像压缩数据提取模块和粒子信息获取模块是基于有效降水粒子数据提取模块的。

一个有效的降水粒子数据包含三个部分：降水粒子图像的压缩数据、间隔标记"55AA"和降水粒子自身的信息数据。降水粒子数据的信息格式如表2所示。间隔标记"55AA"前的 X 个字节数据是降水粒子自身的图像压缩数据（每个降水粒子的图像压缩数据大小可能不同），解压缩后的降水粒子图像数据用于显示降水粒子图像和降水粒子图像几何参量提取计算；而间隔标记"55AA"后的14个字节的数据则是降水粒子的信息数据，用于获取该降水粒子的通过时间、三个电压信息和降水粒子到达的绝对时间。

表 2　单个降水粒子数据的信息格式

粒子图像压缩数据	间隔标记	粒子自身信息数据
X 个字节	55AA	14 个字节

2. 图像数据解压缩

由于采集到的雨滴观测数据量很大,所以双线阵雨滴谱仪会对所采集到的降水粒子图像数据进行压缩。因此,在雨滴图像显示之前,先需要将降水粒子图像的压缩数据按照双线阵激光雨滴谱仪的数据格式进行解压缩。

降水粒子图像数据的压缩格式使用控制字节来压缩"0x00"或"0xFF"的连续字节。降水粒子图像数据压缩格式如表 3 所示。

表 3　降水粒子图像数据压缩格式

1字节	
Bit 7	Bit6:0
X	COUNT(≤63)

控制字节分为高 1 位"XX"和低 7 位"COUNT"。如果 X=0,"COUNT"字节"N×00"被写入;如果 X=1,"COUNT"字节"N×FF"被写入。重复此过程,直至降水粒子图像显示对应的数据全部循环解压输出。其中 N=[COUNT+1]。具体的解压缩过程如图 4 所示。

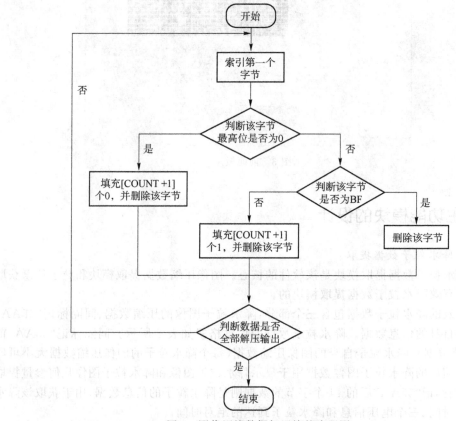

图 4　图像压缩数据解压缩的流程图

3. 图像显示

降水粒子图像显示对应的数据由 0 和 1 组成。将降水粒子图像显示对应的数据转换成一维布尔数组,FALSE 对应 0,TRUE 则对应 1。然后以 64 bits 大小为一行,组成一个二维布尔数组,通过 LabVIEW 的"平化像素图"转换为图像数据的二维数据数组,最后通过 LabVIEW 的"绘制平化像素图"输出一幅二进制的降水粒子的图像。

4. 参量存储

参量存储模块就是把提取粒子几何参量模块和获取粒子信息模块的 13 个参量通过 LabVIEW"写入带分隔符电子表格"存储在 Excel 表格里,可供后面的研究和数据再加工等需要。

五、软件测试

测试结果如图 5 所示。

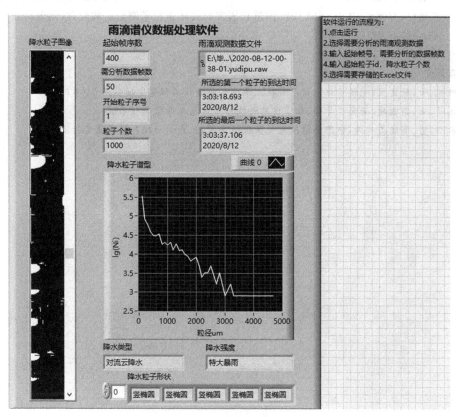

图 5 测试结果

通过软件能正确实现降水粒子压缩数据的解压缩,并进行二进制图像的显示,同时它能对提取的参量进行存储。并利用存储的参量进行一些数据处理。

六、结论

本项目研究了基于 LabVIEW 的双线阵雨滴数据处理软件。测试结果表明,软件能够完成降水粒子数据文件读取、解压缩、数据处理、存储和粒子图像显示。它完全满足系统要求。本软件已注册软件版权,注册号为 2021SR1122207。

参考文献

[1] Jiao R, Li C, Chen J, et al."Design of host computer software for cloud particle measurement system," 2012 9th International Conference on Fuzzy Systems and Knowledge Discovery, doi: 10.1109/FSKD.2012.6234060, 2012: 2905-2908.

[2] Löffler-Mang M, Joss J. An optical disdrometer for measuring size and velocity of hydrometers [J]. Journal of Atmospheric and Oceanic Technology, 2000, 17(2): 130-139.

[3] Kruger A, Krajewski W F. Two-dimensional video disdrometer: A description[J]. Journal of Atmospheric and Oceanic Technology, 2002, 19(5): 602-617.

[4] Marshall J S, Palmer W M. The distribution of raindrops with size[J]. Journal of the Meteorology, 1948, 5(4): 165-166.

[5] 黄敏松, 雷恒池, 基于 LabVIEW 图形化语言的云降水粒子图形回放软件, 气象科技, 2015, 43(6): 1074-1078.

作者简介

徐叶枫, 女, 研究生, 就读于北京信息科技大学信息与通信工程学院通信研 2101 班。

焦瑞莉, 女, 副教授, 研究生导师, 北京信息科技大学信息与通信工程学院。

黄敏松, 男, 高级工程师, 中国科学院大气物理研究所, 云降水物理与强风暴实验室。

基于高分辨率云粒子成像仪的过冷液滴识别[①]

常星[1]　焦瑞莉[1]　黄敏松[2]

(1. 北京信息科技大学信息与通信工程学院,北京,100101)

(2. 中国科学院大气物理研究所 云降水物理与强风暴实验室,北京 100099)

摘　要:云中过冷液滴无论在云降水物理与人工影响天气研究领域,还是在飞机结冰研究领域都是一个重要的研究对象,对其微物理特性进行测量目前主要依赖飞机观测。高分辨率云粒子成像仪是目前机载云粒子成像观测领域的一个重要仪器,利用该仪器可对云中粒子进行高分辨率成像,可以较为准确地辨析云中粒子图像形状,但该仪器只是对云中粒子进行成像,并不对粒子的相态进行鉴别,因此如何实现对该仪器所测粒子图像进行相态鉴别成了该仪器所测数据在过冷液滴研究应用的关键。

本项目使用卷积神经网络对高分辨率云粒子成像仪所测云中粒子相态进行鉴别,通过创建过冷液滴图像数据集构造一个三层卷积神经网络模型来对过冷液滴图像进行识别。经仿真实验表明卷积神经网络的准确率高达99.5%,比传统圆形度的识别准确率增加了32.5%,比现有的傅里叶描述子检测提高了3.5%,可辅助云降水物理与人工影响天气和飞机结冰研究。

关键词:过冷液滴;高分辨率云粒子成像仪;卷积神经网络;图像识别

Supercooled droplet recognition based on high resolution cloud particle imager

ChangXing　Jiao Ruili　Huang Minsong

Abstract:Supercooled droplet in cloud is an important research object in the field of cloud precipitation physics and weather modification, as well as in the field of aircraft icing. High resolution cloud particle imager is an important instrument in the field of airborne cloud particle imaging and observation. Using this instrument, particles in the cloud can be imaged with high resolution, and the image shape of particles in the cloud can be discriminated more accurately. However, this instrument only images particles in the cloud, and does not identify the phase state of particles, Therefore, how to realize the phase identification of the particle images measured by the instrument becomes the key to the application of the data measured by the instrument in the study of supercooled droplets.

In this project, CNN is used to identify the phase state of particles in the cloud measured by high-resolution cloud particle imager, and a three-layer CNN model is constructed to identify the supercooled droplet image by creating the supercooled droplet image data set. The simulation results show that the accuracy of CNN is as high as 99.5%, which is 32.5% higher than the traditional roundness recognition accuracy, and 3.5% higher than the existing Fourier descriptor detection. It can assist the research of cloud precipitation physical and artificial weather and aircraft icing.

Key words:supercooled droplets; high-resolution cloud particle imager; CNN;　image recognition

---

① 项目来源类别:国家自然科学基金青年基金项目(41705142)

一、引言

混合相云中的过冷水对云顶的辐射起着重要作用,也是人工影响天气的重要对象和阻碍飞机安全飞行的重要因素[1]。人工影响天气是指为避免或者减轻气象灾害,合理利用气候资源在适当条件下通过科技手段对局部大气的物理过程进行人工影响,实现增雨雪、防雹、消雨、消雾、防霜等目的的活动。云中过冷液滴无论是在云降水物理与人工影响天气研究领域还是在飞机结冰研究领域都是一个重要的研究对象,对其微物理特性进行测量目前主要依赖飞机观测。高分辨率云粒子成像仪是目前机载云粒子成像观测领域的一个重要利器,利用该仪器可以对云中粒子进行高分辨率成像,可以较为准确地辨析云中粒子图像形状,但该仪器仅是对云中粒子进行成像,并不对粒子的相态进行鉴别,因此如何实现对该仪器所测粒子图像进行相态鉴别成了该仪器所测数据在过冷水滴研究应用的关键。在云中过冷液滴识别的研究中,Greg McFarquhar 等人提出利用粒子的圆形度对过冷液滴进行识别[2]。

卷积神经网络是目前图像识别分类领域准确率最为成功的方法之一,在过去的 10 年里已经在社会的各行各业得到了广泛的应用,但将卷积神经网络应用到云中粒子相态识别,尤其是对高分辨率云粒子成像仪所测的云中粒子图像进行相态鉴别还未见诸报端,因此,本项目拟利用卷积神经网络对高分辨率云粒子成像仪所测云中粒子相态进行鉴别,以提高过冷液滴识别的准确性。

二、基本模型建立

1. CNN 模型搭建与训练

本项目所搭建的模型为一个三层卷积模型。定义好需要建模文件夹的路径,文件夹内有和用户定义的分类种类数量一样的子文件夹,子文件夹内是提前分好类的图像。本项目拟将粒子图像分为两类,分别为球形和非球形,把上述文件夹读入程序。从训练图像里随机选择 20 张图片展示出来,以证明路径正确以及程序到这里时没有报错。在程序中提前设置一个 percent 变量,这个变量用于把样本集分成训练集和测试集,本项目将 percent 设置为 0.75 也就是 75% 的训练集和 25% 的测试集。在这之后生成一个随机数种子,因为从理论上来讲每次分割测试集和训练集都是随机的,我们无法重现曾经的分类方式,但是每次随机的分配方式对应的随机数种子是固定的,我们可以通过这个随机数种子对程序进行重现或者对内容进行调试,所以使用随机数种子。在使用随机数种子的情况下,每个随机数种子对应的划分方式都是固定的,相当于产生一个固定的随机数。通过这个数就可以复现之前训练集和测试集的分类方式。读取图像训练集,并存储图像的高、宽以及路径信息,方便接下来使用。

设置卷积核大小和卷积核层数,本项目选用[5×5],32 层卷积核。输入层输入上面存储的图像的高、宽、路径等信息。本项目建立的模型含有三个卷积层和三个池化层以及两个全连接层,池化层选用最大池化,在每次进行过卷积层之后,特征图会在边缘进行长度为 2 的填充以保证边缘数据不丢失。一个卷积核会输出一个特征图,有几个卷积核就会输出几个特征图,这些特征图一起构成了特征图谱。设置激活函数,本项目选用 ReLU 作为激活函数。

本项目有两个全连接层。第一个完全连接的层,有 400 个输出神经元,每一个神经元就会有一个输出,所以一共有 400 个输出,相当于对卷积层输出的特征图谱进行了降维。第二个全连接层有两个输出神经元,这个全连接层使输入为 400,输出为 2 的全连接层,网络必须生成 2 个信号,这些信号可用于测量输入图像是否属于某一类别或另一类别。添加损失层和分类层。最后一层使用全连接层的输出来计算图像类上的分类概率分布。在训练过程中,所有网络权重都会被调优,以最小化这种分类分布的损失。

把上面建立的输入层、隐含层和全连接层放到一起建立一个 CNN 模型对模型进行训练,设置好训练次数和每次迭代的最小批次,本项目设置的训练次数为 50 次,每次迭代的最小批次为 25 张图像。通过修改梯度下降的最小学习率可以改变模型的识别效果。本次实验的最佳初始学习率为 0.000 03(初始学习率应在 $e^{-5} \sim e^{-2}$ 之间)。给模型命名,用测试集结果和正确标签的结果做对比,计算出识别的准确率,保存这个训练模型以用于后续识别图象时引用。

加载好提前训练的模型,拼接文件夹地址和文件名成绝对地址,计算总图像数量。提取文件名为记入 Excel 的序号,记录识别结果,把两项数据记录在 Excel 中,如果是球形记录为 1 如果不是则记录为 0。模型建立流程图如图 1 所示。

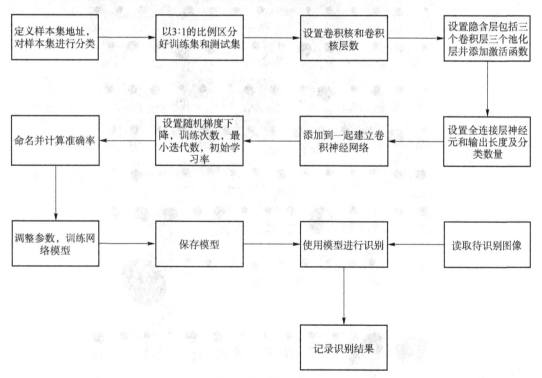

图 1　模型建立流程图

2. 图像预处理

CNN 需要用相同大小的图片作为样本集的原因是全连接层的存在,图像在进行卷积或者池化操作时,图像的大小对这些操作没有影响。但是全连接层需要进入的特征图像的大小相同,全连接层对特征图的处理非常出色所以本项目建立的 CNN 模型中包含全连接层,因此在识别图像之前还需对图像进行预处理。

本项目建立的 CNN 是针对单张图像的识别,但是高分辨率云粒子成像仪拍摄的图片会把多张图片拼成一张大图,如图 2 所示。所以需要对已有图像进行分割和图像大小归一化处理才能进行后续的 CNN 图像识别操作。分割操作为把原始大图二值化处理,进行腐蚀操作把时间去掉然后对粒子图像进行内部填充和描边,按照处理好的粒子的边缘画一个矩形,并以这个矩形对原始灰度图进行分割,并储存在提前设置的地址里。在对这个文件夹中的所有图像进行大小归一化操作,处理成相同大小的图片后,便于后续CNN 的识别操作。经计算,样本集的图像中位数大小为 44,所以设定归一化的图像参数为 44。

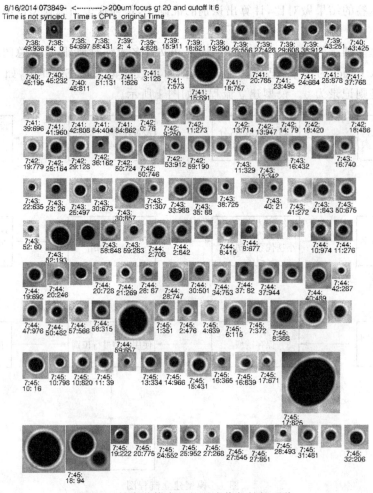

图 2　原始高分辨率云粒子成像仪拍摄图像

(1) 通过四连通域图像标记法进行图像分割

四邻域是指此位置的上下左右,以此点为例,检测左侧和上侧,如果没有,则证明这个点是粒子区域的开始点。如果这个点的左侧没有点,但是上面有点,则这个点是这个区域中最左侧的点;同理,如果上侧没有而左侧有点,就说明这个是最上面的点。右侧和下侧同理。如果此点的最左和最上侧都有点,标记为这两个点中小的那个标记点,并把大标记改成小标记。

将粒子标记后,以粒子的外接矩形对图像进行分割,并将裁剪后的粒子图像以灰度化形式进行保存。本项目中用图 2 的高分辨率云粒子成像仪的成像图为例,分割出了 140 个如图 3 所示。

图 3　分割后图像

(2) 图像归一化处理

在建立 CNN 的模型之后需要把(1)中分割好的图像转化成相同大小的矩形图像,在 CNN 模型建立之前用 mediansize 函数求出了模型图像的中位数为 44,所以选择的图像模板大小为 44。

建立一个自定义函数 unite,函数功能为等比缩放到长边为 44 后对另一边使用 padarray 函数进行填充,最终可以得到一个矩形。遍历储存分割图像的文件夹,对内部所有图像引用 unite 函数操作,并把处理好的图像储存在另一个文件夹中。设置输入文件地址和需要储存图像的文件夹地址,遍历文件算出图像张数作为循环次数,使用 fullfile 函数拼接输入文件夹地址和图像名字为单张输入图像的绝对地址,同样方法设置输出图像的绝对地址。遍历的图像使用自定义函数 unite 对图像进行缩放填充等操作成为一个像素 44×44 的 8 位深度图像。

3. GUI 模型的搭建

当想要使用 MATLAB 编写一个操作简单、友好的界面时,最常想到的方法就是建立一个 GUI 界面。GUI 界面有着操作简易,初学者也可以很快上手,只需要占用少量的资源就可以把所有部分的函数功能统一到一个界面里,性能高,并且可以移植,发送到另一台计算机上不需要再打开 GUI 就可以直接使用等一系列优点。这使使用者不需要明白程序是怎样的逻辑,甚至从没接触过编程,只要用户了解界面各个按钮的功能就可以使用。本项目设计的 MATLAB 把图片显示、分割、归一化、识别、数据分析等一系列功能统筹到了一个界面上,简单易懂地把各部分功能呈现出来。

在完成项目需求的基础上,为了方便操作使用,以提高操作友善性,特把各部分功能制作为一个可操作的 GUI 界面中,本项目的软件界面由七个功能按钮,一个图像显示坐标轴,五个文本显示和四个数据显示部分组成。在保证原有功能的基础上,增加了存储地址的显示以方便使用者审阅和使用数据,增添了粒径分布图显示,显示出粒子的半径分布主要在哪一个范围。增添了各部分数据的显示,可以直接看到识别结果。Excel 表格中保存了粒子的序号、粒径、周长、面积、圆形度和识别结果,以便于观察各个粒子的状态。功能要求流程图如图 4 所示,GUI 界面设计如图 5 所示。

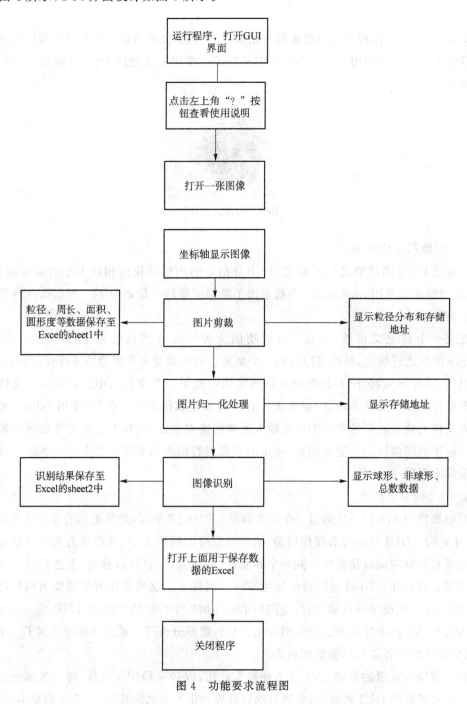

图 4　功能要求流程图

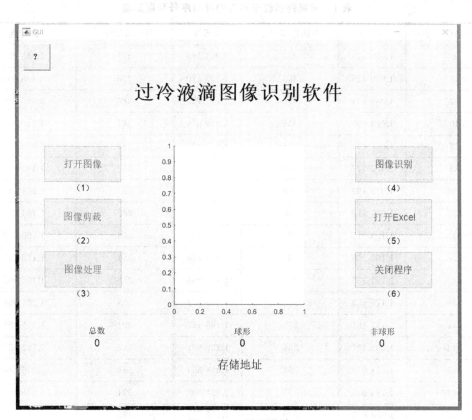

图 5　GUI 界面设计

三、仿真实验

1. 应用粒子圆形度识别过冷液滴

计算粒子圆形度是一种简单的特征描述方法,也是最直观和最常使用的判别过冷液滴的方法。计算粒子圆形度的公式如下:

$$\mathrm{Roundness} = \frac{4\pi S}{L^2} \tag{1}$$

式中,S 是粒子的面积,L 是指粒子的周长。

在不对图像进行预处理的情况下,直接按照公式(1)分别计算出 600 个待测试粒子的圆形度,数据存储在 Excel 表格中,并按照降序的顺序对粒子圆形度进行排序,提取圆形度最高的前 200 个粒子认为是过冷液滴。

应用粒子圆形度对 600 幅待测试图像进行过冷液滴的识别总程序运行时间为 6.517 877 s,达到了实时对过冷液滴图像进行检测的要求。实验的结果显示,共有 66 个其他形状的粒子被误判别是过冷液滴,过冷液滴识别的准确率为 67%,判断错误粒子如表 1 所示。

表 1 被误判别粒子对应的排列序号和圆形度

判断错误序号	圆形度	判断错误序号	圆形度	判断错误序号	圆形度
8	1.059 516	352	1.084 105	377	1.083 239
15	1.050 725	353	1.223 570	378	1.138 031
22	1.034 911	354	1.107 725	380	1.065 365
40	1.063 930	355	1.089 059	381	1.112 927
53	1.047 471	356	1.092 317	382	1.059 707
78	1.072 327	358	1.094 559	383	1.105 653
106	1.042 198	359	1.116 400	384	1.111 143
335	1.039 576	360	1.190 974	385	1.184 077
337	1.153 115	361	1.085 178	386	1.080 257
338	1.162 365	362	1.176 308	387	1.120 867
339	1.171 176	363	1.151 086	388	1.102 805
340	1.177 563	364	1.166 070	389	1.204 906
341	1.197 481	365	1.165 165	391	1.111 493
342	1.109 127	366	1.280 981	392	1.121 557
343	1.151 979	367	1.098 304	393	1.106 530
344	1.126 645	369	1.131 500	394	1.225 824
345	1.076 625	370	1.111 763	395	1.176 608
347	1.117 452	371	1.112 580	396	1.259 270
348	1.199 745	372	1.085 805	397	1.073 310
349	1.112 361	374	1.122 651	398	1.193 049
350	1.141 858	375	1.144 499	399	1.094 124
351	1.149 381	376	1.126 905	400	1.111 745

2. 图片预处理后的圆形度识别

应用同样的方法但是提前对图像进行开运算处理。通过二值化、取反、消除噪点,使先腐蚀后膨胀,在对闭合图形进行填充等操作,可以使图片的轮廓更加清晰,还依然能保持图像的面积不变,如图 6 所示。

图 6 处理后图像

利用公式(1)计算出提前设置的 600 个待测粒子的圆形度,保留圆形度最高的 200,认为是过冷液滴,以序号命名保存在文件夹中。

在提前对粒子进行开运算处理后,使用求粒子圆形度检测 600 图像进行过冷液滴的识别总程序运行时间为 9.377 942 s,依然达到了实时对过冷液滴图像进行检测的要求。从实验结果来看,有 8 个其他形状的粒子被误判别是过冷液滴,大大提高了粒子的识别准确率,过冷液滴识别的准确率为 96%,识别错误的粒子如图 7 所示。判断错误的粒子的序号以及圆形度如表 2 所示。

图 7 判断错误图像

表 2 被误判别粒子对应的排列序号和圆形度

判断错误粒子序号	圆形度
15	0.947 0
40	0.970 5
58	0.949 8
78	0.979 8
81	0.949 1
355	0.953 7
361	0.967 4
364	0.960 6

3. 应用傅里叶描述子识别过冷液滴

在应用傅里叶描述子识别过冷液滴时,需要选择标准过冷液滴图像,用标准图像和待测图像计算归一化描述子之间的欧氏距离。实验中首先手动选取 10 张标准的过冷液滴图像,分别计算这 10 个过冷液滴的归一化描述子之间的欧氏距离,欧氏距离值均为 0。计算这 10 个过冷液滴的圆形度,选择圆形度值最接近 1 的过冷液滴作为标准过冷液滴图。接下来,计算出标准过冷液滴图和 600 张待测试图像的归一化傅里叶系数后,计算标准图和测试图之间的欧氏距离,提取距离最小的 200 幅粒子图像认为是过冷液滴[3]。

从结果来看,有 8 张过冷液滴图像未被识别出来,过冷液滴识别的准确率为 96%。表 3 是被误判别粒子对应的排列序号和相应的归一化傅里叶描述子值。应用归一化描述子识别过冷液滴的程序运行时间为 11.216 976 s,实现了过冷液滴的实时性识别[3]。

表 3 被误判别粒子对应的排列序号和归一化傅里叶描述子值

判断错误粒子序号	归一化描述子值
155	0.004 4
159	0.004 5
181	0.005 6
182	0.005 7
187	0.006 1
194	0.006 8
195	0.006 9
196	0.006 9

4. 应用 CNN 模型识别过冷液滴

在应用 CNN 识别过冷液滴时,需要选择已经建立好的 CNN 训练模型,用于检测未知的图像。为保证实验的公平性,现用已知的 600 张图像分为 200 张的球形和 400 张的非球形进行模型的建立。模型自测准确率为 100%。运行 GUI 设置好地址后单击"图像识别"按钮,然后点击"打开 Excel"按钮查看识别结果。在一般情况下,CNN 的样本集模型越大,最后得到的模型的准确率就会越高,但为了仿真实验的公平性,故使用 600 张已知图片作为样本集来训练模型,挑选效果好的模型使用。模型的训练结果如表 4 所示。

表 4 以相同仿真数据建立的 CNN 模型

模型名字	模型库	初始学习率	模型内测正确率	误判个数
convent	实验数据	0.000 11	0.986 7	2
convent1	实验数据	0.000 10	0.986 7	2
convent2	实验数据	0.000 09	0.986 7	2
convent3	实验数据	0.000 08	0.993 3	1
convent4	实验数据	0.000 07	0.986 7	2
convent5	实验数据	0.000 06	0.986 7	2
convent6	实验数据	0.000 05	0.986 7	2
convent7	实验数据	0.000 04	0.993 3	1
convent8	实验数据	0.000 03	0.986 7	2
convent9	实验数据	0.000 02	0.986 7	2
convent10	实验数据	0.000 01	0.986 7	2

图 8 未被识别的图像

从结果来看,有 1 张过冷液滴图像未被识别出来,过冷液滴识别的准确率为 99.5%。应用 CNN 识别过冷液滴的程序运行时间为 8.198 741 s,实现了过冷液滴的实时性识别。未被识别的图像如图 8 所示。

5. 小结

四种实验的识别准确率和时间成本如表 5 所示,可以看到,处理过图像的圆形度识别、傅里叶描述子和 CNN 相较于直接对粒子圆形度计算识别过冷液滴都有着极大的提升,而 CNN 在准确率上更胜一筹。

表 5 四种方法的对比

识别方法	运行时间	准确率
粒子圆形度识别	6.517 877	0.670
图像预处理的圆形度识别	9.377 942	0.960
归一化傅里叶描述子	11.216 976	0.960
CNN	8.198 741	0.995

在时间成本上,在不对粒子图像进行处理时用粒子圆形度识别过冷液滴的程序运行时间是 6.517 877 s,正确率为 67%。而经过开运算处理的粒子图像应用粒子圆形度识别时,程序的运行时间为 9.377 942 s,正确率为 96%。归一化傅里叶描述子的程序运行时间为 11.216 976 s,准确率为 96%。CNN 识别的程序运行时间为 8.198 741 s,正确率为 99.5%。三种方法均满足实时性识别过冷液滴的要求且都在正确率上相较于传统粒子圆形度识别的正确率又有着很明显的提升,并且 CNN 的准确率还略高于归一化傅里叶描述子和图片预处理后的圆形度识别方法。并且 CNN 的优势在于它巨大的潜力,只要有足够大的样本集和足够好的设备,就能训练出更好的模型用于识别。所以,图像预处理后的圆形度识别、归一化傅里叶描述子、CNN 三种方法都可以达到实时性要求时,选用 CNN 进行过冷液滴粒子的识别不论是时间成本上还是准确率上都有着明显的优势,是相对最好的选择。

四、总结和展望

云中过冷液滴相态的识别在天气研究领域和飞机的飞行安全问题等很多领域都有着非常重要的作用,也逐渐受到了重视。随着国家的迅速发展,人们乘坐飞机的频率也在迅速提升,从 1950 年的 10 000 人次到 2019 年的 6.6 亿人次,即使是疫情发生的 2020 年也有着 4.4 亿人次的飞机乘坐次数。由此可见,解决飞机积冰的飞行安全问题非常的重要。所以,在云中过冷液滴识别领域的研究不仅对今后改进飞机的防冰除冰装置的设计提供重要的研究方向,也能为在飞机积冰时飞行员的应急处理方法提供理论基础,同时还能为国家自主研发的大飞机以及民用机的适航安全提供支持,为保障飞行安全,在各个方面,云中过冷液滴的识别都有着非常重要的作用。而 CNN 相较于传统的过冷液滴识别在准确率上有着很大的优势,而且由于 CNN 的特性,识别的准确率还有着无限提升的可能性。通过提高过冷液滴识别的准确性,辅助云降水物理与人工影响天气及飞机结冰的研究。

本项目是以识别的准确性为主要评定标准进行的研究,而云中过冷液滴的识别过程中识别速度也是一个重要的评定标准,下一步的研究重点是在保证准确率的基础上寻求加快识别速度的方法,同时本项目还有一些可以改进之处,例如建立 CNN 的模型所使用的样本集偏少,导致训练的效果没那么好。CNN 功能的强大主要在于它的潜力,只要有足够的样本,足够大的训练数据,够好的设备支持程序的运转,CNN 模型的准确率就能足够好,甚至有无限上升的可能性。

参考文献

[1] 吴举秀,魏鸣,王以琳.利用毫米波测云雷达反演层状云中过冷水[J].干旱气象,2015,33(2):227-235.

[2] Mcfarquhar GM, Um J, Jackson R. Small Cloud Particle Shapes in Mixed-Phase Clouds[J]. Journal of Applied Meteorology & Climatology, 2013, 52(5):1277-1293.

[3] 王楠,焦瑞莉,黄敏松.基于高分辨率粒子成像仪的过冷液滴识别[J].北京信息科技大学学报,2021,36(3):34-39.

[4] 刘健,于勇,蒋彤,等.吉林省层状云中过冷水含量分布特征及人工增雨潜力研究[J].辽宁气象,2004(4):29-30+36.

[5] 袁敏,段炼,平凡,等.基于CloudSat识别飞机积冰环境中的过冷水滴[J].气象,2017,43(2):206-212.

[6] Stewart G, GEORGE C, ISAAC A, et al.Characterizations of Aircraft Icing,2001.

[7] 杨刚,贺冬葛,戴丽珍.基于CNN和粒子群优化SVM的手写数字识别研究[J].华东交通大学学报.2020,37(4).

[8] 周泽艳.基于迁移学习和卷积神经网络的二维形状识别[D].大连海事大学,硕士毕业论文,2019.

作者简介

常星,男,本科,毕业于北京信息科技大学信息与通信工程学院电信1703班。

焦瑞莉,女,副教授,研究生导师,北京信息科技大学信息与通信工程学院。

黄敏松,男,高级工程师,中国科学院大气物理研究所,云降水物理与强风暴实验室。

实培计划——大创深化类

基于卷积神经网络的图像复原系统的设计与实现

曾有成　易鼎成　齐容浩　金志　郑博文

(北京信息科技大学信息与通信工程学院,北京,100101)

摘　要:针对低分辨率图像的修复问题,搭建了一个卷积神经网络模型,并设计出图形用户界面,方便使用者使用。模型通过 Pytorch 机器学习框架搭建,采用 COCO2014 数据集进行训练,损失函数采用均方误差函数。图形用户界面使用 Python 第三方 UI 设计框架 pyside2 设计,可以将修复前后的图片直观地呈现出来,最终完成了在图形用户界面上进行低分辨率图像的修复工作。

关键词:卷积神经网络;图像修复;Python

Design and implementation of image restoration system based on convolutional neural network

Zeng Youcheng　Yi Dingcheng　Qi Ronghao　Jin Zhi　Zheng Bowen

(School of Information and Communication Engineering, Beijing University of Information Science and Technology, Beijing, 100101, China)

Abstract: A convolutional neural network model is built in order to solve the problem of low resolution image's restoration with a GUI (Graphical User Interface) designed for the convenience of using. The model is built with Pytorch, a machine learning framework, trained by COCO2014 data set, and the mean square function is used as loss function. The GUI is designed with pyside2, a python third-party UI design framework, which can visually present the pictures before and after the repair, and finally the restoration of low resolution image on the graphical user interface is completed.

Key words: CNN; Restoration of image; Python

一、引言

近年来,随着互联网的快速发展,手机拍照摄像能力愈发强大,人们将自己的日常生活照片分享给自己的亲朋好友;远程视频会议中需要高清晰度的影像但带宽资源有限……解决它们的办法可以通过事先压缩图像,减少传输信息,再通过边缘计算等方式,超分辨率重建图像信息。在医疗成像领域中,在不耗费成本提高成像设备清晰度的情况下,超分辨率重建技术可以为医生们提供更好的成像效果。道路上的安防设备由于天气等各方面的影响，无法获取清晰的车牌、人脸等重要信息时，超分辨率重建技术也展现出其重要的作用。

1. 超分辨率重建常用技术

（1）基于插值的超分辨率重建[1]

基于插值的超分辨率重建技术是通过预先设定的插值函数对图像缺失的像素信息进行拟合，常用的插值方法包括双线性插值法，双立方插值法。优点是计算便捷，便于理解，但是缺点也同样明显。只用预先设定好的插值函数进行图像修复必将造成修复好的图像出现锯齿、图像模糊等问题。

（2）基于分类预测器及退化模型的图像超分辨率快速重建[2]

从图像的降质退化模型出发，假定高分辨率图像是经过了适当的运动变换、模糊及噪声才得到低分辨率图像。这种方法通过提取低分辨率图像中的特征值，通过分类预测器的思想，完成图像的超分辨率重建。常见的方法包括最大后验概率法、凸集投影法和迭代反投影法等。

（3）基于深度学习的图像超分辨率重建[3]

近些年来，由于计算机算力的大幅提升，通过大量数据集训练神经网络，优化网络参数，从而找到低分辨率图像与高分辨率图像之间的某种映射关系，预测图像缺失的像素信息。基于此方法的图像超分辨率重建均取得了良好的效果。

二、系统整体设计

本项目组织架构图如图1所示，使用者在图形窗口选择要修复的低分辨率图片，将图片路径传给模型进行处理，修复成功后的图像再由图形界面读取呈现给使用者，可以选择保存路径进行保存修复好的图像。

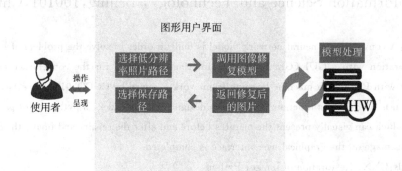

图1 系统整体架构设计

三、图像超分辨率重建网络设计

1. 双立方插值[4]

首先通过双立方插值算法[5]（Bicubic算法），将待重建的图像放大至目标尺寸，具体通过式(1)计算得到。

$$F(i',j') = \sum_{m=-1}^{2}\sum_{n=-1}^{2} F(i+m, j+n)R(m-\mathrm{d}x)R(\mathrm{d}y-n) \tag{1}$$

式中，(i',j')是待计算的像素点，$\mathrm{d}x$表示x方向的小数坐标，$\mathrm{d}y$表示y方向的小数坐标，$R(x)$为插值表达式，通常基于三角取值，Bell分布表达式，B样条曲线表达式。每次计算涉及16个像素点。图2所示为双立方插值法对图像的具体操作，可以看出经过双立方插值得到的图片较为模糊。

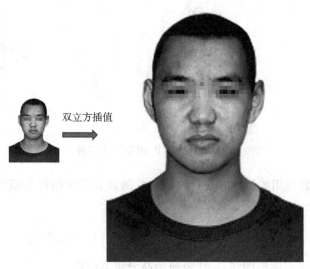

图2 双立方插值法处理图片

2. SRRCNN 算法[6]

超采样残差网络(Super Resolution Residual Conventional Neural Net)是一种残差网络，相较于只有三层卷积层的SRCNN(Super Resolution Conventional Neural Net)，SRRCNN算法加入了残差学习，保证了在网络深度增加的同时，避免了深层网络中梯度弥散和精度下降的问题。图3所示为SRCNN的网络架构图。

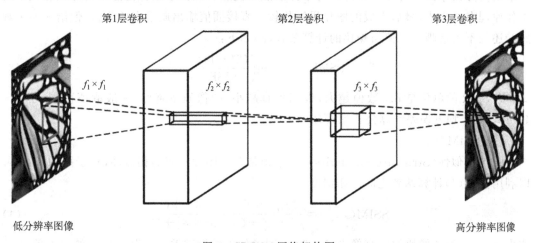

图3 SRCNN网络架构图

本项目中第一层和最后一层的卷积核大小为9×9，中间的卷积核大小为3×3，中间层通道数为 64，残差模块数量为 16，结构如图 4 所示，图中 k 表示卷积核大小，n 表示输出通道数，s 表示步长。

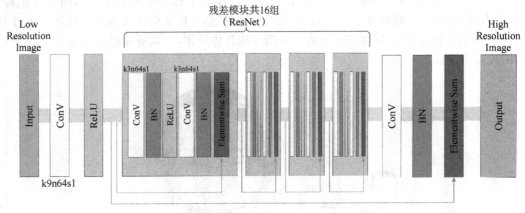

图 4　本项目中 SRRCNN 结构

网络的损失函数使用的是计算通过网络生成的高分辨率图像与原图像之间的 MSE 均方误差，计算如式(2)所示。

$$\mathrm{MSE} = \frac{1}{n \times m} \sum_{i=1}^{n} \sum_{j=1}^{m} (F(X_{i,j}) - Y_{i,j})^2 \tag{2}$$

式中，$F(X)$ 代表网络生成的图像，Y 代表原始高分辨率图像。

前一步经过双立方插值处理后的图片，和目标图像尺寸达到一致后，送入训练好的模型，进行非线性映射，从而使图像分辨率提高。

3. 性能指标

(1) PSNR[7]

峰值信噪比(Peak Signal to Noise Ratio)是最常用的一种评价图像的客观指标，通过计算输出高分辨率图像与元图像之间每个像素点的误差。但由于这种性能评价方式和人眼的工作原理有所出入，最后生成的图片尽管相较于直接插值输出质量有所改善，但给人的主观感受还是不够清晰。峰值信噪比的计算公式(3)如下：

$$\mathrm{PSNR} = 10 \cdot \lg \left(\frac{(2^n - 1)^2}{\mathrm{MSE}} \right) \tag{3}$$

式中，PSNR 的单位是 dB，数值越大，表明失真越小，图像质量越好，一般取值范围在 20～40 dB，MSE 均方误差计算公式见式(2)。

(2) SSIM[8]

结构相似性(Structure Similarity)，用于衡量两个图片之间的相似性，对于图像 x，y 可以利用公式(4)计算两者之间的相似度。

$$\mathrm{SSIM}(x, y) = \frac{2\mu_x \mu_y + C_1}{\mu_x^2 + \mu_y^2 + C_1} \cdot \frac{2\delta_{xy} + C_2}{\delta_x^2 + \delta_y^2 + C_2} \tag{4}$$

式中，μ_x、μ_y 为图像块的所有像素，δ_x、δ_y 为图像像素的标准差，δ_{xy} 为 x 与 y 的协方差，C_1、C_2 为常数，为避免分母为零带来的系统错误。SSIM 取值范围为(0,1)，数值越大说明两张图片越相似，当 SSIM 为 1 时，两张图片完全一样。

4. 模型训练

（1）训练环境

硬件的操作系统为 Windows 10，CPU 为 Intel Core i7-8750H@2.20 GHz，GPU 为 Nvidia GTX 1050Ti（4GB GDDRAM）With 768 cuda cores，软件环境为 Python3.7＋Pytorch1.8.1＋CUDA11.1。数据集使用的是 COCO2014，训练集采用 train14 和 val2014 共 123 285 张图片，测试集采用 Set5、Set14 和 BSD100。

（2）训练参数及模型训练

batch size 设置为 2 的整数幂次可以一定程度上加快训练速度，这次设置的是 128；epochs 设置为 1、60、130 轮，用于观察不同轮次下输出图像的性能指标；工作线程数设置为单线程；学习速率设置为 10^{-4}；使用 CUDA 加速计算。

模型训练对的准备过程为：①首先加载一张图像，从任意位置处裁剪 96×96 的子块，将该子块作为原始高分辨率图像；②对高分辨率图像进行双线性下采样（4 倍），得到 24×24 的子块，将该子块作为初始的低分辨率图像；③对低分辨率图像按照数据集方式进行预处理，将高分辨率图像转换至[−1,1]；④将低分辨率图像和高分辨率图像作为一对训练对返回。

在训练轮数为 1 时，使用 BSD100 数据集进行测试；60 轮时对 Set14 数据集进行测试；130 轮时对 Set5 数据集进行测试，分别计算它们的 PSNR 和 SSIM 得到结果如表 1 所示。

表 1 不同轮次下的训练结果

	BSD100	Set14	Set5
PSNR	27.513	28.641	31.783
SSIM	0.745	0.793	0.901

可以看出随着训练轮数的提升，模型输出的图像的 PSNR 和 SSIM 两个性能指标也随之提高，达到了预期设想。图 5 为训练得到的模型进行证件照的超分辨率重建效果。

（a）双立方插值模糊照片　　（b）SRRCNN输出图像

图 5　模型实际效果

四、图形用户界面设计

本项目中 UI 界面设计通过 Qt Designer 来完成。Qt Designer 的设计符合 MVC 的架构,其实现了视图和逻辑的分离,从而实现了开发的便捷。Qt Designer 中的操作方式十分灵活,其通过拖拽的方式放置控件可以随时查看控件效果。Qt Designer 生成的.ui 文件(实质上是 XML 格式的文件)也可以通过 pyside-uic 工具转换成.py 文件。通过在 gui.py 文件中引入封装好的函数和类实现,实现界面事件响应与函数的绑定。

1. 图形界面设计

Qt Designer 的布局管理器负责在父窗口部件区域内构建子窗口部件。这些管理器可以使其中的窗口部件自动定位并重新调整子窗口部件、保持窗口部件敏感度最小化的变化和默认尺寸,并可在内容或文本字体更改时自动重新定位。通过拖动相应控件,并采用 grid 栅格布局完成页面设计。

2. 事件响应与函数绑定

信号(signal)和槽(slot)是 Qt Designer 的核心机制。

信号:是对象或空间发射出去的消息(可以理解为事件)。

槽:接收信号。本质是一个函数或方法(可以理解为事件函数)。一个信号可以和多个槽来绑定,一个槽可以接收多个信号。

流程:按钮是信号发送的源头,当点击按钮之后会发送一个信号出去,通过这段代码程序内部的通信机制知道这个按钮的点击事件被连接到窗体的关闭事件上去了,然后通知窗体,运行槽函数。

3. 软件使用效果

图形用户界面由选择图片按钮,模式复选选框,开始处理按钮,可以显示上传的待修复的低分辨率图像,双立方插值得到的图像以及最后通过图像超分辨率模型输出的超分辨率重建后的图像组成,如图 6 所示。

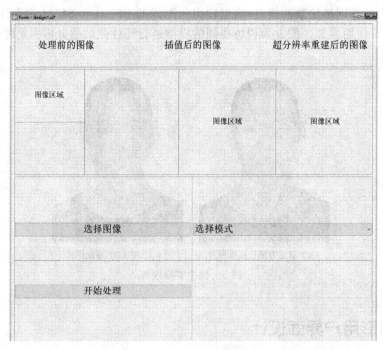

图 6　图形用户界面

用户点击选择图像后,选择处理模式,点击开始处理,便可以得到处理前图像,双立方插值得到的图像以及超分辨率重建后的图像,效果如图 7 所示。

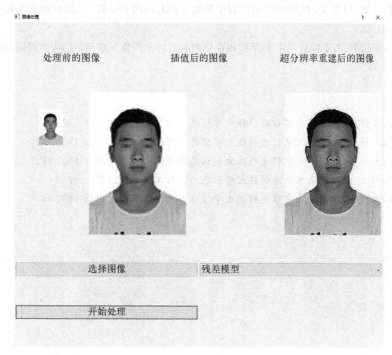

图 7　图形界面使用效果

五、结语

本项目通过一个具有现实应用意义的问题:从图像超分辨率修复问题着手,通过搭建残差学习超分辨率重建网络,完成了低分辨率图像的超分辨率修复,在不同训练轮数下对比模型输出图像的具体性能指标,发现模型能够较好地完成图像的超分辨率修复工作。图形用户界面的设计使得模型的日常应用更加便捷,降低了用户的使用门槛,具有一定的社会效益。

参考文献

[1] 王昊京,王建立,王鸣浩,等.采用双线性插值收缩的图像修复方法[J].光学精密工程,2010,18(5):1234-1241.

[2] 杨欣,费树岷,周大可,等.基于分类预测器及退化模型的图像超分辨率快速重建[J].东南大学学报(自然科学版),2013,43(1):35-38.

[3] 南方哲,钱育蓉,行艳妮,等.基于深度学习的单图像超分辨率重建研究综述[J].计算机应用研究,2020(2):321-326.

[4] 邵欣欣,刘卫东.基于双立方插值算法的图像缩放硬件设计[J].电脑知识与技术:学术交流,2013,9(3):1638-1641+1647.

[5] 陈红丽,曹义亲.边缘定向的双立方插值算法的研究与应用[J].计算机仿真,2015,32(4):180-183+201.

[6] 王知人,谷昊晟,任福全,等.基于深度卷积残差学习的图像超分辨[J].郑州大学学报:理学版,2020,52(3):42-48.

[7] 徐磊,张虹,闫善文,等.图像处理过程中影响 PSNR 的因素分析[J].通化师范学院学报,2021,42(4):44-48.

[8] 卜宇,梁传君.基于保边 IBP 和结构相似性的超分辨率图像重建算法[J].微型电脑应用,2018,34(3):9-13.

作者简介
曾有成,男,本科生,就读于北京信息科技大学信息与通信工程学院通信1801班。
易鼎成,男,本科生,就读于北京信息科技大学信息与通信工程学院通信1801班。
齐容浩,男,本科生,就读于北京信息科技大学信息与通信工程学院通信1801班。
金志,男,本科生,就读于北京信息科技大学信息与通信工程学院通信1802班。
郑博文,男,本科生,就读于北京信息科技大学信息与通信工程学院通信1802班。

高速移动场景下 5G 无线通信网络设计与实现

孙雪　王可　游良为　努尔孜依娜·赛里克
亚克甫江·艾肯　张锦　张月霞

(北京信息科技大学信息与通信工程学院,北京,100101)

摘　要:本次项目选中近期新建成的高铁——京承高铁,分析了 5G 网络在此段高铁场景下面临的问题,探讨并设计 5G 网络在各个路段的覆盖和基站部署,最后仿真验证了本次设计方案能够在移动中进行语音电话、上网、视频业务,将为客户提供更好的上网环境和体验。

关键词:5G 无线网络;基站;高铁

Design and implementation of 5G wireless communication network in high speed mobile environment

Sun Xue　Wang Ke　You Liang Wei　Nu er zi yi na
Ya Ke Fu Jiang　Zhang Jin　Zhang Yue Xia

Abstract:This project selects Beijing Chengde high-speed railway, a newly built high-speed railway in the near future, analyzes the problems faced by 5G network in this high-speed railway scenario, discusses and designs the coverage and base station deployment of 5G network in each section, and finally verifies that the design scheme can carry out voice phone, Internet access and video services in mobile., will provide customers with a better online environment and experience.

Key words:5G wireless network; Base station; High-speed rail

一、论述

作为一种绿色快捷的交通方式,高速轨道交通近年来发展迅速,已成为越来越多的人城际旅行的首选。截至 2020 年年底,中国高铁运营里程已达 3.8 万公里。随着移动互联网的普及,人们对移动办公和在线娱乐的需求日益增加,高铁列车舒适的乘坐体验,进一步释放了乘客们的移动通信需求。在网络不断普及之下,为了使人们出行时能享用更高质量的网络服务,高铁场景中也需要进行网络覆盖。

本次项目中选的这段京哈高铁的京承段是 2021 年 1 月 22 日开通运营的,近期新建设的高铁,因此其 5G 网络还没有实现完全覆盖,本项目将着重讨论基站的网络覆盖。

通过现有资料了解到京哈高铁的京承段开通运营后,京哈高铁实现了全线贯通。在保证网络质量、尽量降低网络覆盖成本的前提下圆满完成这段高铁的 5G 网络覆盖需要精准且详细的分析网络覆盖、容量需求、站址设置等因素,进而通过分析结果制定一个合理的组网方案,最大限度地发挥网络的最佳效应。

二、网络覆盖难点分析

1. 多普勒效应

多普勒频偏对高铁的影响:信号不稳定以及频繁切换。

解决方法:合理地去规划无线网络和参数的设置,实现一个更快的小区重选以及合理的小区重叠区,满足小区间切换要求,同时通过小区合并可以减少小区间的切换次数,提高网络的速率和可靠性。

2. 车厢穿透损耗

高铁的车厢为金属材料,而且整体的结构又是相对密闭,所以对信号屏蔽严重,穿透损耗大。

如果不考虑发射与接收设备的增益和损耗,只从电波传播的空间环境来考虑的话,$PLOSS(dB)=32.44+20lg10d+20lg10f$。假设允许的传播损耗是一定的,假设为120 dB、频率为800 Hz,引入损耗为P_c,则通过公式可以得到覆盖半径(单位为km)与损耗(单位为dB)的曲线。

京承高铁上运行的高速列车车型为 K 型。由于实际的环境很复杂,信号波动的幅度较大,所以综合考虑的衰减值为 14 dB。

解决方法:可以参考 4G 网络的 CPE,在车厢内部署 5G CPE 设备。由于内置 CPE 设备的天线在列车外部,可以直接接收高铁经过的基站信号,避免了信号直接穿透列车车体而带来的穿透损耗的问题。

3. 切换与重选

在高铁列车以 350 km/h 的速度移动时,会进行信号在小区之间的切换以及重选,若是小区间的覆盖重叠区出现不足,则频繁的小区切换会导致终端设备出现信号差、无信号等状况。

解决方案:一方面考虑地形、基站与轨道的距离等外部因素,高铁引入了小区合并技术,减少小区切换的次数,使原本互相干扰的小区信号变成叠加的增强信号,从而减少因小区切换带来的信号不好或者中断。

另一方面考虑网络覆盖形式的改进:公网方式和专网方式。专网模式效果更好。

4. 用户集中

由于高铁路线越来越多,乘坐高铁的用户以及对信号的需求量会比较大,当连接的用户过多的话会导致基站的负荷过高,这种情况可以使用专网以及公网专网联合覆盖的方式进行覆盖;在车厢内建设通信设施。在列车进入隧道的特殊情况中,可以通过隧道口的天线向隧道内进行定向辐射,进行信号的覆盖;另外在隧道内放置"泄漏电缆"来维持信号。

三、高铁场景 5G 网络规划

1. 网络覆盖模式

高铁网络覆盖有公网覆盖和专网覆盖两种方式。对比公网和专网覆盖方式的网络性能发现公网虽然拥有较低的工程成本,但是不如专网有良好的覆盖效果,从用户体验方面考虑设计选用专网覆盖方式。

高铁沿线新增宏基站,建设专网和大网异频,相互间不进行小区切换。

因高铁进入城区和车站路线后列车行驶速度下降,同时城区路段的公网用户较多,建筑物密集,周边基站数量多,调整难度较大,专网覆盖易出现公网用户占用专网资源,专网用户脱离专网等情况,采用公网专网协同覆盖的方式进行覆盖[3]。

因为站台大厅等地方建筑内部阻挡大,需要靠天线分布系统进行深度覆盖[4],在内部建设室分站,增强信号覆盖效果。

5G网络架构分为NSA(图1)和SA(图2)两种模式。高铁场景下的网络部署为了减少后期组网升级的额外投资,本次京承高铁的设计中选用SA独立组网架构,做到一步到位。

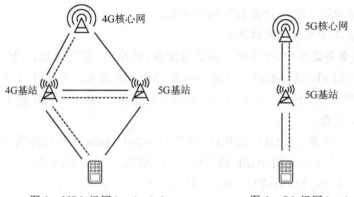

图 1　NSA 组网(option3x)　　图 2　SA 组网(option2)

2. 高铁沿线网络规划

高铁沿线一般经过的是比较空旷开阔的区域,都采用宏站覆盖,并选用支持小区合并的设备,并采用8T8R的高增益窄波束天线。

因为上行覆盖相比下行更容易受到限制,将上行链路作为覆盖目标。选用 3.5 GHz 作为 5G 网络的频段,上行速率 1 Mbit/s 作为覆盖目标,根据 3GPP 的 38.901 传播模型进行计算,得出城区场景的 5G 覆盖半径为 430 m 左右,农村场景的小区覆盖半径为 570 m 左右[5]。

基站的选址因为铁路总局要求不能在铁路 50 m 之内建设基站,首先基站的位置要大于 50 m,另外基站的选址与掠射角有关,角度越小穿透损耗越大,一般角度要大于 15°。经初步考虑,基站到铁轨的垂直距离设置在 100 m 左右,后期考虑天线挂高等通过公式 $D=\sqrt{R^2-H^2}*\sin\phi$ 具体计算。在进行沿线覆盖的时候为了能够均匀覆盖,直线路线选用"之"字形覆盖,弯道在弯道内侧设置基站,如图3所示。在进行基站布置的时候留出切换的时间,列车行驶速度为 350 km/h 来计算,需要设置 200 m 的重叠覆盖区域作为"过渡带"。结合过渡带得到城区场景的站间距为 670 m 左右,农村场景的站间距为 950 m 左右。

结合站间距和掠射角等因素考虑,保证信号能够从车窗射入,减少信号从车顶射入产生的穿透损耗。高铁规划中的天线挂高为天线相对于轨面的垂直高度,高铁专网基站天线挂高在平基路面的地理环境下挂高为 30~35 m,同时保证天线与轨面视通;遇到防护林的情况下,要适当调整挂高的高度,超出防护林 10 m 左右;高架桥区的情况下,挂高要超出桥面 15~20 m[6]。

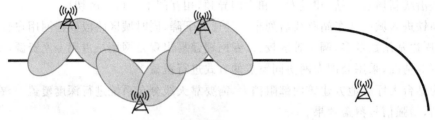

图 3　直线及弯道基站分布示意图

高铁沿线全部使用宏站,全长 256 km,按照城区场景站间距 670 m 计算需要约 383 个,按照农村场景站间距 950 m 计算需要约 270 个。

3. 高铁站台及候车大厅网络规划

在 5G 室内业务需求中,基本可分为消息接收、观看 8K 超清视频、直播、云储存、远程控制类等。其中例如 8K 视频编码速率是 50~80 Mbit/s,带宽需求大于 100 Mbit/s,远程控制中上行>50 Mbit/s,下行>50 kbit/s。为满足覆盖需求,选择 4T4R 作为 5G 网络在室内重点区域的标准配置。

链路预算:5G 采用 3.5 GHz 的频段,使用 Cost231-Hata 模型很难满足该频段的要求。因此,站台和候车大厅应使用 3GPP 的 TR38.901 信道模型中室内热点_办公区_视距场景传播模型(InH_Office_LOS):$PL=32.4+17.3\lg(d)+20\lg(fc)$[7]。

其中最大允许路径损耗 MAPL=发端 EIRP-最小接收电平+增益-损耗-余量,计算得到的值带入传播模型得到小区的覆盖半径为 209 m 左右。

站台采用的网络覆盖方式:

在火车站部分,用户主要分布在候车大厅、广场、站台以及火车车厢内。在站台部分,如果不对网络进行特殊部署,会导致专网与公网覆盖范围重叠引起混乱。为保障乘客上、下车过程中正常进出专网,增设过渡小区为专网的邻区。在站台用户即可通过过渡小区进入专网,而公网与专网无邻区关系,可以保证公网用户不被专网吸收。如此,有效保证了网络切换成功率和网络容量[8]。站台覆盖示意图如图 4 所示。

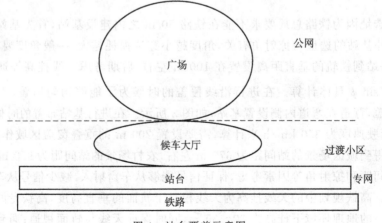

图 4　站台覆盖示意图

候车大厅等待的乘客量大,为保证通话效率与网络使用体验,建设 4T4R 有源室内分布系统。新型有源室内覆盖系统是由 BBU(基带单元)、RHUB(扩展单元)和 pRRU(远端单元)三级组成。

交通枢纽的候车大厅覆盖所用远端单元采用 30 m 半径,单个 pRRU 覆盖范围为 2 400 平方米。根据北京朝阳站面积为 37 500 平方米,需布置 20 个远端单元,覆盖面积 48 000 平方米。覆盖场景图如图 5 所示。

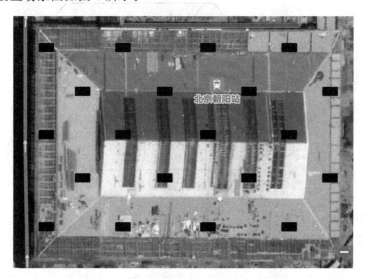

图 5　北京朝阳站室内分布 pRRU 覆盖图

站台部分放置宏基站,通过传播模型计算出站间距为 209 m。以北京朝阳站为例,站点面积为 250 m×150 m,放置三个基站。

4. 高铁隧道网络规划

对于高铁隧道的覆盖,需要解决两个重要问题:一是隧道内的盲区覆盖,二是隧道入口和出口的进出切换。

影响隧道覆盖效果的环境因素有:车体类型和列车运行速度。无线信号对于不同车体的穿透损耗不同,需要根据相应的车体类型计算穿透损耗。列车的运行速度影响小区间的切换时间和切换速度,为了提升覆盖效果,需要降低重叠覆盖的区域长度,提升切换效率。

高铁隧道可以分为不同的种类,每种隧道有着不同的特点,需要根据实际情况设计不同的部署方案。根据隧道的长短,选取不同的覆盖方案。

(1) 高铁隧道覆盖解决方案

本次研究对象需要采用定向天线和泄漏电缆覆盖方案。

隧道覆盖常用的漏缆型号包括 13/8 漏缆及 5/4 漏缆,其理论截止频率约为 2.8 GHz 和 3.6 GHz[11]。选取 13/8 的漏缆进行链路预算,计算出每台主机(输出 36 dBm)覆盖距离为 350 m。

(2) 不同长度隧道的部署方案

短隧道:定向天线+泄漏电缆。

中长隧道:定向天线+泄漏电缆。

长隧道:BBU+RRU+泄漏电缆。

RRU 选型:8T8R 的 RRU-R8998E。
BBU 选型:V9200。
泄露电缆和 RRU 分布在隧道内壁。
BBU 分布在隧道口外。
隧道口信号切换如图 6 所示。隧道内覆盖方案如图 7 所示。

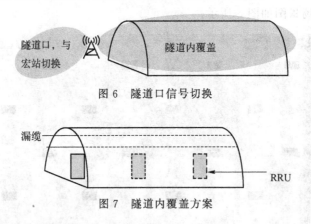

图 6　隧道口信号切换

图 7　隧道内覆盖方案

(3) 隧道部署规划的实例
京承高铁路线如图 8 所示。

图 8　京承高铁路线(图片来源于网络)

在京承高铁里程中,分布两条长隧道:望京隧道,全长为 8 km;梨花顶隧道,全长为 12.243 km。以望京隧道为例,其是全线唯一的双线单洞大直径盾构隧道。由于隧道长度大于 2 000 m,应采用长隧道的部署方案:BBU＋RRU＋泄漏电缆。

望京隧道的出入口使用宏站,隧道内部放置漏缆和 RRU,RRU 间距为 350 m,需要放置 23 个 RRU,以满足隧道内切换效率。

四、仿真与验证

1. 总体布局

本项目根据所选的京承高铁路段的七个高铁站设计了如下网络规划拓扑图。

图 9 是总布局图,北京朝阳站作为核心中心机房,其他六个站作为站点机房与核心机房相连,同时按照地形等设置基站。图里接入机房部分为简单示意。

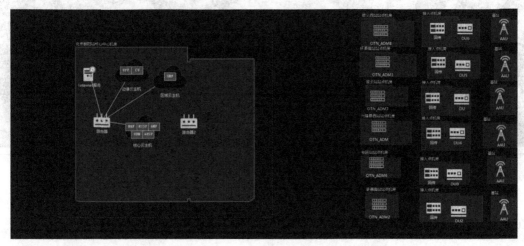

图 9　总布局图

2. 北京朝阳站规划

图 10 以朝阳站为例布置站台及部分沿线机房及基站。

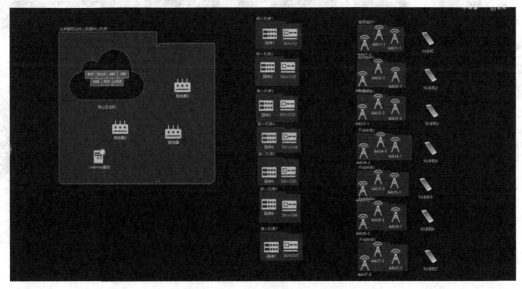

图 10　北京朝阳站站点拓扑图

下面两张是对应朝阳站拓扑图的网络实景图搭建。

图 11 所示为朝阳站台的核心数据中心机房、接入机房、楼顶抱杆以及天线铁塔等 5G 接入网部署和设备搭建的网络实景图搭建。

图 11 北京朝阳站网络实景图

根据前面高铁沿线部分的理论研究,直线路线选用"之"字形覆盖,弯道部分将基站设置在弯道内侧。图 12 所示为高铁沿线实景图。

图 12 高铁沿线实景图

图 13～图 15 是根据理论研究的站间距放置基站所搭建的站台和沿线的机房分布。

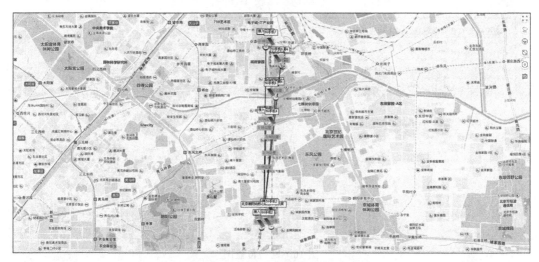

图 13 整条线的机房分布图

图 14 站台放大卫星图

图 16 所示为北京朝阳站的网络覆盖图。绿色区域是接入网的网络覆盖范围；我们可以对照图 17 中 5G NR 覆盖评估指标看出图 16 网络覆盖中的相关参数都在评估指标范围内，因此可以总结出我们的设计在 5G 网络覆盖方面能够达到标准要求。5G 网络覆盖仿真基本达到了我们所预想的结果。

图 18、图 19 所示为直线与弯道的覆盖效果图。

3. 5G 手机、PC 上网与话务、IP 话务

因为平台限制原因，以下用两个基站为例

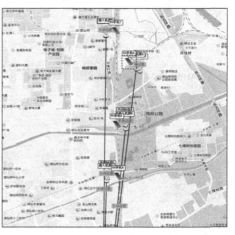

图 15 弯道放大图

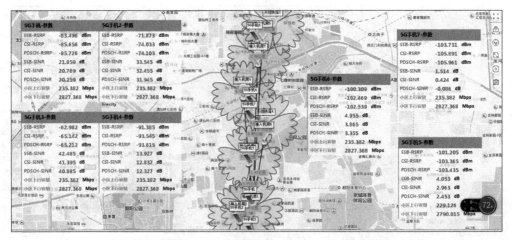

图 16 网络覆盖图

覆盖指标	指标名称	细分指标	建议门限(仅供参考)
RSRP	SSB RSRP	ant0~7	>-110
	CSI RSRP	ant0~7	>-110
	PDCCH RSRP	ant0~7	>-110
	PDSCH RSRP	ant0~7	>-110
SINR	SSB SINR	ant0~7	>-3
	CSI SINR	ant0~7	>-3
	PDCCH SINR	ant0~7	>-3
	PDSCH SINR	ant0~7	>-3
RSRQ	SSB/CSI/PDCCH/PDSCH RSRQ	ant0~7	>-10

覆盖测试点位	极好点	好点	中点	远点
下行	CSI SINR≥25 dB	CSI SINR=15~20 dB (典型值20 dB)	CSI SINR=5~10 dB (典型值10 dB)	CSI SINR=-5~0 dB (典型值0 dB)
上行	PL≤90 dB, 对应CSI RSRP>-72 dBm	PL=95~105 dB (典型值95 dB), 对应CSI RSRP[-87,-77]	PL=110~120 dB (典型值110 dB), 对应CSI RSRP[-102,-92]	PL≥125 dB, 对应CSI RSRP<-107 dBm

图 17 5G NR 覆盖评估指标

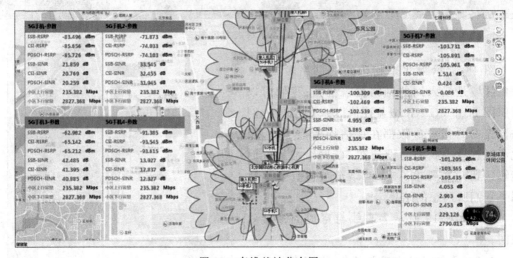

图 18 直线基站分布图

验证本次的网络设计能够进行 5G 手机、PC 上网与话务、IP 话务。经过验证在运动过程中终端设备可以通过 5G 网络上网、可以观看流畅的视频以及通话业务。

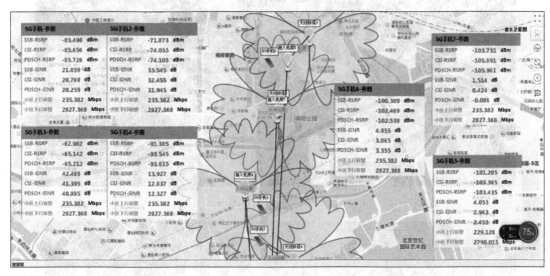

图 19　弯道基站分布图

图 20 所示为网络规划图，完成核心网、无线接入网的部署和参数配置；在完成 5G 网络的设备部署和手机入网功能调试的基础上，进入二期阶段，打通手机和座机之间的 VoIP 通话功能，实现图中的手机、IP 电话的两两互通。

图 20　网络规划图

图 21 所示为根据图 20 在实际场景中安置在站台的机房基站设施实景图。

图 22 所示为在站台按前期理论得出的间距来分布基站的卫星图。

图 23、图 24 所示为将设备开通后，高铁站台及沿线的覆盖图；沿线中规划了手机的运动路径。

图 25 所示为 5G 手机成功上网信令图。

图 21 站台实景图

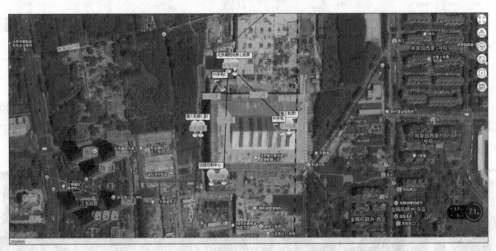

图 22 站台分布基站卫星图

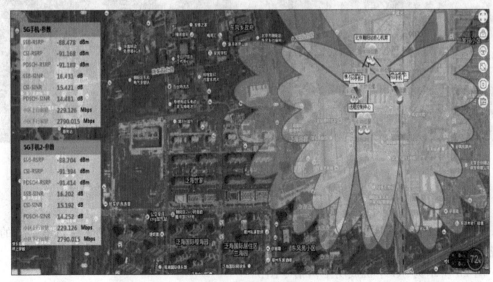

图 23 站台覆盖卫星图

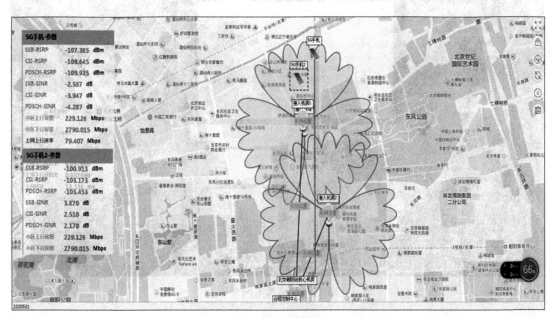

图 24 沿线覆盖图

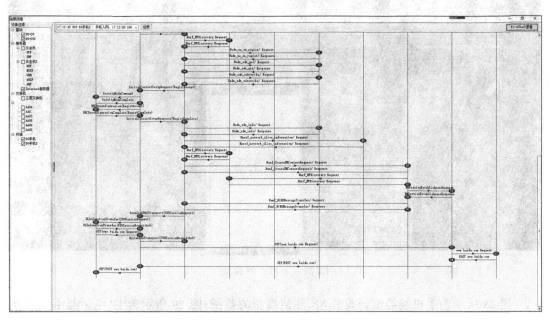

图 25 5G 手机成功上网信令图

图 26 和图 27 所示为虚拟计算机和手机的上网并验证成功的截图。

图 26 计算机上网验证

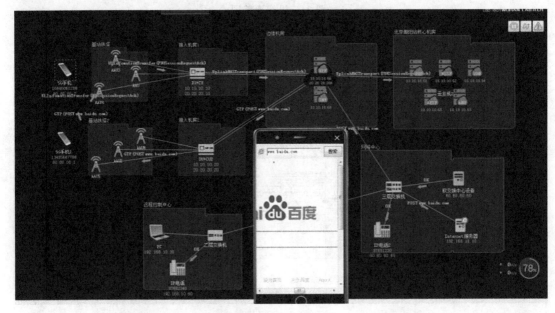

图 27 手机上网验证

图 28 所示为手机端能流畅观看 8K 超清视频的截图；图 29 所示为 IP 电话与手机端互通电话的截图。

使用平台测量了在沿线覆盖范围大约为 2 km，并在手机开始移动时记录手机开始到结束的时间为 24 s，根据公式计算出手机运动的速度约为 298.5 km/h，与本次项目中的高铁运动速度比较相近。本次的设计比较合理。

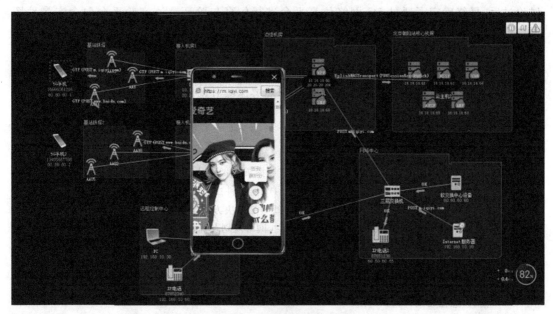

图 28 手机观看 8K 视频

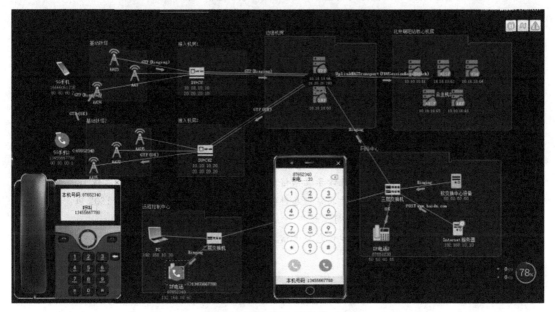

图 29 IP 电话与手机端互通

五、总结

本项目研究的是高速移动场景下 5G 无线通信网络设计与实现。在研究为高铁建设 5G 网络问题时,选择了尚未建设 5G 网络的新路段。由于 5G 技术属于前沿技术,相应的建设实施方案案例较少,而前往真实场景进行数据测试同样十分困难。通过一系列的研究与讨论过后,最终确定了通过 5G 网络仿真平台进行仿真与验证。该实验平台包含实景地图可以进行站址规划,相关设备的接线也可以通过动画演示模拟真实场景,通过业务开通与验证进行 IP 参数配置和 Vlan 划分等功能。可以观测到手机上网速率,观看高清视频情况和通话情况,符合验证标准。因为平台受限等问题,高铁隧道部分无法进行验证,同时实验中只能放置两个基站,高铁隧道部分以及多基站部署还需其他办法进行实验验证。

参考文献

[1] 何宇.5G 在高铁场景下的覆盖分析[J].中国新通信,2020(5).
[2] 张敏,李毅.高速铁路列车车厢穿透损耗应用探析[J].移动通信,2015.
[3] 李倩.某高铁移动通信网络的设计与实现[D].电子科技大学,2018.
[4] 苏凤轩,陈楚雄,陈孟香.5G 各类场景的天线覆盖解决方案[J].邮电设计技术,2020(8):53-59.
[5] 董帝烺,杜丕加,许绍松.高铁场景的 5G 无线网络规划及优化[J].移动通信,2019,43(6):36-41.
[6] 赵俊涛,康科武,张丹.高铁 5G 无线网络建设覆盖方案分析[A].TD 产业联盟、中国电子科技集团公司第七研究所《移动通信》杂志社.5G 网络创新研讨会(2020)论文集[C].TD 产业联盟、中国电子科技集团公司第七研究所《移动通信》杂志社:中国电子科技集团公司第七研究所《移动通信》杂志社,2020:3.
[7] 吴宇庆.基于 3GPP TR38.901 传播模型的地铁内 5G 覆盖规划[J].信息通信,2020(12):200-203.
[8] 魏英俊.新型有源室内覆盖与传统 DAS 对比分析[J].电信快报,2020(2):34-35+43.
[9] 李超杰.数字有源室分 pRRU 缩频覆盖技术研究[J].数字通信世界,2020(5):70-72.
[10] 刘波.高速铁路及隧道无线覆盖解决方案[D].南京邮电大学,2012(7).
[11] 潘翔,张涛,李福昌.高铁隧道场景的 5G 覆盖方案研究[J].邮电设计技术,2019(8):26-29.
[12] 京沈高铁望京隧道双向正式贯通.中国政府网(来源:新华社).2018-8-28[引用日期 2020-4-25]

作者简介

孙雪,女,本科生,就读于北京信息科技大学信息与通信工程学院通信 1801 班。
王可,女,本科生,就读于北京信息科技大学信息与通信工程学院通信 1801 班。
游良为,女,本科生,就读于北京信息科技大学信息与通信工程学院通信 1801 班。
努尔孜依娜·赛里克,女,本科生,就读于北京信息科技大学信息与通信工程学院通信 1802 班。
亚克甫江·艾肯,男,本科生,就读于北京信息科技大学信息与通信工程学院通信 1802 班。
张锦,女,北京中兴协力科技有限公司工程师。
张月霞,女,教授,北京信息科技大学信息与通信工程学院副院长。

基于 Python 的 SDN 控制器的设计与实现

陈梁潜　潘天宝　马涛　史登豪　陈润泽

(北京信息科技大学信息与通信工程学院,北京,100101)

摘　要:软件定义网络(Software Defined Networking,SDN)构建出一种网络框架,其将控制平面和数据平面分离,为研发新型网络协议及应用和未来网络技术提出了一种全新的解决方案。在 SDN 网络框架中,控制器处于中枢位置,对 SDN 网络性能有着重要影响。本项目是基于 python 的 SDN 控制器的设计实现。再通过 SDN 控制器的集中控制,可以轻松实现基于跳数(链路权重)的最短路径算法。是基于网络流量的 SDN 最短路径转发应用。

关键词:接口技术;SDN;流量监控;最短路径;Dijkstra

Design and Implementation of a Python-based SDN Controller

Chen Liangqian　Pan Tianbao　Ma Tao　Shi Denghao　Chen Runze

Abstract:Software Defined Networking (SDN) is a network framework that separates the control plane from the data plane and proposes a new solution for the development of new network protocols and applications and future network technologies. In the SDN network framework, the controller is in the central position and has an important impact on the SDN network performance. This project is a python based SDN controller design and implementation. The shortest path algorithm based on hop count (link weight) can be easily implemented through the centralized control of SDN controller again. It is a network traffic based SDN shortest path forwarding application.

Key words:interface technology; SDN; traffic monitoring; shortest path; Dijkstra

一、引言

SDN 起源于斯坦福大学 2006 年开始的由 Nick McKeown 教授领导的 Clean late 研究课题。传统网络很难直接在网络上发送和控制数据,这导致了网络控制平面的复杂性,也导致了直接在网络控制层更新和开发新技术随着网络的快速发展,网络问题越来越突出,难以处理和测量,SDN 将网络设备的控制平面和转发平面分离开来之后,网络出现了一定的层次性,SDN 的基本架构如图 1 所示,从上到下分别是应用层、控制层和转发层[1]。在调度阶段,交换机只提供一个简单的数据传输功能来快速处理匹配包,而最终的网络集(即路由策略、网络安全策略等)由应用类型业务程序描述。SDN 控制器位于中间的控制层,掌握着全局的网络状态信息,起着贯通上下的作用,可以认为是整个网络的操作系统。一方面,控制器通过南向接口对底层的网络交换设备进行集中管理、状态监测和转发决策以处理和调度数据平面的流量；另一方面，控制器通过北向接口向上层应用开放多个层次的编程能力，允许用户根据特定的应用场景灵活地制定网络控制策略[2]。

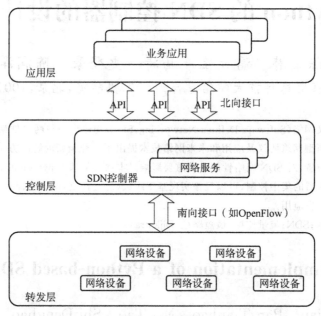

图 1　SDN 结构

SDN 有多个方面的关键技术，包括连接应用层和控制层的北向接口技术、连接控制层和转发层的南向接口技术，此外，网络拓扑发现技术和网络负载监控技术是 SDN 实现智能控制不可或缺的关键技术，基于这两个技术可以实现传统网络绝大部分的功能，以及可以实现传统网络无法实现的新功能[3]。目前 SDN 技术在国内外互联网公司中被广泛地应用，如图 2 所示，主要用来实现数据中心的流量调度，通过改进网络，提高网络传输链路带宽，提高链路带宽利用率。

	谷歌B4	阿里云SDN	腾讯SDN
应用场景	数据中心互联	数据中心内	数据中心内及数据中心互联
主要功能	流量调度	虚拟逻辑网络	虚拟逻辑网络+流量调度
主要实现技术	全局流量和路径优化计算，集中式流量工程（Central TE）	配置自动下发，SDN控制器，大二层网络技术	VXLAN+服务链+控制器；全局流量和路径优化计算
成效	带宽利用率由30%~40%提升至97%	用户可以调用Open API；10分钟内使它云上的上千台ECS规模翻倍	支持云数据中心全面虚拟化；提升广域网利用率、差异化QoS、业务冗余调度
私有实现	自研网络设备，自研控制器	自研网络设备，自研控制器	由自研开发控制器转向基于开源ODL控制器
主要价值	提高带宽利用率	运维自动化，自治、自愈	运维自动化、提高带宽利用率

图 2　国内 SDN 应用场景

二、SDN 控制器的设计与实现

传统网络的转发行为受到各种网络协议控制,但是它们是纯分布式控制、控制面和转发面在同一个设备中、管理员无法直接操控转发行为、网络协议对转发行为的影响是有固定模式的,但 SDN 要求集中式控制、要求转发跟控制分离、要求直接通过应用程序来控制转发行为[4]。因此,基于 SDN 在各互联网公司数据中心网络的应用方式,以提高网络链路传输效率为目的,设计以流量监控为链路评优条件的最短路径转发应用。项目包含网络链路流量监控和基于跳数(链路权值)的最短路径转发模块,单独将两个模块进行开发后,将流量监控替换最短路径模块中最短路径的选择条件,执行最短路径应用是,将从流量监控模块读取相关的网络链路信息,并进行择优比较,选择网络条件较好的链路进行网络数据传输。项目使用工具如图 3 所示,通过 Mininet 构建虚拟网络拓扑,来模拟现实网络应用场景;同时可利用 OpenDayLight 查看 Mininet 构建的网络拓扑,在使用自定义的网络拓扑结构时能进行网络拓扑构建的正确性验证。

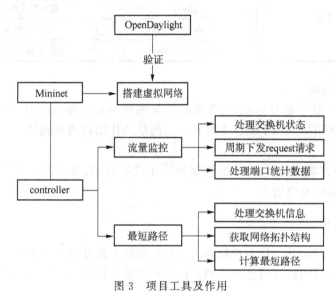

图 3 项目工具及作用

(一)使用工具

1. Mininet

Mininet 是一个虚拟化网络仿真工具,主要用于创建一个可以实现交换机之间相互连通并且可完成数据传输的虚拟网络。除此之外,还可以通过相关指令构建网络拓扑以及实现对网络拓扑的自定义。运用相关指令还可以查看主机之间的链路信息,确定各个主机和交换机之间的连接状态。

Mininet 主要有三类命令参数,分别用于创建网络拓扑、查看节点的网络状态和修改当前网络拓扑,常用的命令参数如表 1 所示。本项目中由于 Ryu 控制器与 Mininet 在同一终端,因此对制定的远程控制器默认使用本地的 IP 和端口号,并且通过—MAC 让 MAC 地址从小到大排列,使得复杂的网络更清晰,容易辨识各个组件的 MAC 地址。通过 controller=remote 指令实现对远程控制器的连接,项目中连接 Ryu 控制器,实现控制器对网络的控制。

表 1 Mininet 指令

创建网络拓扑	topo	创建网络拓扑
	switch	定义交换机类型
	controller	设置控制器类型
查看节点网络状态	nodes	查看全部节点信息
	net	查看链路信息
	links	监测链路是否正常工作
	pinall	检测各个主机之间的连通性
	pingpair	检测两个主机之间的连通性
	dump	输出节点信息
修改当前网络拓扑	iperf	两主机间进行 TCP 带宽测试
	dpctl	对所有交换机操作流表
	Link s1 s2 up	开启 s1 和 s2 间的链路
	Link s1 s2 down	禁用 s1 和 s2 间的链路

2. OpenDayLight

OpenDaylight 是一套开源框架,主要目的是实现创新实施以及软件定义网络透明化。Opendaylight 在该项目中用于验证本地自定义网络拓扑结构的正确性。

3. Ryu

由 Python 语言实现的开源 SDN 控制器。在该项目中,基于开源 RYU 以实现基于链路权重的最短路径转发应用。

(二)流量监控

本项目流量监控部分原理为控制器向交换机周期下发获取统计消息,请求交换机信息,获取交换机端口流量的统计信息并且请求流表项的统计信息,相关信息如图 4 所示[5]。

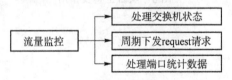

图 4 流量监控实现逻辑

之后根据交换机统计信息,通过流速公式

$$speed = \frac{s(t_1) - s(t_0)}{t_1 - t_0} \tag{1}$$

计算数据包的传输速度,通过剩余带宽公式

$$free\_bw = capability - speed \tag{2}$$

计算链路流量信息。

（三）最短路径

应用工作流程为：首先监听交换机状态改变这一事件，判断网络中交换机是否处于工作状态，每次交换机状态的改变触发一次_state_change_handler，记录下所有处于工作状态中的交换机。然后通过对交换机连接状态的监听，每次交换机连接进入网络，都会触发switch_fratures_handler，记录交换机的连接状态，同时添加对应的流表项；同时会触发交换机连接的事件，进行网络拓扑结构获取，通过get_topology将获取到的网络拓扑信息存储为一个邻接表，表示交换机之间的连接状态。每当交换机接收到来自控制器的数据包后，执行packet_in_handler，执行Dijkstra算法读取网络拓扑并计算最短转发路径，并完成对流表项的下发，完成一次完整的数据传输。最短路径实现逻辑如图5所示。

（四）网络拓扑获取

网络拓扑获取过程主要获取交换机信息、链路信息和主机信息，整体流程如图6所示，通过Ryu控制器的应用接口，可以获取网络拓扑的交换机信息，并创建字典用于存储信息，交换机和主机之间的链路包含内部链路以及外部链路，内部链路为交换机之间的网络链路，外部链路为交换机与主机之间的网络链路。信息获取完成后，程序执行get_graph()用于生成一个网络邻接表存储拓扑机构，并可在此过程中实现对内部链路随机权重设置，以模拟不同的网络链路状况。

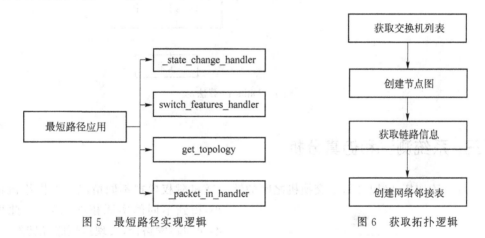

图5　最短路径实现逻辑　　　　图6　获取拓扑逻辑

（五）Dijkstra算法实现

利用Dijkstra算法完成，结合Ryu控制器中的链路发现，对控制层面的可编程性，完成对链路的自动选择和对OpenFlow交换设备流表的自动下发[6]。

算法流程如图7所示，Dijkstra采用贪心算法的原理，主要解决源节点到目的节点之间的最短路径问题，它的主要特点是每次迭代找到的点，寻找除了已经找到的点之外离源点最近的点，算法思想如下：首先将读取到的网络拓扑信息中的交换机节点信息由字典转为列表形式存储，同时定义一个访问节点列表用于存储可访问的交换机节点，定义一个字典用于存储路径信息。然后依次访问列表中存储的节点，如果当前访问的节点存在除自身外与之相连的其他节点，那么就将下一个节点添加到访问节点列表中并且将该节点从交换机节点列表中删除，同时更新邻接表，并且将路径信息添加到路径字典中。直到将交换机节点列表全部访问，即交换机节点列表为空时，算法结束，得到从一个交换机到另一个交换机之间的跳数字典，其形式为 distance_graph={src1:{src1:num1,src2:num2,src3:num3……}}，其中src表示交换机的序号，num表示某个交换机到另一个交换机的跳数。同时得到交换机到交换机之间的传输路径字典，其形式为 path={src1:{dst1:[path_info],dst2:[path_info],dst3:[path_info]},src2:{dst1:[path_info],dst2:[path_info],dst3:[path_info]},……}。其中dst表示交换机到另一交换机的路径，path_info为详细的路径信息。

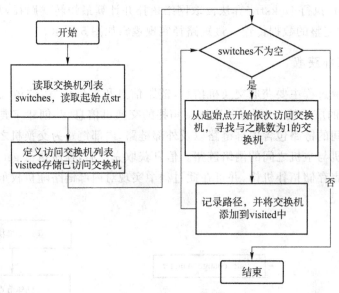

图7　Dijkstra算法

三、系统测试和仿真分析

通过在读取拓扑结构时，给交换机之间的链路随机赋权模拟不同情况下的网络流量大小，得到不同的实际拓扑结果，因此得到不同的转发路径，实现最短路径转发。

为了验证最短路径转发项目对不同复杂度的网络拓扑结构的适用性，从简单的网络拓扑到复杂的拓扑进行测试验证。

利用 Mininet 指令 sudo mn −− controller = remote −− mac −− topo = single,5 生成单源拓扑如图8所示，由于只有一个交换机，主机之间的转发路径也只有一条，如表2所示。

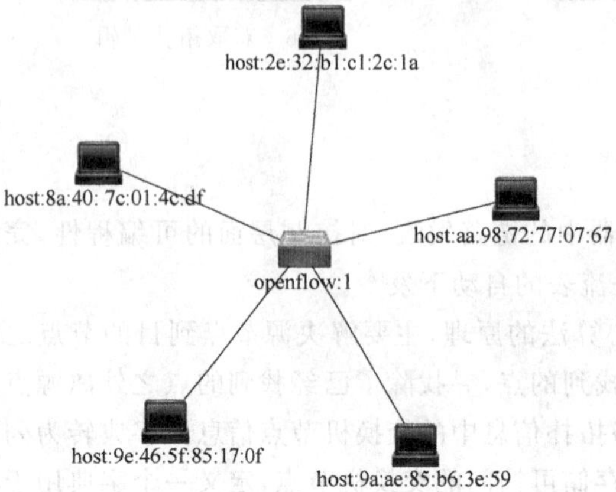

图8　单源拓扑

表 2 单源拓扑传输路径

10.0.0.1	Path:[1]	10.0.0.2
10.0.0.2	Path:[1]	10.0.0.1
10.0.0.1	Path:[1]	10.0.0.3
10.0.0.3	Path:[1]	10.0.0.1
10.0.0.1	Path:[1]	10.0.0.4
10.0.0.4	Path:[1]	10.0.0.1
10.0.0.1	Path:[1]	10.0.0.5
10.0.0.5	Path:[1]	10.0.0.1
10.0.0.2	Path:[1]	10.0.0.3
10.0.0.3	Path:[1]	10.0.0.2
10.0.0.2	Path:[1]	10.0.0.4
10.0.0.4	Path:[1]	10.0.0.2
10.0.0.2	Path:[1]	10.0.0.5
10.0.0.5	Path:[1]	10.0.0.2
10.0.0.3	Path:[1]	10.0.0.4
10.0.0.4	Path:[1]	10.0.0.3
10.0.0.3	Path:[1]	10.0.0.5
10.0.0.5	Path:[1]	10.0.0.3
10.0.0.4	Path:[1]	10.0.0.5
10.0.0.5	Path:[1]	10.0.0.4

利用 Mininet 指令 sudo mn -- controller = remote -- mac -- topo = tree,2,2 生成树状拓扑如图 9 所示,此拓扑结构虽较单一交换机结构复杂,但总体结构仍比较简单,交换机之间的传输路径单一,如表 3 所示。

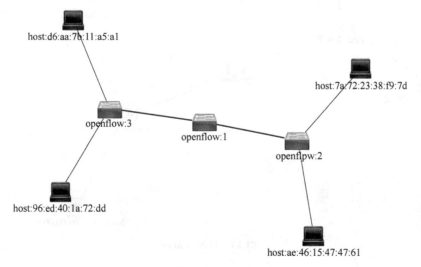

图 9 树状拓扑

表 3 树状拓扑传输路径

10.0.0.1	Path:[2]	10.0.0.2
10.0.0.1	Path[2,1,3]	10.0.0.3
10.0.0.1	Path[2,1,3]	10.0.0.4
10.0.0.1	Path[2,1,3]	10.0.0.3
10.0.0.2	Path[2,1,3]	10.0.0.4
10.0.0.3	Path[3]	10.0.0.4

为了验证较为复杂的网络拓扑结构在应用中的适用性,通过编辑 python 脚本文件,调用 Mininet 的 topo 包,通过 addHost 指令添加主机,通过 addSwitch 指令添加交换机,通过 addLink 指令添加链路,并可以对设备链路间的带宽、延迟、丢包率等(如:bw=10,delay='5 ms',loss=0,max_queue_size=1000,use_htb=True)进行设置,定义出一个简单拓扑结构,使用 Mininet 指令使其运行生成网络拓扑结构,并与 opendaylight 进行连接,登录 opendaylight 观察生成的拓扑结构,与定义的机构相同,拓扑结构如图 10 所示。

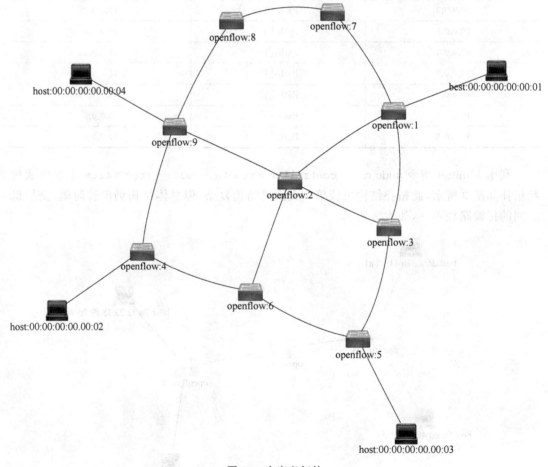

图 10 自定义拓扑

对自定义拓扑进行功能性验证,为模拟不同网络情况,给链路从 0 到 20 随机赋予不同的权值,结果如图 11 所示,路径选择如表 4 所示。

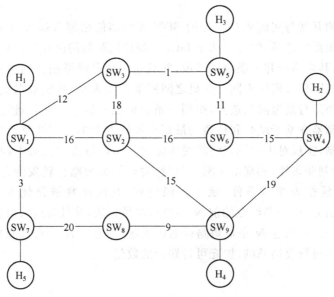

图 11 链路赋权

表 4 自定义拓扑传输路径

10.0.0.1	Path:[1,3,5,6,4]	10.0.0.2
10.0.0.1	Path:[1,3,5]	10.0.0.3
10.0.0.1	Path:[1,2,9]	10.0.0.4
10.0.0.1	Path:[1,7]	10.0.0.5
10.0.0.2	Path:[4,6,5]	10.0.0.3
10.0.0.2	Path:[4,9]	10.0.0.4
10.0.0.2	Path:[4,6,5,3,1,7]	10.0.0.5
10.0.0.3	Path:[5,3,2,9]	10.0.0.4
10.0.0.3	Path:[5,3,1,7]	10.0.0.5
10.0.0.4	Path:[9,8,7]	10.0.0.5

对于从 H_1 到 H_2,路径一 1,3,5,6,4 链路权重为 39,路径二 1,2,6,4 链路权重为 47,可见,虽然路径二的跳数更少,但由于其链路权重较大,但仍然选择了链路权重更小的路径一。对于从 H_3 到 H_4,路径一 5,6,2,9 链路权重为 42,路径二 5,6,4,9 链路权重为 45,可见,两条路径的跳数相通,但由于链路权重不同,因此选择权重较小的路径一。

对于跳数相同/链路相同的路径,结果只会输出多条路径中的一条,这一点可以再进行进一步改进以输出所有条件相同的路径。虽然实际网络信息相同的概率较低,但仍应该考虑这种情况。

网络流量监控部分由于尚未实现,目前只能够检测从交换机各个端口处发送的数据包、接受的数据包数量以及错误接受的数量。

四、总结和展望

这次的项目的开展与实施成功设计的 SDN 控制器能根据 host 到 host 之间经过的交换机数量进行最短路径选择，但对于两个 host 之间相同跳数的路径只能展示出程序最先读取到的一条路径，其余路径并不能全部展示；并且能在读取网络拓扑的过程中，对交换机之间的链路进行随机赋权来模拟不同交换机之间网络流量大小，并能根据主机之间不同路径的权值之和的大小进行最短路径选择，得到一条权值之和最小的路径进行数据转发。目前已经验证了该控制器在基于跳数和权值的最短路径转发上的可用性及正确性，然后可以进一步完善判断机制，实现对不同链路间的网络流量大小进行监控或对不同链路的传输延迟进行监控，并作为判断条件，实现基于网络流量/时延的最短路径转发问题，除此之外，还可以考虑将网络时延作为参考条件，赋予不同权重，共同评判链路优劣。并且可以基于 Dijkstra 算法，设计过 K 个必经点的前 N 条最短路径算法，并且通过数值实验分析，验证该条件下理论上过必经点的前 N 条最短路径的正确性，并为过 K 个必经点的前 N 条最短路径问题的算法切实可行提供基础，扩充可行路径的数量[7]。

参考文献

[1] 孙英英,李战怀,李宁,等.基于 OpenFlow 的虚拟网络架构的设计与实现[J].计算机与现代化，2014(1):109-113.

[2] 左青云,陈鸣,赵广松,等.基于 OpenFlow 的 SDN 技术研究[J].软件学报,2013,24(5):1078-1097.

[3] 柯志发.SDN 网关管理平台工程需求调研管理研究[D].东华大学,2020.DOI:10.27012/d.cnki.gdhuu.2020.000618.

[4] 侯晓婷.基于 SDN 的动态负载均衡最优路径算法研究[J].微型机与应用,2017,36(24):65-68.DOI:10.19358/j.issn.1674-7720.2017.24.19.

[5] 孙鲸鹏.基于 OpenDaylight 的 SDN 流量管控[D].南京邮电大学,2019.DOI:10.27251/d.cnki.gnjdc.2019.001387.

[6] 傅妍芳,李敬伟,马静,等.基于 Ryu 的 SDN 网络动态路由算法实现[J].西安工业大学学报,2018,38(3):279-285.DOI:10.16185/j.jxatu.edu.cn.2018.3.16.

[7] 王小会,薛延刚,李晓青.基于 Dijkstra 算法过必经点的最短路径设计[J].陕西理工大学学报（自然科学版）,2020,36(3):68-73.

作者简介

陈梁潜,男,本科生,就读于北京信息科技大学信息与通信工程学院通信 1801 班。
潘天宝,男,本科生,就读于北京信息科技大学信息与通信工程学院通信 1801 班。
马涛,男,本科生,就读于北京信息科技大学信息与通信工程学院通信 1801 班。
史登豪,男,本科生,就读于北京信息科技大学信息与通信工程学院通信 1802 班。
陈润泽,男,本科生,就读于北京信息科技大学信息与通信工程学院通信 1802 班。

校园 5G 网络组网方案设计与超密集组网的部分应用

廖海龙 崔卓凡 吴易达 程予 陈屹凡

(北京信息科技大学 通信学院,北京 100101)

摘 要:高频段是未来 5G 网络的主要频段,在 5G 的热点高容量典型场景中将采用宏微异构的超密集组网架构进行部署,以实现 5G 网络的高流量密度、高峰值速率性能。所以对超密集组网(UDN)在 5G 中的应用研究必不可少。由于超密集组网技术在目前还不成熟,所以本项目的主要内容还是偏向 5G 基站的部署方案设计,对超密集组网技术仅做深入的解释。

在此背景下,本项目以校园 5G 组网方案设计与实现为主要目标,通过查找文献、参考工程实际操作的方法,主要进行了网络需求分析、构建链路预算和链路预算仿真、预测系统容量需求和计算单站容量能力、站址规划、网络参数规划等工作。在综合本校区的地理环境、用户分布、业务需求类型等现实基础上设计了无线侧接入网部分 5G 校园网络组网方案,方案包括室外宏站的部署等内容,对于现网规划有一定参考意义。

关键词:超密集组网;5G 组网方案设计;链路预算;容量估算;站址规划

Campus 5G network networking scheme design and some applications of ultra-dense networking

Liao Hailong Cui Zhuofan Wu Yida Cheng Yu Chen Yifan

Abstract: The high frequency band is the main frequency band of the 5G network in the future. In the typical 5G hotspot high-capacity scenario, the macro-micro heterogeneous ultra-dense networking architecture will be deployed to achieve the high traffic density and high peak rate performance of the 5G network. Therefore, it is necessary to research the application of ultra-dense networking (UDN) in 5G. Since the ultra-dense networking technology is still immature, the main content of this article is still biased towards the design of the deployment scheme of 5G base stations, and only an in-depth explanation of the ultra-dense networking technology will be given.

In this context, this paper takes the design and implementation of the campus 5G networking scheme as the main goal. By searching for literature and referring to the actual operation method of the project, it mainly analyzes network requirements, constructs link budget and link budget simulation, and predicts system capacity. Demand and calculation of single site capacity, site planning, network parameter planning, etc. On the basis of the geographical environment, user distribution, service demand type and other realities of the campus, a 5G campus network networking scheme for part of the wireless side access network is

---

① 项目来源类别:2021 年北京市大学生实培计划大创深化项目。

designed. The scheme includes the deployment of outdoor macro sites, which has certain reference for the planning of the existing network. significance.

Key words:ultra-dense networking; 5G networking scheme design; link budget; capacity estimation; site planning

一、5G 网络覆盖规划研究

本项目将从两个方面对 5G 网络进行理论研究,一方面研究 5G 的网络架构,阐述 5G 网络的基本原理;另一方面研究 5G 的组网方案,并选取适宜的组网模式。5G 网络架构如图 1 所示。

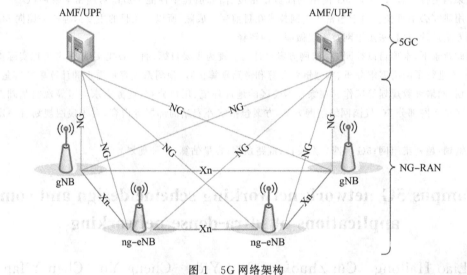

图 1　5G 网络架构

5G 的网络架构主要包括 5G 接入网、5G 核心网,其中 NG-RAN 代表 5G 接入网,5GC 代表 5G 核心网。其中,相邻两节点之间均用 Xn 接口连接。5G 无线侧接入网进行了多方面升级,与 5G 网络组网方案设计直接相关的是 gNB 中 BBU、RRU 重构。

1. 5G 接入网

5G 接入网(NG-RAN)主要包含以下两个节点。

(1) gNB:5G 基站,为 5G 网络用户提供 NR 的用户平面和控制平面协议和功能。

(2) NG-eNB:4G 增强型基站,为 4G 网络用户提供 NR 用户平面和控制平面协议功能。

(3) 在 5G 网络中,接入网不再是由 BBU、RRU、天线这些东西组成了,而是被重构为以下 3 个功能实体。

①CU(Centralized Unit,集中单元):原 BBU 的非实时部分将分割出来,重新定义为 CU,负责处理非实时协议和服务。

②AAU(Active Antenna Unit,有源天线单元):BBU 的部分物理层处理功能与原 RRU 及无源天线合并为 AAU。

③DU(Distribute Unit,分布单元):BBU 的剩余功能重新定义为 DU,负责处理物理层协议和实时服务。

之所以要 BBU 功能拆分、根本原因,就是为了满足 5G 不同场景的需要。5G 是一个"万金油"网络,除了网速快之外,还有很多的特点,例如时延低、支持海量连接,支持高速移动中的手机等。说到这里,就要提到 5G 的一个关键技术——切片,简单来说,就是把一张物理上的网络,按应用场景划分为 N 张逻辑网络。不同的逻辑网络,服务于不同场景。5G 网络切片如图 2 所示。

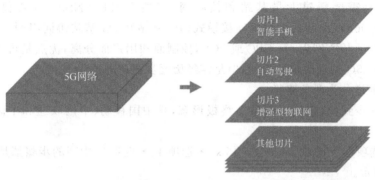

图 2 5G 网络切片

可以这么理解,因为网络多样化,所以要切片;因为要切片,所以网元要能灵活移动;因为网元灵活移动,所以网元之间的连接也要灵活变化。所以,才有了 DU 和 CU 这样的新架构。

2. 5G 核心网

5G 核心网,也被称为 5GC,采用的是 SBA 架构(Service Based Architecture,即基于服务的架构)。名字比较好记,SBA 架构,基于云原生构架设计,把原来具有多个功能的整体,分拆为多个具有独自功能的个体。每个个体,实现自己的微服务,如图 3 所示。

5G网络功能	中文名称	类似4G EPC网元
AMF	接入和移动性管理	MME中NAS接入控制功能
SMF	会话管理	MME、SGW-C、PGW-C的会话管理功能
UPF	用户平面功能	SGW-U+PGW-U用户平面功能
UDM	统一数据管理	HSS、SPR等
PCF	策略控制功能	PCRF
AUSF	认证服务器功能	HSS中鉴权功能
NEF	网络能力开放	SCEF
NSSF	网络切片选择功能	5G新增,用于网络切片选择
NRF	网络注册功能	5G新增,类似增强DNS功能

图 3 5G 核心网的网络功能

简而言之,5G 核心网就是模块化、软件化。

5G 核心网之所以要模块化,还有一个主要原因,就是为了"切片"。5G 是一个天下一统的网络,通吃所有用户。设计之初,就需要它应对各种需求。既然网络用途不同,当然要见招拆招。以一个死板的固定网络结构去应对,肯定是不行的。只有拆分成模块,灵活组队,才能搞定。虚拟化和微服务架构可以更好地切片。

3. 5G 的组网方案

为了适应当前的大环境,3GPP 发布了独立组网和非独立组网两种模式。独立组网(SA)需要建设 5G 基站以及全新的 5G 核心网来组建 5G 网络,非独立组网(NSA)充分利用现有 4G 基础设施资源,采用双连接技术,实现 5G 与长期演进联合组网,满足大流量移动宽带业务需求[1]。

3GPP 协议中提出了 5 种网络部署备选方案,其中独立组网(SA)方式包括:Option2 和 Option5,特点是只有一种基站,核心网为 5GC,优点是独立组网属于完全的 5G 网络,性能大幅提升,但是需要新建大量基站和核心网;非独立组网(NSA)方式包括:Option3、Option7 和 Option4,特点是采用双连接模式,4G 基站和 5G 基站协同组网,一个是主基站另一个是从基站,核心网为 4G EPC 或 5GC,控制面和用户面分离,优点是可以充分利用现有资源,实现在 5G 初期的快速组网,但是需经历逐步演进的过程[2]。

5G 组网演进分为两条路径。

路径 1:一步到位,直接上选项 2 终极形态,是中国移动、中国联通和中国电信共同的选择。

路径 2:选项 1 → 选项 3x → 选项 7x → 选项 4 → 选项 2,中间的步骤都是可选的;两条路径如图 4 所示。

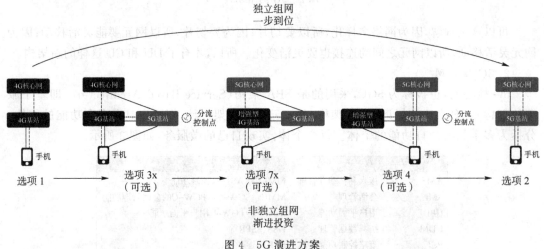

图 4 5G 演进方案

路径 2 看上去如此复杂,从 4G 核心网到 5G 核心网的切换是很大的原因,但是随着虚拟化和云化基础的逐渐成熟,4G 核心网和 5G 核心网可以合二为一,成为 4G/5G 融合的核心网,即是 4G 核心网,也是 5G 核心网;这样对于无线侧的演进提供了极大的便利,多种网络架构可以共存,切换方便,其中的决定因素是 5G 需求的全面爆发。

二、超密集组网的应用研究

高频段是未来 5G 网络的主要频段,因此,为满足未来 5G 网络数据流量增加 1 000 倍以及用户体验速率提升 10 倍到 100 倍的需求,除了增加频谱带宽、利用先进的无线传输技术外,还需增加单位面积内小基站的部署数量,即利用超密集组网技术,以进一步提升频谱利用效率,加快数据传输速率。在 5G 的热点高容量典型场景中将采用宏微异构的超密集组网架构进行部署,以实现 5G 网络的高流量密度、高峰值速率性能。

简单来说,超密集组网技术就是以宏基站为"面",在其覆盖范围内,在室内外热点区域,密集部署低功率的小基站,将这些小基站作为一个个"节点",打破传统的扁平、单层宏网络覆盖模式,形成"宏—微"密集立体化组网方案,以消除信号盲点、改善网络覆盖环境。

可以看出,超密集组网是解决未来 5G 网络数据流量爆炸式增长的有效解决方案。据预测,在未来无线网络宏基站覆盖的区域中,各种无线接入技术(radioaccess technology,RAT)的小功率基站的部署密度将达到现有站点密度的 10 倍以上,形成超密集的异构网络,如图 5 所示。

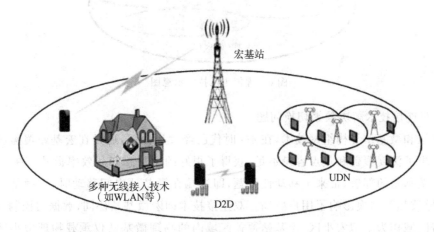

图 5 超密集的异构网络

1. 超密集组网所面对的主要问题和关键技术

(1) 超密集组网所面对的主要问题

在 5G 超密集组网场景中,将部署超过现有站点 10 倍以上的各种小型基站,在宏基站覆盖区域内,小基站的站点间距将保持在 10~20 m 之间。

随着基站部署密度的增加,超密集组网技术也将面临许多挑战。比如,因各个发射节点间距离较小而产生网络干扰,以及随着基站数量增多,部署成本上涨等问题。

1) 系统干扰问题

通过增加小功率基站,缩短了基站与终端之间的距离,降低了终端的路径损耗,从而提高网络吞吐量,但是也提升了干扰信号。

2) 移动信令负荷加剧

随着无线接入站点间距进一步减小,小区间切换将更加频繁,会使信令消耗量大幅度激增,用户业务服务质量下降。

(2) 超密集组网的关键技术

虚拟小区技术解决干扰协调和移动性问题

虚拟小区(VC)技术将多个分布的微小区构建成由一个虚拟宏小区层和多个物理微小区层的多层网络,如图 6 所示。虚拟小区要求各个微小区共享无线资源(信号、信道或载波),用于集中控制。虚拟宏小区负责各个物理微小区接入控制、移动性管理、无线资源协调和干扰管理等,物理微小区负责数据承载。通过虚拟宏小区的集中控制,能够有效降低小区内专有信号带来的干扰,有效控制信噪比波动给用户一致的体验[3]。

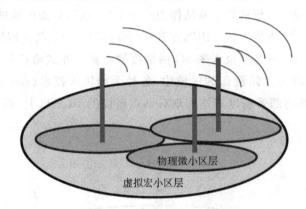

图 6　虚拟小区技术示意图

(3) 双连接技术解决频繁切换问题

宏基站和微基站异构组网技术,在 4G 时代已经大量使用,通过在宏基站覆盖区域增加微基站解决了深度覆盖和热点容量不足,获得了很好的用户感知和效率提升。在 5G 时代,随着大量微基站的部署,带来了移动性问题,即终端在微基站之间移动时,因微基站覆盖范围有限,导致频繁切换影响了用户感知。双连接技术即宏微基站协同,数据与控制分离。宏基站覆盖区域作为虚拟宏小区,宏基站覆盖区域内的物理微基站仅承载物理微小区内的数据面,用户同时连接宏基站和物理微基站,支持不同接入技术。

如图 7 所示,终端在双连接模式中,同时连接宏基站和微基站两个基站,其中宏基站作为主基站,提供集中统一的控制面功能。微基站作为辅助基站,提供用户面的数据承载功能。主基站和辅助基站之间通过 X2 接口连接,进行资源配置信息协商。另外在微基站未覆盖区域,主基站也兼任用户面的数据承载功能[3]。

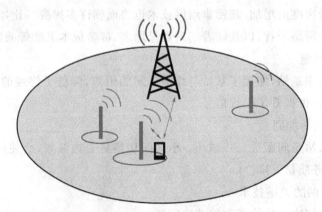

图 7　双连接技术示意图

2. 超密集组网的规划部署

5G 超密集组网需求场景：一是高流量热点区域容量保障，通过部署微基站扩充网络容量；二是覆盖补盲，即宏基站覆盖空洞的区域，通过建设微基站来补充覆盖。通常存在两种组网模式：宏基站—微基站模式和微基站—微基站模式。

（1）宏基站—微基站模式

在宏基站—微基站模式中，宏基站作为主基站，负责区域内的信令基站控制、所有微基站接入控制、无线资源协调、移动性管理、干扰协调和区域外基站切换控制以及没有微基站覆盖区域的数据承载。微基站只负责覆盖范围内的数据承载，实现数据分流的目的，如图 8 所示。

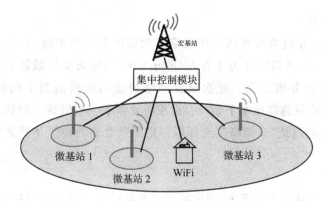

图 8　宏基站—微基站模式

宏基站和微基站采用不同 RAT 技术，微基站采用与接入频谱相同的方式进行无线回传。终端侧采用双连接技术同时连接微基站和宏基站，实现了控制和承载分离，解决了频繁切换。

（2）微基站—微基站模式

微基站—微基站模式，不同于宏基站—微基站模式，没有一个可以覆盖整个区域的基站。成片微基站构成一个微基站簇，通过虚拟小区技术将微基站簇构建成由一个虚拟宏小区和多个物理微小区组成的多层网。如图 9 所示，虚拟宏小区负责所有微基站接入控制、无线资源协调、移动性管理、干扰协调和区域外基站切换控制，物理微小区则仅负责覆盖范围内的数据承载。这个思路实现了与宏基站—微基站模式相同的目的[3]。

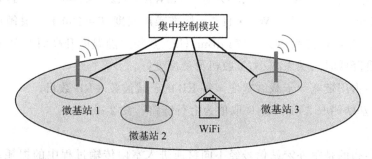

图 9　微基站—微基站模式

三、校园 5G 网络规划与设计

无线网络规划的一般流程为：网络需求分析、覆盖规划、容量规划、站址规划、参数规划。网络需求分析需要现场调研，了解待覆盖范围的现有 4G 网络资源；覆盖规划需要链路预算仿真，计算得出覆盖所需的基站数量；容量规划需要进行系统容量需求估算和单站容量能力计算，确定目标覆盖区域容量上需要的基站数量。最终规划所需基站数为覆盖、容量两者所需基站数的较大值；站址规划时应进行现场勘察，充分了解待覆盖范围的 4G 基础设施情况。

1. 网络需求分析

北京信息科技大学健翔桥校区位于北京市朝阳区北四环中路，占地面积约 10 万平方米，用户数约 4 000 人，人口密度为 4 万人/平方千米，目标覆盖区域属于室外，该地区业务特点为语音及数据业务密度高。此次负责网络覆盖的运营商为中国联通，业务类型为 eMBB，该地区平均建筑物高度小于 30 m，业务场景属于一般城区。经调查，健翔桥校区周围共 5 个 4G 基站，分别是"安翔路""光环电信集团""北辰西路""华严北里"和"健翔桥区"基站。

2. 链路预算

基于目标覆盖区域的业务需求，通过场景和参数结合计算出下行链路传输路径上无线信号最大允许路径传播损耗，然后结合对应的传播模型仿真估算 5G 基站覆盖的半径并算出面积，最后通过基站的覆盖面积确定基站数量。其中：

$$目标区域的站点数 = \frac{目标区域面积}{单基站覆盖面积}$$

$$路径损耗 = 发射功率 + 基站增益 - 接收机灵敏度 - 余量$$

（1）由于手机发射功率较小，覆盖受限于上行，所以主要计算上行链路预算天线增益为 25 dBi。考虑其下行链路预算，终端设备天线无增益，手机发射功率为 26 dBm。

（2）接收机灵敏度 = 噪声功率 + 噪声系数 + SINR

其中：噪声功率 = 噪声功率谱密度 + 噪声带宽

热噪声功率谱密度 = $K \times T$ = 1.38×10^{-20} mWK·Hz^{-1} $\times 290$ K = -174 dBm/Hz，玻尔兹曼常数 $K = 1.38 \times 10^{-20}$ mWK·Hz^{-1}，标准噪声温度 $T = 290$ K。灵敏度受温度变化影响，则常温 25 ℃时的热噪声为 -174 dBm/Hz。热噪声随温度升高而增大，此时接收机灵敏度变差，温度降低时热噪声减小，接收机灵敏度变好。

噪声带宽：占用带宽 = 子载波宽度 * 每 RB 的子载波数 * RB 数目。

噪声系数基站侧取 3 dB，SINR 取值为上行链路 -22.2 dBm。

（3）余量

穿透损耗：指的是室外宏站信号经不同材质进入室内传输过程中的损耗。链路预算需要估计足够的穿透损耗，穿透损耗估计过小可能导致室内覆盖效果差，估计过大则可能造成小区间的干扰。穿透损耗取值如表 1 所示。

表 1　穿透损耗取值

频段(GHz)	低损耗	高损耗	密集城区	一般城区	郊区	乡镇
3.5	12	26	26	22	18	14
4.5	13	28	28	24	20	16
28	18	38	38	34	30	26

人体损耗：有两种类型，分别是近端损耗和遮挡损耗。近端损耗是指在使用穿戴设备或手持设备时人体造成的损耗，远端损耗是指终端附近有行人，且行人遮挡信号造成的损耗。NLOS 场景下人体损耗典型值为 3 dB。

$$接收机灵敏度 = -174 + 89 + 3 - 22.2 = 104.2$$
$$Lp(dB) = 26 + 25 + 104.2 - 25 = 130.2\ dB$$

综上所述，计算得到的路径损耗为 130.2 dB。

我们在 28 GHz 和 73 GHz 频段，分别进行了视距下和非视距下的路径损耗仿真对比，如图 10 所示。

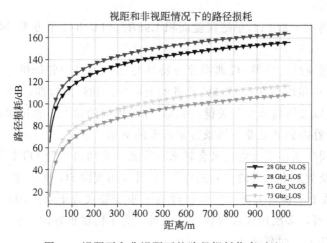

图 10　视距下和非视距下的路径损耗仿真对比

根据调研，载频越高，带宽也会越大。由图 10 得知，在 73 GHz 的频段下视距和非视距两种状态下的路径损耗均大于 28 GHz 的信号，因此得出结论载频越高，带宽会越大，但路径损耗往往也会越大。在 73 GHz 的频段下，信号衰减会更强，传递范围小，如果是 28 GHz，信号衰减的情况就会好很多，传递范围也较大。根据当前市场来看，3.5 GHz 频段是最稳定且应用最广的，虽然传输速度较慢，但传递范围比 28 GHz 更广，由此我们选用 3.5 GHz 频段来进行仿真。

（4）传播模型仿真

无线电波在介质中的传播特性可以用数学模型来描述，这种数学模型被称为无线传播模型。在无线网络规划中，往往通过链路预算仿真估计基站的覆盖半径，计算基站覆盖面积。有研究表明，COST-231Hata 在 3.5G 频段的仿真结果与试验网数据吻合，该模型适用于 5G 城市宏覆盖链路预算仿真，因此以该模型进行仿真。

COST 231-Hata 模型路径损耗计算的经验公式为

$$Lp(\text{dB}) = 46.3 + 33.9 \lg f - 13.82 \lg h_s - a(h_m) + (44.9 - 6.55 \lg h_s) \lg d + C_{\text{cell}} + C_{\text{terrian}} + C_m$$

$$a(h_m) = \begin{cases} (1.1 \lg f - 0.7) h_m - (1.56 \lg f - 0.8)(\text{dB}), & \text{中、小城市} \\ 8.29 (\lg 1.54 h_m)^2 - 1.1(\text{dB}), f \leqslant 300 \text{ MHz}, & \text{大城市} \\ 3.2 (\lg 11.75 h_m) - 4.97(\text{dB}), f > 300 \text{ MHz}, & \text{大城市} \end{cases}$$

$$C_{\text{cell}} = \begin{cases} 0, & \text{城市} \\ -2 \left[\dfrac{\lg f}{28}\right]^2 - 5.4(\text{dB}), & \text{郊区} \\ -4.78(\lg f) - 18.33 \lg f - 40.98(\text{dB}), & \text{乡村} \end{cases}$$

$$C_m = \begin{cases} 0(\text{dB}), & \text{中等城市和郊区} \\ 3(\text{dB}), & \text{大城市中心} \end{cases}$$

根据所给出的 $a(h_m)$、C_{cell} 和 C_m 的计算公式，我们只需要利用上面计算得到的 Lp 代入至第一个公式便可得到所求基站半径。

由于健翔桥校区非北京市中心，属于中等城市范畴，因此 C_{cell} 和 C_m 取 0。由于地形为一般地形 C_{terrian} 可以取 0。

经过计算得到：$d = 273$ m，单站覆盖面积 $1.95R^2 = 145\ 331$ 平方米，因此需要一个基站。

3. 容量规划

容量估算是指通过对各类 5G 典型业务特性与用户体验的分析推导校园 5G 典型业务模型，根据 eMBB 场景的特性，以及 5G 业务的发展特性和延伸特性，推导校园 5G 网络系统的时延、流量密度以及体验速率等关键性指标，作为规划的输入。通过对比系统容量需求和单站容量能力，计算得到满足业务场景容量需求的基站数量。

教学以及校园生活在不远的将来会越来越需要社交网络以及 OTT 服务，比如"虚拟现实，超清视频，以及类似虚拟机的实验操作"。通过预测校园 5G 业务，进行场景业务预测。

(1) 现如今线上虚拟机上进行实验已经有一步步替代线下实验的趋势，不仅可以随心分配实验时间，也可以多次操作取得较满意结果。为了提供更好的实验体验，这需要下行体验速率达到 15 Mbit/s，时延要求为 50~100 ms。

(2) 5G 时代语音电话会被更加效率的视频会议以及视频通话所替代，其业务特性为时延敏感，双方的延迟不应过高，所以上下行业务量基本相等。5G 视频会话业务一般要求达到尽量高清视频的分辨率，一般两方视频会话要求上下行体验速率均达 15 Mbit/s，时延约 50~100 ms。

(3) 在校园生活中，直播以及视频已经逐步成为较为流行的业务，在一些教师教学环节中也起到了很重要的作用，一般要求达到 1080P 或 4K 高清视频的分辨率，上行体验速率分别要求达到 15 Mbit/s 和 60 Mbit/s，时延要求为 50~100 ms。并保障单项端到端时延为 5~10 ms；虚拟现实一般要求达到 4K(3D) 高清视频分辨率，下行体验速率为 240 Mbit/s，交互类虚拟现实业务对上行速率暂无具体要求，时延要求为 50~100 ms。

(4) OTT（社交网络消息）业务已经是生活和工作的主要业务之一，5G 时代仍将占据主导地位。这类业务对传输时延要求较低，对体验速率也没有硬性要求。5G 典型业务特性如表 2 所示。

表 2　5G 典型业务特性

典型业务	业务发生概率	时延要求（ms）	上行体验速率（Mbit/s）	下行体验速率（Mbit/s）
视频会话	10%	50～100	15	15
视频播放(1080P,4K)	20%	50～100	/	75
线上实验	10%	5～10	60	60
虚拟现实	10%	50～100	/	240
直播(1080P、4K)	10%	50～100	75	/
OTT	40%	/	/	/

网络需求分析部分计算健翔桥校区人口密度为 4 万人/平方千米，根据中国 5G 经济报告白皮书预计到 2025 年 5G 终端渗透率为 48%，在此取整为 50%，假设 5G 终端激活率为 30%。根据下式计算 5G 终端激活密度为 6 000 个/平方千米。

5G 终端激活密度＝人口密度×5G 终端渗透率×5G 终端激活率

根据下式计算流量密度为上行：67.52 Gbit/km^2，下行：234 Gbit/km^2。

流量密度＝$\sum$5G 终端激活密度×业务 i 发生概率×业务 i 体验速率

根据下式计算系统吞吐率要求为上行：5.40 Gbit/s，下行：18.72 Gbit/s。

系统吞吐率＝流量密度×待覆盖面积

根据场景业务模型可知体验速率要求为上行：60 Mbit/s，下行：240 Mbit/s。

4. 单站容量能力

5G 基站容量的影响因素主要有载频带宽、业务类型和质量要求以及网络覆盖质量，通过典型网络配置的小区上下行吞吐量来计算出单站容量能力。

从 4G 商用网络来看，下行容量比上行容量更容易受到限制，因此在 5G 网络规划中，从容量角度出发，我们需更多的关注下行容量需求。可计算得单站下行吞吐量为 8.211 Gbit/s，所需基站数量为 18.72/8.211＝2.28 即 3 个基站。

综合覆盖需要 1 个基站，容量覆盖需要 3 个基站，完成健翔桥校区 5G 网络覆盖需要 3 个基站。

5. 站点规划

本项目采用"有冗余则新增，无冗余则改造"的基本原则进行设计。现网 4G 的 5 个站址全部属于室外分布式基站，其中安翔路小基站天线挂高为 7 m，判断为补盲小基站，不适于作为 5G 网络可用的共址站点，但可作为备选站点，网络建成以后经测试如有补盲需求可以考虑这个站点；其余 4 个基站天面高度均大于或等于 20 m，站间距也在 350～500 m 内，初步判断适于作为 5G 网络建设的共址站点。综上所述，本着优先共享存量站址、节约建设成本同时满足交付需求的原则，健翔桥校区不新增 5G 站点，全部采用与 4G 共站址建设。

6. 参数规划

5G 网络需要对 PCI、方位角、天线高度以及下倾角等数据进行预测规划，由于 5G 与 4G 相比技术原理和物理层帧结构发生了一定变化，各参数规划要求及过程也发生了相应变化。

(1) PCI 规划

在 5G NR 中,PSS 结构与 LTE 基本相同,但 SSS 数量有所增加。5G 中 SSS 共 336 个值(0~335),PSS 仍为 3 个值(0~2),这意味着 5G 中 PCI 数量为 1 008 个(0~1 007),相较 LTE 增加了一倍,但随着 5G 微小基站数量增加,特别是未来毫米波基站数量增加,站点密度进一步加大,PCI 发生冲突的概率会加大。

5G PCI 网络规划,遵循以下原则。

①不冲突原则:同频的小区,距离太近时不能使用相同 PCI。

②不混淆原则:相邻两个同频的小区不可使用同一 PCI,否则容易导致 gNB 切换时无法识别,切换失败。

③复用原则:使用相同 PCI 的小区要保留足够距离,以保证 PCI 能够复用。

(2) TAC 规划

本项目使用的组网方案为 NSA 方案,该方案将控制面锚点设为 4G 基站,此时 5G 基站的作用为对数据进行分流的节点,5G 基站无须进行邻区规划,5G 的追踪区码(TAC)规划类似于 4G,使用与 4G 网络相同的 TAC。

(3) 天面规划

该覆盖区域的地势较为缓和,此地形天线的有效高度约为 25 m;与 3G/4G 共站场景,一般情况下,运营商会运用已有的 3G/4G 基站资源来进行 5G 基站的建设,可以参考 3G/4G 网络天线的主瓣的方向设置 5G 基站天线的主瓣方向,但是后期需要对角度进行优化。通常情况下,同一基站的相邻的扇区天线的夹角需大于 90°;为了避免互相干扰,不同基站的相邻扇区应尽量减少交叉;对于处在密集区域的基站,其天线要尽量避免朝向较直的街道,以避免发生越区覆盖。由此对健翔桥区 4G 基站做网络参数规划,如图 11 所示。

中文名	PCI	场景类型	基站制式	带宽	频带	TAC	室外室内	天线挂高	方位角	电子下倾角	机械下倾角	合成下倾角	天线类型 (64T64R)	增益	无线厂家	天线型号	本地小区标示
光环电信集团	79	市区	TDD	100M	TDD 3.5G	4128	室外	35	330	3	4	7	64T64R	25dBi	中兴	A9611 S35	1
光环电信集团	381	市区	TDD	100M	TDD 3.5G	4128	室外	35	130	3	10	13	64T64R	25dBi	中兴	A9611 S35	2
光环电信集团	110	市区	TDD	100M	TDD 3.5G	4128	室外	35	265	3	5	8	64T64R	25dBi	中兴	A9611 S35	3
北辰西桥	153	市区	TDD	100M	TDD 3.5G	4128	室外	23	0	6	3	9	64T64R	25dBi	中兴	A9611 S35	1
北辰西桥	154	市区	TDD	100M	TDD 3.5G	4128	室外	23	170	2	5	7	64T64R	25dBi	中兴	A9611 S35	2
北辰西桥	155	市区	TDD	100M	TDD 3.5G	4128	室外	23	270	3	4	7	64T64R	25dBi	中兴	A9611 S35	3
华严北里	162	市区	TDD	100M	TDD 3.5G	4126	室外	33	30	3	4	7	64T64R	25dBi	中兴	A9611 S35	1
华严北里	163	市区	TDD	100M	TDD 3.5G	4126	室外	33	155	\	8	8	64T64R	25dBi	中兴	A9611 S35	2
华严北里	164	市区	TDD	100M	TDD 3.5G	4126	室外	33	250	2	8	10	64T64R	25dBi	中兴	A9611 S35	3
健翔桥区	91	市区	TDD	100M	TDD 3.5G	4126	室外	23	110	\	4	4	64T64R	25dBi	中兴	A9611 S35	1
健翔桥区	92	市区	TDD	100M	TDD 3.5G	4126	室外	23	190	2	4	6	64T64R	25dBi	中兴	A9611 S35	2
健翔桥区	90	市区	TDD	100M	TDD 3.5G	4126	室外	23	340	\	5	5	64T64R	25dBi	中兴	A9611 S35	3

图 11　网络参数规划

四、项目总结与不足

在项目的设计与实现中,总体上完成了以下几项工作:

(1) 研究了 5G 网络架构和组网方案。

(2) 研究了超密集组网的基本概念和它所面临的主要问题。

(3) 研究了无线网络规划的基本原则和实施方法。

(4) 进行网络需求分析,了解现网 4G 资源以及待覆盖区域的实际环境、用户分布等。

(5) 进行覆盖规划,通过链路预算以及链路预算仿真确定覆盖所需基站数量。

（6）建立场景业务模型，确定容量覆盖所需基站数量。

（7）进行站址规划和网络参数规划。

五、5G 网络覆盖方案的不足与优化

基于 5G 的校园网络组网方案设计涉及多方面的理论、方法，本方案还有许多方面可以优化，需要在实际中不断完善，以下几个方面，还需进一步的研究。

（1）本项目采用 NSA 模式下的 Option 3X 方案，只是 5G 建网初期的一种 4G、5G 协同组网方案，并不是完全的 5G 网络，还需再进行演化。

（2）本项目只涉及基站设备的选取与部署，并未涉及开站调试等内容。

（3）本项目的网络参数规划中天线下倾角、方位角只是依据网络参数规划指导意见进行的初步规划，后期应该根据实际情况进行精细化调整。

参考文献

[1] 王磊.5G 独立组网和非独立组网方案分析[J].通信技术,2019,52(8):1912-1915.

[2] 朱颖,杨思远,朱浩,等.5G 独立组网与非独立组网部署方案分析[J].移动通信,2019,43(1):40-45.

[3] 周桂森.5G 超密集组网关键技术与组网架构探讨[J].电信工程技术与标准化,2020,33(10):64-67.

作者简介

廖海龙,男,本科生,就读于北京信息科技大学信息与通信工程学院通信 1801 班。

崔卓凡,男,本科生,就读于北京信息科技大学信息与通信工程学院 1801 班。

吴易达,男,本科生,就读于北京信息科技大学信息与通信工程学院通信 1802 班。

程予,男,本科生,就读于北京信息科技大学信息与通信工程学院通信 1802 班。

陈屹凡,男,本科生,就读于北京信息科技大学信息与通信工程学院通信 1801 班。

基于 Arduino 的家庭防盗系统

武清爽　肖郑泓　郑玲珑　朱萱　周梦新　史琳娟　李振松

（北京信息科技大学信息与通信工程学院，北京，100101）

摘　要：在经济飞速发展的过程中，人们对住宅的要求越来越高，不仅希望环境温馨，更重要的是安全问题。人们迫切需要一种智能型的家庭防盗安全系统，能可靠地进行安全检测，及时发现险情通知户主，保障户主的财产安全和生命安全。本项目设计了一种基于 Arduino 的家庭防盗电路，可以在发生安全隐患时及时与住户进行沟通联系，使用指纹进行解锁并发送报警信号到用户手机，使得用户能够及时得到提醒，采取适当的措施，规避风险。

关键词：Arduino 单片机；家庭防盗系统；GSM

The home security system based on Arduino

Wu Qingshuang　Xiao Zhenghong　Zheng Linglong　Zhu Xuan
Zhou Mengxin　Shi Linjuan　Li Zhensong

(School of Information and Communication Engineering, Beijing University
of Information Science and Technology, Beijing, 100101, China)

Abstract: In the process of rapid economic development, people's demand for housing is increasingly high, not only hope that the environment is warm, more important is the security problem. People are in urgent need of an intelligent family anti-theft security system, which can reliably carry out security detection, timely find dangerous situation to inform the householder, and protect the property safety and life safety of the householder. In this paper, a family anti-theft circuit based on Arduino is designed, which can communicate with residents in time when security risks occur, unlock with fingerprints and send alarm signals to users' mobile phones, so that users can be reminded in time and take appropriate measures to avoid risks.

Key words: Arduino microcontroller; family anti-theft system; GSM

一、引言

在经济飞速发展的过程中，人们对住宅的要求越来越高，不仅希望环境温馨，更重要的是安全问题。类似入室盗窃这样的案件时有发生，危害着业主财产安全和生命安全，而且由于犯罪分子的手段也越来越多样化和技术化，仅依靠防盗门窗或者人防的防范方式显然已经不能满足户主的需求。人们迫切需要一种智能型的家庭防盗安全系统,能可靠地进行安全检测,及时发现险情通知户主,保障户主的财产安全和生命安全。

目前,人们普遍采用安装监控摄像头的方式来达到防盗目的,但是在户主工作或者有其他事情时,不能在第一时间知道情况。为了保障住户的安全,营造良好的生活环境,我们设计了一种基于 Arduino 的家庭防盗电路,可以在发生安全隐患时及时与住户进行沟通联系。

二、系统整体设计

本项目研究的是基于 Arduino 的家庭防盗系统,整体设计如图 1 所示。

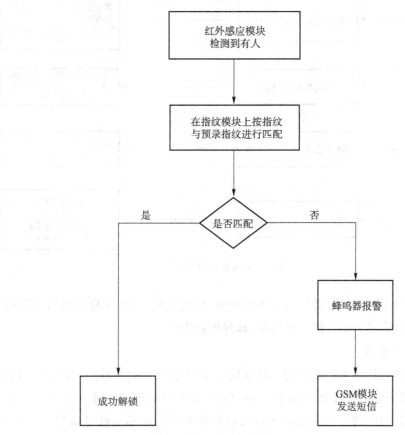

图 1 系统整体设计

通过人体红外传感器检测是否有人,当检测到有人时,激活指纹模块,通过匹配指纹对电路进行解锁,当指纹能够正确匹配时,即可成功解锁。当指纹匹配失败时,触发报警机制。蜂鸣器会立即响应,同时触发 GSM 模块,置于 GSM 模块中的 sim 卡会给提前设置好的用户的手机发送警报短信,使得用户能够及时得到提醒,采取适当的措施,规避风险。

三、系统硬件设计

基于 Arduino 的家庭防盗系统由人体红外热释电传感器、AS608 光学指纹识别模块、蜂鸣器模块、LCD1602A 显示模块、GSM-SIM800C 通信模块组成,如图 2 所示完成人体检测、指纹识别、警报、显示、短信发送等功能。

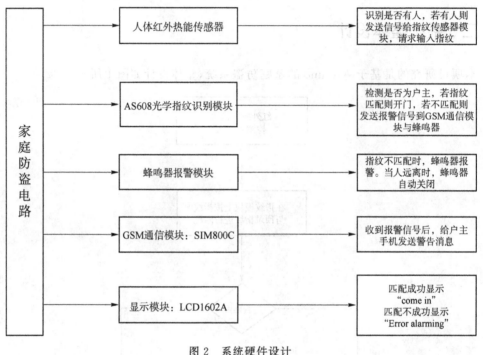

图 2　系统硬件设计

系统的报警功能采用蜂鸣器模块和 SIM800C 模块共同实现,其检测到指纹匹配失败,蜂鸣器激活、GSM 模块启动短信发送功能,起到报警作用。

1. 人体红外传感器

人体红外热释电传感器能够探测人体辐射,一旦人侵入探测区域内,人体红外辐射通过部分镜面聚焦,被热释电元接收,但是两片热释电元接收到的热量不同,热释电也不同,所以不能抵消,经信号处理,结合 Arduino 等就可以轻松实现人体感应红外报警。工作电压是 3.3~5.5 V,工作温度:−40~85 ℃,输入信号是数字信号,检测距离约 30 cm。

2. AS608 光学指纹识别模块

AS608 模块采用了 AS608 指纹识别芯片,芯片内置 DSP 运算单元,继承了指纹识别算法,能高效快速采集图像并识别指纹特征,使用 USB 或 UART 接口通信。指纹算法从获取的指纹图像中提取特征,该特征代表指纹的信息。指纹的存储,比对和搜索等都需通过操作指纹特征来完成。利用光的折射和反射原理,将手指放在光学镜片上,手指在内置光源照射下,光从底部射向三棱镜,并经棱镜射出,射出的光线在手指表面指纹凹凸不平的线纹上折射的角度以及反射回去的光线明暗就会不一样,可形成能被指纹设备算法处理的多灰度指纹图像,然后经资料库对比是否一致。

指纹处理包含两个过程:指纹登录过程和指纹匹配过程,其中指纹匹配分为指纹比对和指纹搜索两种方式。当输入指纹,指纹匹配时,通过指纹传感器,录入要验证指纹图像并进行处理,然后与模块中的指纹模板进行匹配比较,若与模块中指定的一个模板进行匹配,称为指纹比对方式,即 1∶1 方式;若与多个模块进行匹配,称为指纹搜索方式,即 1∶N 方式,模块给出匹配结果,通过或失败。供电电压:DC 3.3 V。指纹模块接口如图 3 所示。

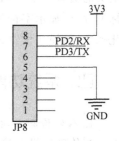

图 3　指纹模块接口

3. 蜂鸣器报警模块

蜂鸣器中主要利用蜂鸣片利用压电效应原理工作,当对其施加交变电压时它会产生机械振动;反之,对其施加机械作用力时它也会产生电压信号。

4. GSM 通信模块:SIM800C

SIM800C 模块是一款高性能高性价比工业级的 GSM/GPRS 模块(开发板)。本模块采用 SIMCOM 公司的工业级四频 850/900/1800/1900MHz SIM800 芯片,可以低功耗实现语音、SMS、数据和传真信息的传输。SIM800C 原理图如图 4 所示。

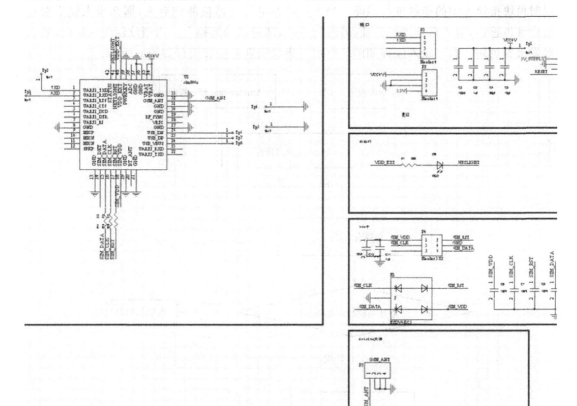

图 4　SIM800C 原理图

5. LED1602A 显示屏

LCD1602A 液晶显示屏,是专门用于显示字母、数字元、符号等的点阵型液晶显示模块。分 4 位和 8 位数据传输方式。提供 5×7 点阵＋游标的显示模式。提供显示数据缓冲区 DDRAM、字符发生器 CGROM 和字符发生器 CGRAM,可以使用 CGRAM 来存储自己定义的最多 8 个 5×8 点阵的图形字符字模数据[1]。提供了丰富的指令设置:清除显示、游标回源点、显示字符闪烁、游标移位等。提供内部上电自动复位电路,自动对模块进行初始化操作,将模块设置为默认的显示工作状态。

四、系统功能实现

1. 人体检测功能实现

当传感器没有检测到人体辐射出的红外线信号时,回路中不产生电流,传感器没有输出;当人体进入传感器监测的范围内,并且移动时,红外辐射引起传感器单元产生不同的极化电荷,人体红外热释电传感器就能检测到异常,输出一个有效的检测信号,及时实现报警,发送信号给指纹传感器模块,请求输入指纹。

2. AS608 指纹识别功能实现

该模块对用户的指纹进行录入,将录入的图像进行处理,合成模块存储于模块中,也可以对模块指纹库中的指纹进行擦除。当人体热释电传感器检测到有人,那么来人就需要通过指纹传感器,录入指纹进行验证,若匹配成功,即可成功解锁[2]。当指纹匹配失败时,就会触发报警机制。指纹录入流程如图 5 所示。指纹识别与报警流程如图 6 所示。

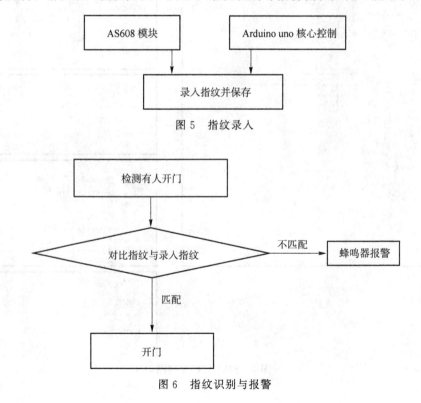

图 5　指纹录入

图 6　指纹识别与报警

3. 报警功能实现

本装置中，蜂鸣器三根引线与 UNO 面板上"5 V""GND"和自定义接口相连，输出高电平时，三极管导通，蜂鸣器工作；输出低电平时，三极管截止，蜂鸣器不工作。当指纹识别模块检测到来人输入的指纹不匹配时，就会发送报警信号到蜂鸣器。接收到报警信号时，蜂鸣器报警，警示来人属于非法入侵，一定时间后自动停止。

4. 显示屏功能实现

在系统中用于显示指纹是否成功，成功则显示"come in"，相应代码如图 7 所示；匹配不成功则显示"Error! Alarming!"，相应代码如图 8 所示。

```
if (p == FINGERPRINT_OK) {
  Serial.println("已解锁，请进");
  lcd.begin(16, 2);
  lcd.print("come in!");
```

图 7　指纹匹配成功

```
else if (p == FINGERPRINT_NOTFOUND) {
  Serial.println("指纹输入失败，已报警");
  lcd.begin(16, 2);
  lcd.print("Error!Alarming!");
```

图 8　指纹匹配不成功

5. 短信发送功能实现

使用 GSM-SIM800C 模块时，先在设备管理器中查看串口编号，然后打开串口调试工具，串口配置时要和 SIM900A 模块内的串口配置相对应，配置完成后，用串口调试工具操作 SIM900A 模块与 Arduino UNO 主控板建立连接、传输数据。在调试过程中，Arduino 控制器通过 AT 指令控制 SIM900A 模块并完成相关功能。AT 指令必须以"AT"或者"at"开头，以回车作为指令的结束。如果 AT 指令执行成功，系统返回"OK"字符串；如果 AT 指令语法错误或 AT 指令执行失败，返回"ERROR"字符串。

当来人所录入的指纹不匹配，在蜂鸣器开始报警的同时，GSM 模块会被激活，并自动发送短信到指定手机上，提醒住户可能存在的危险，以便于用户及时做出相应的举措。结果如图 9 所示。

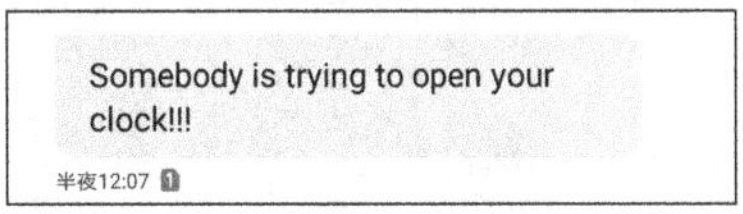

图 9　短信接收界面

五、系统测试

本系统已经实现所需功能。当有人靠近时，人体红外传感器可检测有人。检测到有人时，激活指纹模块，通过匹配指纹对电路进行解锁，当指纹能够正确匹配时，即可成功解锁。当指纹匹配失败时，触发报警机制。蜂鸣器会立即响应，同时触发 GSM 模块，置于 GSM 模块中的 sim 卡会给提前设置好的用户的手机发送警报短信。

六、总结与展望

本项目为家庭防盗系统的设计，实现了从检测是否有人到提示输入指纹最后判断是否进行警报的功能。能够准确判断来人是否为主人，若不是则发出警报，及时向主人告知情况。整个系统中首先是红外人体感应模块，负责感应是否有人，若有则传感器发送信号给指纹模块，LCD1602A 显示屏显示文字，提示来人验证指纹，若通过则开门，若指纹不匹配则发送信号给蜂鸣器和 GSM-SIM800C，蜂鸣器开始报警，GSM-SIM800C 给户主发送信息告知有人想开门。由于时间有限,只完成了这些内容,仅有指纹一种验证方法略显单一,如故障则会造成较大损失,随着进一步研究我们希望可以加入密码输入模块,让来人有指纹验证和密码输入两种选择,这样便可以提高整个系统的可靠性与完整性。

参考文献

[1] 李建波.LCD1602汉字显示技术在万年历中的应用及Proteus仿真[J].清远职业技术学院学报,2010,3(3):36-38.

[2] 吕瑞妮,程雨鑫,富晓乾,等.基于AS608光学指纹识别模块研制防逃课识别装置[J].电子测试,2020(16):60-61+115.

[3] 孙嘉兴,朱宝全,王飞奇,等.基于Arduino控制的汽车进入与防盗报警系统[J].中小企业管理与科技(上旬刊),2019(6):153+155.

作者简介

武清爽,女,本科生,就读于北京信息科技大学信息与通信工程学院通信1801班。
肖郑泓,女,本科生,就读于北京信息科技大学信息与通信工程学院通信1801班。
郑玲珑,女,本科生,就读于北京信息科技大学信息与通信工程学院通信1803班。
朱 萱,女,本科生,就读于北京信息科技大学信息与通信工程学院通信1801班。
周梦新,女,本科生,就读于北京信息科技大学信息与通信工程学院通信1803班。

基于 Arduino 的可对话电子时钟的设计和实现[①]

张静静 张炜 陈德丽 职如新 史琳娟 齐永桓 陈泓铭

(北京信息科技大学信息与通信工程学院,北京,100101)

摘 要:随着社会不断地发展与进步,人们开始追求更简单、快捷的生活方式。而在电子时钟的开发和使用方面,传统的数字电子时钟采用了较多的分立元器件,不仅占用了很大的物理空间,而且元件利用率也比较低,加之系统功能设计逐渐趋于多元化、复杂化,传统的时钟设计方法,已经很难满足人们的需求。以便捷灵活、方便上手为特点的 Arduino 获得越来越多人的青睐。因此,本项目基于 Arduino 的可对话电子时钟,不仅兼容传统电子时钟的基本功能,还增加环境检测功能和简单语音识别功能,更加能满足人们对于简单快捷的追求,更符合硬件开发的趋势。

关键词:Arduino;电子时钟;语音识别;温度;湿度

Design and implementation of dialogic electronic clock based on Arduino

Zhang Jingjing Zhang Wei Chen Deli Zhi Ruxin Shi Linjuan
Qi Yonghuan Chen Hongming

Abstract:With the continuous development and progress of society, people began to pursue a simpler and faster way of life. In the development and use of electronic clock, the traditional digital electronic clock uses more discrete components, which not only takes up a lot of physical space, but also has a low utilization rate of components. In addition, the system function design gradually tends to be diversified and complex, so the traditional clock design method has been difficult to meet people's needs. Arduino, which is convenient, flexible and easy to use, is favored by more and more people. Therefore, the dialogic electronic clock based on Arduino in this project is not only compatible with the basic functions of traditional electronic clock, but also adds environment detection function and simple speech recognition function, which can better meet people's pursuit of simple and fast, and more in line with the trend of hardware development.

Key words:Arduino;Electronic clock;speech recognition;temperature;humidity

一、引言

Arduino 有着众多的开发者和用户,不仅仅是一个优秀的硬件开发平台,也是全球最流

[①] 项目来源类别:2021 年北京市大学生科技创新计划项目。

行的开源硬件,应用范围涉及导航系统、家居控制、远程拍照摄像、彩色显示屏等日常生活的方方面面,被越来越多的专业硬件开发者所采用。

现代电子时钟是基于单片机的一种计时工具,采用延时程序产生一定的中断,用于1秒的定义。高精度的计时工具采用石英晶振,使用方便,不需要经常调试,是人们日常生活中必不可少的工具。目前,电子时钟正在向着高精度、薄型、小型、多功能方面发展,除了显示时、分、秒,日、周、月外,还能显示出世界时,有的还能作为闹钟、计时使用。

我们研究的目的是做出一个可以检测当前环境温度和湿度并将其输出到LED显示屏上的智能Arduino可对话电子时钟,且该时钟可以识别具体语音命令信号输入进行判断从而做出相应的反应,还具备可以进行实时播报时间的功能。

二、系统整体设计

本项目研究的基于Arduino的可对话电子时钟的整体设计如图1所示。
实现的功能主要有以下几个部分:
(1)显示时间(日期和星期等)数据;
(2)显示当前环境温度、湿度等;
(3)语音播报信息(如当前时间、温湿度等);
(4)简单的语音识别功能。

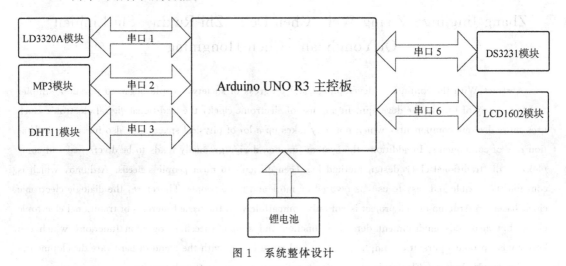

图1 系统整体设计

三、系统硬件设计

基于Arduino的可对话电子时钟是由LD3320A语音识别模块、MP3语音播放模块、DHT11温湿度模块、DS3231高精度时钟模块、LCD1602显示模块组成,如图2所示完成时间获取、温湿度获取、语音识别、语音播放、数据显示等功能。

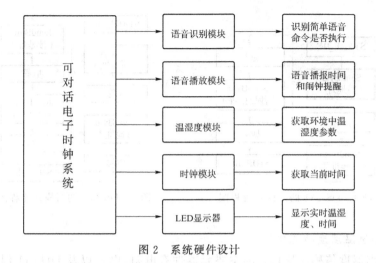

图 2 系统硬件设计

四、系统功能实现

1. 获取时间功能实现

时钟具有提供时间数据的功能。经过研究对比，选取 DS3231 高精度时钟模块作为本系统的时钟，其具有成本低、精度高的优势。DS3231 高精度时钟主要采用电池提供电源，当电源断开时，时钟依旧可以精确地计时，内部实现框图如图 3 所示，DS3231 的读模式流程图如图 4 所示，DS3231 的写模式流程图如图 5 所示。

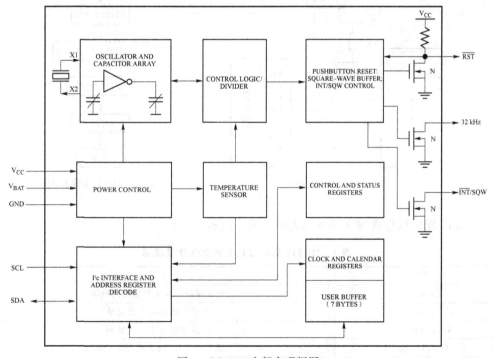

图 3 DS3231 内部实现框图

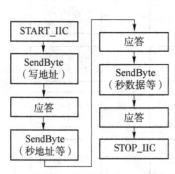
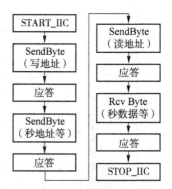

图 4　DS3231 的读模式流程图　　　图 5　DS3231 的写模式流程图

2. 获取环境温湿度功能实现

DHT11 温湿度传感模块包含的主要元器件有电阻、电容以及 DHT11 温湿度传感器。当 DHT11 温湿度传感器采集到温湿度时，传感器将温湿度转化成相应的数字信号输入到 Arduino 平台中，Arduino 平台将该信号保存并实时传输温湿度数据到 LED 显示器。

搭建的温湿度计电路比较简单，如图 6 所示，传感器 DHT11 采集的温湿度信息经 Arduino 运算后，驱动 LCD1602 显示器给予显示。故而，程序设计也相应地包含三部分，即数据读取、运算处理和显示驱动。

DHT11 温湿度传感器实现流程图如图 7 所示。

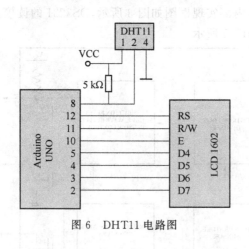
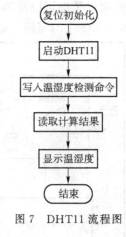

图 6　DHT11 电路图　　　　　图 7　DHT11 流程图

DHT11 库应该包含的文件及其说明如表 1 所示。

表 1　DHT11 库应该包含的文件及其说明

文件名	描述
Example	包含库使用方法和示例代码等
changelog.txt	库代码的修改历史记录
keywords.txt	告诉 IDE 库中的关键词
DHT11.cpp	编写的 DHT11 的库的源代码
DHT11.h	编写的 DHT11 的库的头文件

3. 语音识别功能实现

在语音识别功能我们选择了较为专业精度较高的 LD3320A 语音识别模块,LD3320A 基于 ASR 语音识别技术,是基于关键词语列表识别的技术。只需要设定好要识别的关键词语列表,并把这些关键词语以字符的形式传送到 LD3320A 内部,就可以对用户说出的关键词语进行识别。不需要用户做任何的录音训练,LD3320A 模块原理图如图 8 所示,语音识别实现图如图 9 所示。

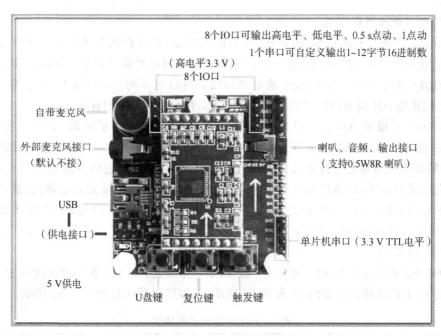

图 8　LD3320A 模块原理图

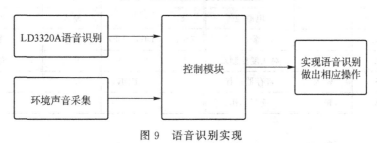

图 9　语音识别实现

4. 语音播放功能实现

我们选取的语音模块是 MP3 模块,实现语音播放主要有以下两个方面。

一是接线,模块供电是 5 V 电压,使用 Arduino 5 V 引脚即可。由于是串口传输指令数据,正好 Arduino UNO 上有 1 个硬件串口。代码说明如下:

TXD->Arduino 0(引脚不可调整为其他引脚,烧写程序时需要将线断开烧写)

RXD->Arduino 1(引脚不可调整为其他引脚,烧写程序时需要将线断开烧写)

VCC->Arduino 5 V

GN ->Arduino GND

由于 Arduino UNO 烧写程序也是通过串口烧写,故烧写程序时,需要将模块的 4 根线取下烧写。否则会导致烧写程序失败。也可以使用软串口,避开 0、1 引脚就可以连接着模块烧录程序了。

二个是程序:程序是通过串口,将指令及语音数据发送给 TTS 语言合成模块。再通过扬声器将合成好的声音播放出来。要播放中文的话,播放中文是需要将中文转换为编码的。中文语音编码就存储在 Chinese_GB2312 函数里。如果想播放其他的语音,需要用到在线转换工具。

5. 显示屏输出功能实现

液晶显示模块具有体积小、功耗低、显示内容丰富、超薄轻巧等优点,在袖珍式仪表和低功耗应用系统中得到广泛的应用。目前字符型液晶显示模块已经是 Arduino 应用设计中最常用的信息显示器件。LCD1602 液晶显示模块可以显示两行,每行 16 个字符,采用单+5 V 电源供电,外围电路配置简单,价格便宜,具有很高的性价比。

LCD1602 是很多 Arduino 爱好者较早接触的字符型液晶显示器,它的主控芯片是 HD44780 或者其他兼容芯片,刚开始接触它的大多是 Arduino 的初学者,由于对它的不了解,不能随心所欲地对它进行驱动。经过一段时间的学习,我对它的驱动有了一点点心得,今天把它记录在这里,以备以后查阅。与此相仿的是 LCD12864 液晶显示器,它是一种图形点阵显示器,能显示的内容比 LCD1602 要丰富得多,除了普通字符外,还可以显示点阵图案,带有汉字库的还可以显示汉字,它的并行驱动方式与 LCD1602 相差无几,所以,在这里花点时间是值得的。

LCD1602 采用标准 14 脚(无背光)或 16 脚(带背光)接口,各引脚功能如表 2 所示,LCD1602 的正面和背面图如图 10 和图 11 所示,主程序执行流程图如图 12 所示。

表 2 LCD1602 引脚和功能

引脚号	符号	状态	功能	引脚号	符号	状态	功能
1	Vss		电源地	6	E	输入	使能信号
2	Vdd		电源+5 V	7~14	DB0~DB7	三态	数据总线
3	VL		对比度控制端	15	LEDA	输入	背光+5 V
4	RS	输入	寄存器选择	16	LEDK	输入	背光地
5	RW	输入	读写操作				

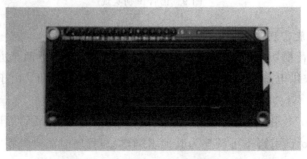

图 10 LCD1602 正面外形图

图 11　LCD1602 背面外形图

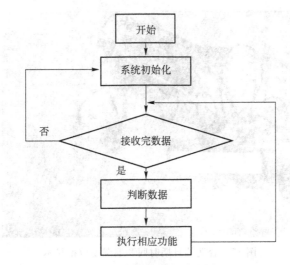

图 12　主程序执行流程图

五、系统测试

经过系统的组装、测试以及不断地修改下,在每位组内同学齐心协力的努力下,我们项目的产品逐渐成型如图 13、图 14、图 15 所示。

图 13　显示温度与湿度数据

图 14　显示日期时间和温湿度数据

图 15　合适的日期时间和温湿度数据显示

六、总结和展望

对于此次的可对话的 Arduino 电子时钟来说我们希望可以在未来进一步地进行智能化、简洁化的更改,可以做得比较家用方便之类,也可以加一些其他的辅助类的功能,以求更加的完善本电子时钟,可以加强语音的对话功能和一些常见市面上的时钟所具有的功能。并且可以将我们的电子时钟进行商业化的试验。

我们认为电子时钟的智能化是我们要关注的重点,所以如何让它更好地满足大众的需要,将是我们未来所要研究的!

参考文献

[1] 昌畅,曾昱翔,汪国尧,等.一种基于 DS3231 实现的高精度守时应用系统设计[J].电子世界,2020(13):122-123.

[2] 赵强,石富文.Arduino 库的编写实例:制作基于 DHT11 的温湿度计[J].电子制作,2020(13):65-68+71.

[3] 荀鹏程.基于 Android 的语音识别设计及应用[D].天津大学,2017.

[4] 于志赣,刘国平,张旭斌.液显 LCD1602 模块的应用[J].机电技术,2009,32(3):21-23.

[5] 陈吕洲.Arduino 程序设计基础.2 版.北京:北京航空航天大学出版社,2015.

作者简介

张静静,女,本科生,就读于北京信息科技大学信息与通信工程学院通信 1801 班。
张炜,女,本科生,就读于北京信息科技大学信息与通信工程学院通信 1801 班。
陈德丽,女,本科生,就读于北京信息科技大学信息与通信工程学院通信 1801 班。
职如新,女,教授,北京信息科技大学信息与通信工程学院。
史琳娟,女,讲师,北京中兴协力科技有限公司。
齐永桓,男,本科生,就读于北京信息科技大学信息与通信工程学院通信 1803 班。
陈泓铭,男,本科生,就读于北京信息科技大学信息与通信工程学院通信 1803 班。

基于 Arduino 的可探测智能车的设计与实现

甘鑫铎　白钦　王帅　柏云　郑宇明

(北京信息科技大学信息与通信工程学院,北京,100101)

摘　要:目前阶段,人工智能方面的小车已经发展到了成熟的阶段,而关于信息传递和消防使用的智能小车却还很少。本次的实验主要是以基于 Arduino 技术的小车为主体,采用了红外避障、红外遥控、蓝牙控制、WiFi 控制、遥控灭火、车速调节等功能和模块设计。在小车运动的时候,根据优先级原则,先判断前方是否有障碍物,然后再进行移动,利用红外线传感器进行探测周围是否有火源,然后进行灭火。在硬件设计基础上,实现了电动机控制小车进行简单的避障功能,并在 Arduino 模块上进行了编写相关程序。小车可以用来对一定的火源进行灭火,可为实现智能化的灭火消防车提供一定的参考。

关键词:人工智能;Arduino;灭火;红外避障

Design and Implementation of Detectable Intelligent Vehicle Based on Arduino

Gan Xinduo　Bai Qin　Wang Shuai　Bai Yun　Zheng Yuming

Abstract: At the current stage, the artificial intelligence car has developed to a mature stage, but there are few intelligent cars for information transmission and fire fighting. This experiment is mainly based on a Small car based on Arduino technology, using infrared obstacle avoidance, infrared remote control, Bluetooth control, wifi control, remote fire extinguishing, vehicle speed adjustment and other functions and module design. When the car is moving, according to the priority principle, first judge whether there is an obstacle in front, and then move it, use the infrared sensor to detect whether there is a fire source around, and then extinguish the fire. On the basis of hardware design, the trolley motor control and simple obstacle avoidance function are realized, and related programs are written on the Arduino module. The trolley can be used to extinguish a certain fire source, which can provide a certain reference for the realization of intelligent fire fighting trucks.

Key words: artificial intelligence; Arduino; fire extinguishing; infrared obstacle avoidance

一、引言

火灾是指在时间或空间上失去控制的燃烧所造成的灾害,由于火灾的特殊性使其成了所有灾害中最为频繁、最为常见的主要灾害。尤其是在对各种科学技术使用日益频繁的现代,很容易产生极大的安全隐患,侵害人们的生命财产安全,妨碍经济、社会的发展。

当我们在面对火灾时,第一时间一定会想到争分夺秒奔赴火场,抢险救灾的消防员战士,但在面对大型的火灾、复杂的火场环境时,人的活动便会受到很大的限制,一个不留神,甚至有危及生命的危险,有许多英勇的消防员因此牺牲。所以,我们组经过查阅资料,决定制作一台专门用于灭火、应对复杂火灾情况的消防小车,来辅助或代替消防员扑灭火焰,灵活应对不同情况的火场,更好地保障、保护人们的生命财产安全。

与人类相比,智能小车拥有环境适应性强、承受极限高、灭火更加精准等优势。火灾控制的关键在于起火点以及周边环境的影响,核心部位温度可以高达上百度,消防员需要全副武装从外围不断扑灭周边的火焰才能缓慢地接近,在途中还会遭遇由于燃烧而产生的有毒气体以及由于燃烧而导致建筑结构不稳定等诸多问题。而智能小车可以承受高温环境,并且不用担心有毒气体的毒害,在应对火灾造成的对建筑结构的损坏时,可以更加从容、稳定地保持灭火能力直达扑灭火灾的关键处。

　　灭火即是根据燃烧的条件(即火三角:可燃物、燃点、助燃物),通过阻止火三角的完备,阻止燃烧的发生或阻止燃烧继续进行的方法。我们采用Arduino搭建了集观察、探测、智能识别、智能灭火等技术指标于一体的智能车,为今后的火灾现场等危险地带探测、智能识别与灭火提供了新的思路,这也大大节省了人力、物力和财力,避免人们在危险地带工作,保障了人们的生命安全,而且大大提升了工作效率。

二、智能小车的设计

(一)硬件设计

1. 整体设计

　　本项目是以Arduino为基础的智能小车项目,以Arduino Uno为核心板,结合红外传感器进行循迹功能和避障功能,通过蓝牙模块进行控制小车移动。通过火焰传感器进行的火灾预警,并联通电动机进行抽水灭火,同时可利用舵机转动进行水枪的转动。

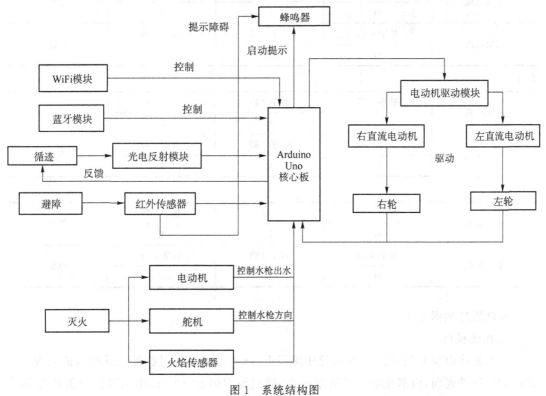

图1　系统结构图

2. 电动机驱动模块

电动机驱动采用 L293D，它是一款双 H 桥驱动芯片，可同时驱动两路直流电动机，输出电流可达 600 mA，峰值输出电流可达 1.2 A，内部自带 ESD 保护。模块工作电压 5 V，电动机的驱动电压范围为 4.5～36 V，工作温度是 0～70 ℃，可以通过输入信号控制直流电动机执行正转、反转、停止。

控制方式及直流电动机状态表如表 1 所示。

表 1　模块工作表

前进				
左电动机	数字 5 脚	数字 2 脚	数字 3 脚	正转
	H	L	H	
右电动机	数字 6 脚	数字 4 脚	数字 7 脚	正转
	H	H	L	
后退				
左电动机	数字 5 脚	数字 2 脚	数字 3 脚	反转
	H	H	L	
右电动机	数字 6 脚	数字 4 脚	数字 7 脚	反转
	H	L	H	
左转				
左电动机	数字 5 脚	数字 2 脚	数字 3 脚	停止
	H	L	L	
右电动机	数字 6 脚	数字 4 脚	数字 7 脚	正转
	H	H	L	
右转				
左电动机	数字 5 脚	数字 2 脚	数字 3 脚	正转
	H	L	H	
右电动机	数字 6 脚	数字 4 脚	数字 7 脚	停止
	H	L	L	
停车				
左电动机	数字 5 脚	数字 2 脚	数字 3 脚	停止
	H	L	L	
右电动机	数字 6 脚	数字 4 脚	数字 7 脚	停止
	H	L	L	

驱动原理如图 2 所示。

3. 循迹模块

以右循迹电路为例，当 U1 探头处于黑线上方时，由于黑线对红外光反射弱的原理，U1 接收到的红外光弱，内部光电三极管阻抗高，通过与 R26 的 10 kΩ 电阻进行分压后得到的电压低。当 U1 探头处于白色物体上面时,由于亮色物体对红外光反射强,U1 接收到的红外光强,内部光电三极管阻抗低。通过与 R26 的 10 kΩ 电阻进行分压后得到的电压高。LM358 的 3 脚接的 10 kΩ 电位器,右循迹的参考电压通过 RP3 电位器决定的,右循迹电路左循迹电路,当 3 脚电压低于 2 脚电压时,LM324 的 1 脚输出低电平,对应的 LED7 右循迹指示灯亮,表示未识别到黑线,当识别到黑线时 LM358 的 1 脚输出高电平,LED7 灭表示识别到黑线。因为在硬件上面 LM358 的第 1 脚接到了控制板的数字 11 口,所以可以通过读取 11 口的状态判断是否检测到黑线,左循迹部分工作原理相同。

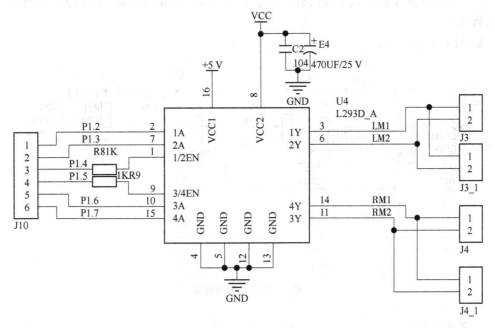

图 2 驱动原理图

循迹原理图如图 3 所示。

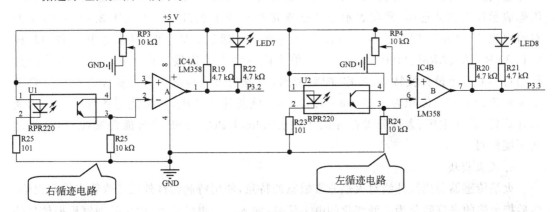

图 3 循迹原理图

当左右循迹传感器都检测到黑线时,小车执行前进;当右边没有检测到黑线时,小车执行左转回到黑线上;当左边没有检测到黑线时,小车执行右转回到黑线。

4. 红外避障模块

红外避障探头分别在小车车头左右两侧,它们分别由红外发射管与红外接收管组成,以左红外避障电路为例,LED4是红外发射管,正极接5 V负极,通过R13的100 Ω电阻接地,R13的作用是设置发射强度,当IR1接收到的红外光较强时光电三极管阻抗低,再通过与R2的10 kΩ电阻进行分压,转换出的电压送到IC2-LM358的2脚,LM358的3脚接的10 kΩ电位器提供参考电压。2脚与3脚进行电压比较,当小车前方近距离出现障碍物时,红外发射管发出的红外光就会被反射回来,再通过LM358与参考电压比较后1脚输出低电平,因为LM324的1脚接到了控制板的数字12口,所以可通过读取12口的状态判断是否检测到障碍物。

原理图如图4所示。

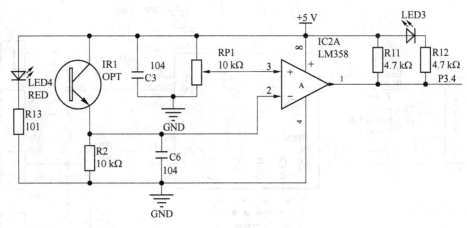

图 4 红外避障原理图

5. 蓝牙模块

蓝牙核心模块使用 HC-06 从模块,引出接口包括 VCC、GND、TXD、RXD,预留 LED 状态输出脚,单片机可通过该脚状态判断蓝牙是否已经连接。LED 指示蓝牙连接状态,闪烁表示没有蓝牙连接,常亮表示蓝牙已连接并打开了端口。输入电压 3.6~6 V,未配对时电流约 30 mA,配对后约 10 mA,输入电压禁止超过 7 V。可以直接连接各种单片机(51、AVR、PIC、ARM、MSP430 等),5 V 单片机也可直接连接。在未建立蓝牙连接时支持通过 AT 指令设置波特率、名称、配对密码,设置的参数掉电保存。蓝牙连接以后自动切换到透传模式。体积为 3.57 cm×1.52 cm。该蓝牙为从机,从机能与各种带蓝牙功能的计算机、蓝牙主机、大部分带蓝牙的手机、Android、PDA、PSP 等智能终端配对,从机之间不能配对。

6. 灭火模块

火焰传感器利用红外线对火焰非常敏感的特点,使用特制的红外线接收管来检测火焰,然后把火焰的亮度转化为高低变化的电平信号,输入到中央处理器,中央处理器根据信号的变化做出相应的程序处理。火焰传感器的短脚为负极,长脚为正极。负极接 5 V,正极 Arduino模拟 A1 口再串一个 4.7 kΩ 电阻接到 GND 上。无源蜂鸣器正极接数字接口 8 口,负极接 GND。

（二）软件设计

1. 软件环境调试

IDE 界面简单初学者很容易就会使用 Arduino 的编程软件，并且可以直接使用 Arduino IDE 把代码上传到 Arduino 板上运行。编程直接、程序代码简洁明了，别的电子开发平台大多需要几十行代码。Arduino 是一个开放源代码的硬件平台，在 Arduino.org 网站上会有大量的创客分享不同的创意以及源代码。Arduino 编程图如图 5 所示。

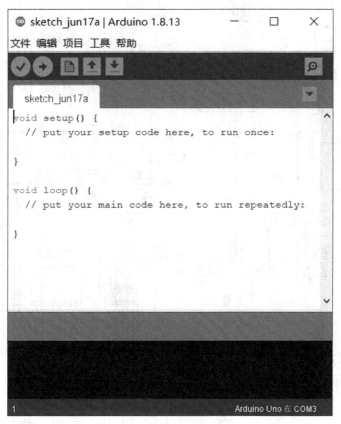

图 5　Arduino 编程图

建立好工程，程序编译无误后，我们进行程序的上传，将代码烧录到硬件之中。

2. Arduino Uno 软件设计的思路

以 ATmega328 MCU 控制器为基础，具备 14 路数字输入/输出引脚（其中 6 路可用于 PWM 输出）、6 路模拟输入、一个 16 MHz 陶瓷谐振器、一个 USB 接口、一个电源插座、一个 ICSP 接头和一个复位按钮。它采用 Atmega16U2 芯片进行 USB 到串行数据的转换。Uno PCB 的最大长度和宽度分别为 2.7 英寸和 2.1 英寸，USB 连接器和电源插座超出了以前的尺寸。4 个螺丝孔让电路板能够附着在表面或外壳上。请注意，数字引脚 7 和引脚 8 之间的距离是 160 密耳，不是其他引脚间距的偶数倍。它包含了组成微控制器的所有结构，同时，只需要一条 USB 数据线连接至计算机。

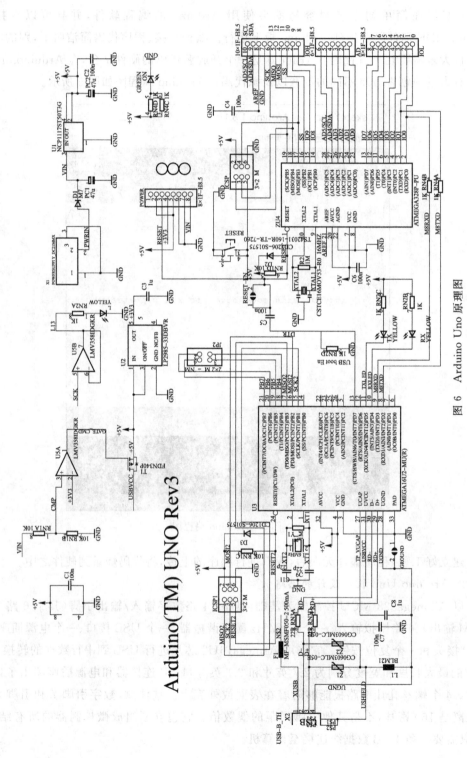

图 6 Arduino Uno 原理图

3. 避障模块程序设计

避障模块可以采集外部地形数据,然后把所采集的地形数据传输到中央处理模块,从而实现躲避障碍的功能。避障模块所采用的器件在市场中有许多类型,比如红外检测,光位移检测,超声波检测等。本次试验我们使用的是红外检测,其特点为非接触式,可遥感,检测效率和准确度高。避障原理图如图7所示。

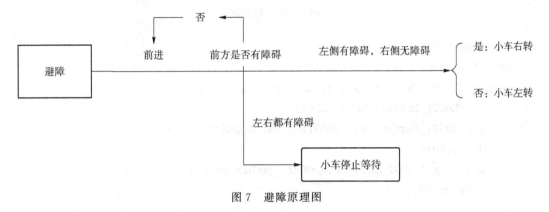

图 7　避障原理图

避障模块代码:

```
void IR_Avoid4(){
    if ((LOW == g_QXMBOT1_avoidSensor1.getAvoidStatus_L()) && (HIGH == g_QXM-
BOT1_avoidSensor1.getAvoidStatus_R())){        //左侧红外避障模块检测到障碍
        g_QXMBOT1_CarControl.QXMBOT1_arCarRight(150,150);

    } else if ((HIGH == g_QXMBOT1_avoidSensor1.getAvoidStatus_L()) && (LOW ==
g_QXMBOT1_avoidSensor1.getAvoidStatus_R())){   //右侧红外避障模块检测到障碍
        g_QXMBOT1_CarControl.QXMBOT1_arCarLeft(150,150);
    } else if ((LOW == g_QXMBOT1_avoidSensor1.getAvoidStatus_L()) && (LOW == g_QXM-
BOT1_avoidSensor1.getAvoidStatus_R())){        //左右侧红外避障模块都检测到障碍
        g_QXMBOT1_CarControl.QXMBOT1_arCarStops(150,150);    //控制小车停车
        delay(100);
        g_QXMBOT1_CarControl.QXMBOT1_arCarBack(150,150);     //控制小车后退
        delay(100);
        g_QXMBOT1_CarControl.QXMBOT1_arCarLeftTurn(150,150); //控制小车原地左转
        delay(300);
    } else {
        g_QXMBOT1_CarControl.QXMBOT1_arCarForward(150,150);  //控制小车前进
    }
}
```

4. 循迹模块程序设计

循迹原理图如图8所示。

图 8 循迹原理图

循迹模块代码：
```
void TrackingAvoid(){
  if(g_QXMBOT_SR04Ult1.QXMBOT_getDistance()＜7){
    g_QXMBOT1_buzzer1.buzzerON(A3);
    g_QXMBOT1_CarControl.QXMBOT1_arCarStops(100，100);
    delay(60);
    while(g_QXMBOT_SR04Ult1.QXMBOT_getDistance()＜7){
      delay(60);
    }
    g_QXMBOT1_buzzer1.buzzerOFF(A3);
     if ((LOW == g_QXMBOT1_trackSensor1.getTrackStatus_L()) && (LOW == g_QXMBOT1_trackSensor1.getTrackStatus_R())){         //初始化
        g_QXMBOT1_CarControl.QXMBOT1_arCarBack(100，100);

    }

  } else {
    for (int a = 1; a ＜= 3600; a = a + (1)){
      if ((HIGH == g_QXMBOT1_trackSensor1.getTrackStatus_L()) && (HIGH == g_QXMBOT1_trackSensor1.getTrackStatus_R())) {        //左右都检测到黑线
          g_QXMBOT1_CarControl.QXMBOT1_arCarForward(100，100);

      } else if ((LOW == g_QXMBOT1_trackSensor1.getTrackStatus_L()) && (HIGH == g_QXMBOT1_trackSensor1.getTrackStatus_R())){       //右侧检测到黑线
          g_QXMBOT1_CarControl.QXMBOT1_arCarRight(200，100);
      } else if ((HIGH == g_QXMBOT1_trackSensor1.getTrackStatus_L()) && (LOW == g_QXMBOT1_trackSensor1.getTrackStatus_R())){       //左侧检测到黑线
          g_QXMBOT1_CarControl.QXMBOT1_arCarLeft(100，200);
      }
    }

  }
}
```

5. 蓝牙模块设计

采用蓝牙模块为载体,进行小车的实时控制,利用手机或电脑发出控制指令,提供蓝牙模块转化发送给 Arduino Uno,控制小车做出相关动作。

蓝牙模块代码：

```
void setup()
{
  G_QXMBOT_cloudServo1.cloudServoContrl(90,100);
  g_QXMBOT1_buzzer1.buzzerOFF(A3);
  pinMode(A2, OUTPUT);
  digitalWrite(A2,HIGH);
  Serial.begin(9600);

  g_frontDistance = 0;
  g_leftDistance = 0;
  g_rightDistance = 0;
}

void loop()
{

  switch (g_UartData) {
   case 1:        //停车
    g_QXMBOT1_CarControl.QXMBOT1_arCarStops(g_leftSpeed, g_rightSpeed);
    break;
   case 2:        //前进
    g_QXMBOT1_CarControl.QXMBOT1_arCarForward(g_leftSpeed, g_rightSpeed);
    break;
   case 3:        //后退
    g_QXMBOT1_CarControl.QXMBOT1_arCarBack(g_leftSpeed, g_rightSpeed);
    break;
   case 4:        //原地左转
    g_QXMBOT1_CarControl.QXMBOT1_arCarLeftTurn(g_leftSpeed, g_rightSpeed);
    break;
   case 5:        //原地右转
    g_QXMBOT1_CarControl.QXMBOT1_arCarRightTurn(g_leftSpeed, g_rightSpeed);
    break;
   case 6:
    g_QXMBOT1_CarControl.QXMBOT1_arCarLeftTurn(g_leftSpeed, g_rightSpeed);
    break;
   case 7:
    g_QXMBOT1_CarControl.QXMBOT1_arCarRightTurn(g_leftSpeed, g_rightSpeed);
```

```
         break;
    case 8:         //蜂鸣器报警
      g_QXMBOT1_buzzer1.buzzerON(A3);
      break;
    case 9:
      g_QXMBOT1_buzzer1.buzzerOFF(A3);
      break;
    case 10:        //舵机旋转
      G_QXMBOT_cloudServo1.cloudServoContrl(180,100);
      break;
    case 11:
      G_QXMBOT_cloudServo1.cloudServoContrl(90,100);
      break;
    case 12:
      G_QXMBOT_cloudServo1.cloudServoContrl(0,100);
      break;
    case 15:
      g_QXMBOT1_headlight1.headlightOFF(10);
      break;
    case 16:
      g_QXMBOT1_headlight1.headlightON(10);
      break;
    case 17:
      PTZ_Avoid();
      break;
    case 18:
      TrackingAvoid();
      break;
    case 19:
      IR_Avoid4();
      break;
    case 20:
      FollowAvoid();
      break;
    case 21:
      IR_Avoid1();
      break;
    default:
      g_QXMBOT1_CarControl.QXMBOT1_arCarStops(200, 200);
      break;
  }
```

6. 灭火模块设计

采用火焰传感器感受火焰,并通过电动机进行抽水灭火。

灭火模块代码:

```
temp = analogRead(A1);
  if(temp>500){
    pinMode(A2,OUTPUT);
    digitalWrite(A2,LOW);
    pinMode(A3,OUTPUT);
    digitalWrite(A3,LOW);


  } else {
    pinMode(A2,OUTPUT);
    digitalWrite(A2,HIGH);
    pinMode(A3,OUTPUT);
    digitalWrite(A3,HIGH);


  }
  delay(500);
```

三、运行结果分析

1. 循迹模块

通电后,小车正常运作,当打开循迹模式时与循迹感应器连接的黄灯亮起,找到黑线后,黄灯熄灭,随后开始循迹运行。如果走偏可根据传感器自动进行调整。循迹测试结果图如图 9 所示。

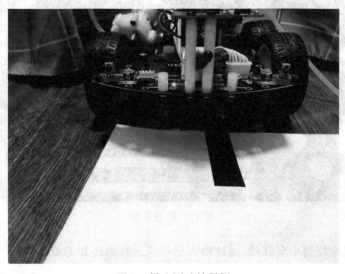

图 9　循迹测试结果图

2. 避障模块

避障模块采用红外传感器进行数据收集,未检测到前方存在障碍时,报警灯不会亮起。

当检测到前方存在障碍,响应位置的报警灯将会亮起,并且蜂鸣器会进行报警,提醒前方存在障碍。如左侧存在障碍,则小车会进行右转避让。红外避障指示灯如图10所示。

图10　红外避障指示灯图

3. 蓝牙模块

我们通过用手机或者计算机连接蓝牙模块以达到控制小车移动的目的,App界面如图11所示。

图11　控制器图

通过方向键来控制小车移动,通过模式选择来进行循迹和避障操作。

4. 灭火模块

我们通过火焰传感器来感受周围火焰,通过传输热敏值判断火源,从而控制水枪电动机进行喷水,来灭火。灭火模块实物图如图 12 所示。

图 12　灭火模块实物图

四、项目改进

1. 系统结构改进

系统在结构上需要进一步改进,由于起初搭载的风扇体积较小,而改进后水枪电动机过大,使得原本的风扇支架无法搭载水枪电动机,需要进一步定做水枪电动机支架,来解决电动机放置问题。小车目前只是一个电路架构,缺少外壳以及进一步的防水处理,故下一步需要进行外壳设计,美化小车外形,且外壳材料需要耐高温。

2. 电池改进

由于小车电池为充电电池,供电功率较低,使得水枪电动机无法持续工作,后续需要添加继电器,以确保水枪电动机可以长时间持续运行,以保证灭火的稳定性。

五、总结

本文基于 Arduino 技术平台提出的可探测智能灭火车的设计方法,集观察、探测、智能识别、智能灭火等技术指标于一体,为今后的火灾现场等危险地带探测、智能识别与灭火提供了新的思路,这也大大节省了人力、物力和财力,避免人们进去危险地带工作,保障了人们的生命安全,而且大大提升了工作效率。智能车在道路交通上以及有一定的基础,但利用智能车灭火技术现在还处于初步阶段,但随着今后科研技术的不断深入,相信科学技术能会为此项技术注入源源不断的动力。希望最初的模型能够早日成为现实,为我们带来生活的便利。

参考文献

[1] （意）布鲁诺·西西里安诺（Bruno Siciliano），等著. 机器人学 建模、规划与控制[M]. 西安：西安交通大学出版社，2015.
[2] 张宝玲，吴兰臻，郑海昕.基于 Arduino 的趣味电子制作 Simon Monk.北京：科学出版社，2011.
[3] （英）Simon Monk，ARDUINO 编程从零开始.北京：科学出版社，2013.
[4] 孙余凯.传感器应用电路 300 例[M]，北京：电子工业出版社，2008.

作者简介

甘鑫铎，男，本科生，就读于北京信息科技大学信息与通信工程学院通信1801班。
白钦，男，本科生，就读于北京信息科技大学信息与通信工程学院通信1801班。
王帅，男，本科生，就读于北京信息科技大学信息与通信工程学院通信1801班。
柏云，男，本科生，就读于北京信息科技大学信息与通信工程学院通信1803班。
郑宇明，男，本科生，就读于北京信息科技大学信息与通信工程学院通信1803班。